"互联网+"新形态一体化精品教材
根据2019年《普通高等学校军事课教学大纲》

筑梦新时代 强军新征程

——大学军事教程

主编◎彭呈仓 郑义臣 宿 强

配套
精品教学课件
+考试平台
+慕课

中共中央党校出版社
The Central Party School Publishing House

图书在版编目（CIP）数据

筑梦新时代 强军新征程：大学军事教程 / 彭呈仓，郑义臣，宿强主编 . -- 北京：中共中央党校出版社，2020.6

ISBN 978-7-5035-6822-0

Ⅰ . ①筑⋯ Ⅱ . ①彭⋯ ②郑⋯ ③宿⋯ Ⅲ . ①军事科学—高等学校—教材 Ⅳ . ① E0

中国版本图书馆 CIP 数据核字（2020）第 099059 号

筑梦新时代 强军新征程：大学军事教程

责任编辑	李 云 齐慧超
版式设计	李 平
责任校对	汤朝悦
责任印制	钟 琦

出版发行 中共中央党校出版社
（北京市海淀区长春桥路 6 号）

邮政编码	100089
网 址	www.dxcbs.net
电 话	（010）62808912 68929788（总编室）
经 销	全国各地新华书店
印 刷	江西峰澜瞭远印刷有限公司
字 数	350 千字
版 次	2020 年 6 月第 1 版 2023 年 9 月第 3 次印刷
开 本	787 毫米 ×1092 毫米 1/16
印 张	16
定 价	39.90 元

编 委 会

前　言

当今世界正经历百年未有之大变局，我国面临复杂多变的安全和发展环境，各种可以预见和难以预见的风险因素明显增多，传统安全威胁和非传统安全威胁相互交织。在推进祖国和平统一，维护国家主权、安全、发展利益，实现建军一百年奋斗目标中，全民国防教育工作使命光荣、任务艰巨。

党的二十大报告提出，深化全民国防教育。党的十八大以来，以习近平同志为核心的党中央作出一系列重要决策部署，极大提振了党心军心民心，民族自信心自豪感不断提升，全民国防意识不断增强，关心支持国防和军队建设的社会氛围更加浓厚。

2022 年 9 月，中共中央、国务院、中央军委印发了《关于加强和改进新时代全民国防教育工作的意见》（以下简称《意见》）。《意见》在继承发扬全民国防教育优良传统的基础上，进一步丰富拓展了新时代全民国防教育的时代内涵，要求广泛开展中国特色社会主义和中国梦宣传教育，弘扬民族精神和时代精神，加强爱国主义、集体主义和社会主义教育，引导人民树立正确的国家安全观；加强国防理论、国防知识、国防历史、国防法规、国防科技、国防形势与任务、国防技能学习教育，培育国防文化，提高全社会的国防意识和国防素养。

《意见》明确，要着眼培养担当民族复兴大任的时代新人，采取扎实有力措施，不断提高青少年国防素养。各类学校要创新学校国防教育形式，丰富国防教育内容，加强师资力量建设，将国防教育要求有机融入课程教材，将国防教育融入普通高等学校考试内容，纳入学校绩效考评体系。要加强学生军训工作，采取基地化轮训、错峰施训的方式，普遍开展大学生军事训练，一般安排 21 天。继续组织国防教育示范学校和特色学校创建，创新开展少年军校、青少年骨干军事训练营活动，规范有序组织军事夏（冬）令营活动，广泛开展以国防知识、国防技能、国防体育、主题演讲等为内容的学生国防素养大赛。各高校应当努力营造浓厚的国防教育氛围，使关心国防、热爱国防、建设国防、保卫国防成为全社会的思想共识和自觉行动，凝聚起实现中国梦强军梦的磅礴力量。

军事课是普通高等学校学生的必修课程。2019 年伊始，教育部、中央军委国防动员部联合制订了《普通高等学校军事课教学大纲》（以下简称《大纲》），为军事课教学提供了指导性和规范性文件，为学生军事理论和军事技能学习的落实提供了保障。新《大纲》要求，军事课以习近平强军思想和习近平关于教育的重要论述为遵循，全面贯彻新时代党的教育方针、新时代军事战略方针和总体国家安全观，围绕立德树人根本任务和强军目标根本要求，着力提升学生的国防意识和军事素养。鉴于此，我们以新《大纲》为编写指导思想，借鉴吸收了军事领域的理论知识和实践成果，力求编写出高质量的"军事课"教材。

本书分为上、下两篇，共 9 章，全面覆盖了《大纲》中的"必讲（必训）"内容和"选讲（选训）"内容。上篇军事理论，包括中国国防、国家安全、军事思想、现代战争、信息化装备五章；下篇技能训练，包括共同条令教育与训练、射击与战术训练、防卫技能与战时防护训练、战备基础与应用训练四章。全书内容全面、结构严谨、图文并茂、材料丰富、前沿性强，方便教师组织实施教学，同时有利于提高学生学习和实践的效果。既可作为普通高等学校军训的基本教材，又可作为广大读者学习军事理论的参考书。

在编写过程中，本书参考和吸收了有关专家、学者的研究成果，在此一并表示衷心的感谢。由于编者水平有限，加之我军军事理论不断创新和发展，编写工作难免存在疏漏和不当之处，希望广大读者予以批评指正，以便及时更正。

编　者

目录

上篇
军事理论

第一章　备豫不虞，为国常道

——中国国防 …………………………………… 3

第一节　国防概述 …………………………………… 4

一、国防的内涵 …………………………………… 4

二、国防的类型 …………………………………… 5

三、我国国防的历史及启示 …………………… 6

四、现代国防观 ………………………………… 13

第二节　国防法规 ………………………………… 15

一、国防法规概述 ……………………………… 15

二、国防法规体系 ……………………………… 17

三、公民的国防义务和权利 …………………… 18

第三节　国防建设 ………………………………… 21

一、国防体制 …………………………………… 21

二、国防战略 …………………………………… 23

三、国防政策 …………………………………… 24

四、国防成就 …………………………………… 26

五、军民融合 …………………………………… 27

第四节　武装力量 ………………………………… 30

一、中国武装力量概述 ………………………… 30

二、人民军队的发展历程 ……………………… 31

三、中国武装力量的构成 ……………………… 33

第五节 国防动员 ……………………………………………………… 39
一、国防动员概述 …………………………………………………… 39
二、深刻认识加强国防动员建设的时代意义 …………………… 41

第二章 安不忘危，治不忘乱

——国家安全 ………………………………………… 43

第一节 国家安全概述 …………………………………………… 44
一、国家安全的内涵 ………………………………………………… 44
二、维护国家安全的原则 ………………………………………… 44
三、总体国家安全观 ……………………………………………… 47

第二节 国家安全形势 …………………………………………… 49
一、我国地缘环境基本概况 ……………………………………… 49
二、我国地缘安全概况 …………………………………………… 51
三、新时代的国家安全 …………………………………………… 56
四、新兴领域的国家安全 ………………………………………… 59

第三节 国际战略形势 …………………………………………… 61
一、国际战略形势现状与发展趋势 ……………………………… 61
二、世界主要国家军事力量 ……………………………………… 66
三、世界主要国家军事战略动向 ………………………………… 66

第三章 上兵伐谋，其次伐兵

——军事思想 ………………………………………… 75

第一节 军事思想概述 …………………………………………… 76
一、军事思想的内涵 ……………………………………………… 76
二、军事思想的发展历程 ………………………………………… 76
三、军事思想的地位作用 ………………………………………… 78

第二节 外国军事思想 …………………………………………… 79
一、外国军事思想的主要内容 …………………………………… 79
二、外国军事思想的特点 ………………………………………… 82
三、外国军事思想的代表性著作 ………………………………… 83

第三节 中国古代军事思想 ……………………………………… 85
一、中国古代军事思想的基本内容 ……………………………… 85

二、中国古代军事思想的特点 …………………………………………… 87

三、中国古代军事思想的代表性著作 …………………………………… 88

第四节　当代中国军事思想 ……………………………………………… 90

一、毛泽东军事思想 ……………………………………………………… 90

二、邓小平、江泽民、胡锦涛新时期军队建设思想 …………………… 93

三、习近平强军思想 ……………………………………………………… 96

第四章　革故鼎新，优胜劣败

　　　　　——现代战争 …………………………………………………… 103

第一节　战争概述 ………………………………………………………… 104

一、战争的内涵 …………………………………………………………… 104

二、战争的特点 …………………………………………………………… 105

三、战争的发展历程 ……………………………………………………… 105

第二节　新军事革命 ……………………………………………………… 107

一、新军事革命的内涵 …………………………………………………… 108

二、新军事革命的发展演变 ……………………………………………… 108

三、新军事革命的主要内容 ……………………………………………… 111

第三节　机械化战争 ……………………………………………………… 113

一、机械化战争的基本内涵 ……………………………………………… 113

二、机械化战争的主要形态和特征 ……………………………………… 114

三、机械化战争的代表性战例 …………………………………………… 115

第四节　信息化战争 ……………………………………………………… 117

一、信息化战争的基本内涵 ……………………………………………… 117

二、信息化战争的形成及主要形态 ……………………………………… 118

三、信息化战争的特征 …………………………………………………… 120

四、信息化战争的代表性战例 …………………………………………… 121

五、战争形态发展趋势 …………………………………………………… 123

第五章　杀敌无形，决胜千里

　　　　　——信息化装备 ………………………………………………… 127

第一节　信息化装备概述 ………………………………………………… 128

一、信息化装备的内涵 …………………………………………………… 128

二、信息化装备的分类 ·························· 128

三、信息化装备对现代作战的影响 ·················· 128

四、信息化装备的发展趋势 ······················ 130

第二节 信息化作战平台 ···················· 132

一、信息化作战平台概述 ······················ 132

二、信息化作战平台的战例应用 ··················· 140

三、信息化作战平台的发展趋势 ··················· 141

第三节 综合电子信息系统 ···················· 143

一、指挥控制系统 ·························· 143

二、预警探测系统 ·························· 145

三、导航定位系统 ·························· 146

第四节 信息化杀伤武器 ···················· 148

一、新概念武器及其发展趋势 ···················· 148

二、精确制导武器及其发展趋势 ··················· 151

三、核生化武器及其发展趋势 ···················· 152

下篇
军事技能

第六章 师出以律，令行禁止

——共同条令教育与训练 ··············· 159

第一节 共同条令教育 ···················· 160

一、《内务条令（试行）》教育 ··················· 160

二、《纪律条令（试行）》教育 ··················· 162

三、《队列条令（试行）》教育 ··················· 164

第二节 分队的队列动作 ···················· 166

一、队列队形 ···························· 166

二、集合、离散 ··························· 167

三、整齐、报数 ··························· 168

四、出列、入列 ··························· 169

　　五、行进、停止 …………………………………………………… 170

　　六、方向变换 ……………………………………………………… 171

第三节　现地教学 …………………………………………………… 172

　　一、走进军营 ……………………………………………………… 172

　　二、学唱军营歌曲 ………………………………………………… 173

　　三、走进爱国主义教育基地 ……………………………………… 173

第七章　百步穿杨，砥兵砺伍

　　　　　　　　——射击与战术训练 ……………………………… 175

第一节　轻武器射击 ………………………………………………… 176

　　一、轻武器性能、构造与保养 …………………………………… 176

　　二、简易射击学理 ………………………………………………… 178

　　三、武器操作 ……………………………………………………… 182

　　四、实弹射击 ……………………………………………………… 185

第二节　战术 ………………………………………………………… 186

　　一、单兵战术基础动作 …………………………………………… 187

　　二、分队战术 ……………………………………………………… 192

第八章　攻防有法，能进能退

　　　　　　　　——防卫技能与战时防护训练 …………………… 195

第一节　格斗基础 …………………………………………………… 196

　　一、格斗常识 ……………………………………………………… 196

　　二、格斗基本功 …………………………………………………… 197

　　三、捕俘拳 ………………………………………………………… 202

第二节　战场医疗救护 ……………………………………………… 205

　　一、救护基本知识 ………………………………………………… 205

　　二、个人卫生 ……………………………………………………… 207

　　三、意外伤的救护 ………………………………………………… 208

　　四、战场自救互救 ………………………………………………… 209

第三节　核生化防护 ………………………………………………… 215

　　一、防护基本知识和技能 ………………………………………… 215

　　二、防护装备使用 ………………………………………………… 218

第九章　备之以常，战则有序
——战备基础与应用训练 ………………………………… 221

第一节　战备规定 ……………………………………………… 222

一、日常战备 …………………………………………………… 222

二、战备等级规定 ……………………………………………… 223

第二节　紧急集合 ……………………………………………… 224

一、紧急集合要领 ……………………………………………… 225

二、紧急集合训练 ……………………………………………… 226

第三节　行军拉练 ……………………………………………… 227

一、行军拉练的基本要领、方法 ……………………………… 227

二、徒步行军实践 ……………………………………………… 228

三、宿营 ………………………………………………………… 229

第四节　野外生存 ……………………………………………… 230

一、识别和采集野生食物 ……………………………………… 230

二、寻找水源和鉴别水质 ……………………………………… 231

三、野炊 ………………………………………………………… 233

第五节　识图用图 ……………………………………………… 235

一、地形图的基本知识 ………………………………………… 235

二、现地使用地图 ……………………………………………… 239

第六节　电磁频谱监测 ………………………………………… 241

一、电磁频谱监测基本知识 …………………………………… 241

二、电磁频谱监测方法训练 …………………………………… 242

参考文献 ………………………………………………………… 244

上 篇

军事理论

第一章 备豫不虞，为国常道
——中国国防

★ ★ ★ ★ ★

名人名言

兵者，国之大事，死生之地，存亡之道，不可不察也。

——[春秋] 孙武

国家不可一日忘战，而诸将士不可一日忘韬铃。

——[明代] 王鸣鹤

若无国防，则国难屡起，民将不得安其业。

——梁启超

导语

国无防不立，民无防不安。中国近百年来屡遭列强欺侮的历史表明，一个国家和民族要想避免亡国灭种，实现繁荣富强，真正自立于世界民族之林，就不能没有强大的国防。国泰方能民安。国防不仅仅是国家和军队的事，而且关系着每个普通人的生存发展，国防建设更是与每个普通人息息相关。当代青年大学生作为国家之栋梁，更应该关注国防，参与国防建设，尽国防之义务。

学习目标

1. 了解国防的内涵、类型、作用，学习国防的历史，树立正确的国防观；
2. 熟悉国防相关法规，了解公民享有的国防权利和应履行的国防义务；
3. 了解中国国防体制、国防战略、国防政策及国防成就，激发爱国热情；
4. 了解我国武装力量的构成和发展；
5. 学习国防动员的主要内容。

第一节　国防概述

国家防务自古以来就是国家建设的重中之重，国家的疆土、人民和财物没有相应的保护，就不会有安全保证，经济就不会持久发展，民族的尊严就会受到伤害，国家的疆土就会遭到分裂。由此可见，国防是国家生存和发展的安全保障，国防是否巩固，事关一个国家和民族的兴亡。

一、国防的内涵

国防是随着国家的形成而出现的社会历史现象。国家建立以后，有了固定的疆域，统治阶级为了维护民族的生存和自己的利益，需要运用一定的手段同国内外的敌人进行一系列的斗争，国防的问题也就随之产生。由于时代背景、国家所处发展阶段、国家政治制度等诸多方面的差异，"国防"在不同的国家被赋予不尽相同的内涵和外延，有的国家甚至还使用了与"国防"不同的概念，如美国的"国家安全"。

《中国军事百科全书》中定义国防是"为捍卫国家主权、领土完整和安全而采取的防卫措施的统称。包括国防建设和国防斗争"。2021年1月1日正式施行的《中华人民共和国国防法》（简称《国防法》）明确：国防是"国家为防备和抵抗侵略，制止武装颠覆和分裂，保卫国家主权、统一、领土完整、安全和发展利益所进行的军事活动，以及与军事有关的政治、经济、外交、科技、教育等方面的活动"。

国防是国家生存与发展的安全保障，基本要素包括国防的主体、国防的对象、国防的目的和国防的手段四个方面。

（1）国防的主体。国防的主体是指国防活动的实施者、国防权利的享有者和国防义务的承担者。国防是国家的防务，是国家的事务，是国家安全与发展的保障，是国家的根本利益所在。国防与国家的各个部门、各个组织以及每个公民息息相关。其中武装力量是骨干，国家机关是主导，各政党和社会团体是纽带，各企事业组织和全体公民是基础。

（2）国防的对象。国防的对象是指国防所要防备、抵抗和制止的行为。这是关系国家在什么情况下可以使用国防力量的重要问题。

（3）国防的目的。国防的目的是防备和抵抗侵略，制止武装颠覆和分裂，保卫国家主权、统一、领土完整、安全和发展利益。

国防典故

"国防"的词源

"国防"一词在我国最早见于《后汉书·孔融传》。孔融针对当时国内可能发生动乱的征候，向汉献帝进谏说："臣愚以为宜隐郊祀之事，以崇国防。"意即国家要减少祭祀等大规模的集会活动，以维护安定，巩固政权。可见这里所言的"国防"，意指为维护团体、严明礼义而应采取的防禁措施。

（4）国防的手段。国防的手段是指为达到国防目的而采取的方法和措施。我国国防的手段包括军事活动以及与军事有关的政治、经济、外交、科技、教育等方面的活动。

扫一扫，涨知识：

《逐梦青春》

二、国防的类型

一个国家建立的国防系统，是与本国的利益和战略需要相适应的。按照不同的标准，国防可分为不同的类型。按军事战略和国防建设的目标，当今世界各国的国防可分为以下几种类型。

（一）扩张型

采取扩张型国防的国家通常是那些经济发达的大国。这类国家为了维护本国在世界许多地区的利益，实行霸权主义侵略扩张政策，打着防卫的幌子，对别国进行侵略、渗透和颠覆。这些国家的国防类型属于扩张型，其特点是把本国的"安全"建立在别国屈服的基础上，把"国防"作为侵犯别国主权和领土、干涉他国内政的代名词。美国是一个典型的扩张型军事大国，自第二次世界大战以来，曾先后发动朝鲜战争、越南战争、海湾战争、科索沃战争、阿富汗战争、伊拉克战争等多场战争。

美国发动伊拉克战争

（二）自卫型

采取自卫型国防的国家在国防建设上以防止外敌入侵为目的，主要依靠本国的力量，广泛争取国际上的同情和支持，以维护本国安全、周边地区和世界的和平与稳定。中国是社会主义国家，中国政府坚定不移地奉行积极防御性的国防政策，国家独立自主、自力更生地建设和巩固国防；在国防力量的运用上坚持自卫立场，实行积极防御的战略方针；在处理国际事务中，与各国友好合作，不依附任何大国，不与别国结盟。

（三）联盟型

联盟型国防即以结盟形式联合一部分国家，来弥补自身力量的不足，实现本国与盟国的共同安全与稳定。联盟型国防按军事战略的不同可分为联盟扩张型和联盟自卫型两种；按联盟国之间的关系可分为一元体系联盟和多元体系联盟。一元体系联盟有一个大国处于盟主地位，其余国家处于从属地位，目前日本、韩国的国防属于此种类型，都是以美国为盟主建立的国防；多元体系联盟的国家基本处于伙伴关系，共同协商防卫大计，如北约组织、苏联解体后的独联体组织等。

（四）中立型

一些中小国家，为了保障本国的繁荣和安全，严守和平中立的国防政策，制定了总体防御战略，如爱尔兰、土库曼斯坦和哥斯达黎加等国。中立型国家除明确宣示中立型国防政策外，还必须获得国际社会承认。

三、我国国防的历史及启示

我国国防的历史极其悠久、源远流长。它记录了中华民族悲壮的过去，有着沉痛的教训；它也积累了成功的经验，勇敢与智慧已融入中华民族的文化血脉。它不但是中国人民的精神财富，也是我们进行国防教育的生动教材。

（一）我国古代国防

1. 古代国防理论

我国最早的国防始于夏朝。从夏禹开始（约公元前 2033 年），国家机构、军队、战争都具有相当规模。禹的儿子启发表的《甘誓》，既是动员令，也是迄今所知最早的国防法。

春秋战国是我国古代国防理论快速发展时期。由于各诸侯国连年征战，国防观念得到迅速强化，形成了"义战却不非战""非攻兼爱却不非诛""足食足兵""以正治国、以奇用兵""富国强兵""文武相济""尚战、善战、慎战""不战而屈人之兵"等军事思想，在此基础上形成了较为完整的战争观和"知彼知己，百战不殆""示战先算""伐谋伐交，不战而胜""以智使力"等战争指导原则，总结出了一整套治军方法，形成了较为合理的军队编制结构，研制和改善了武器装备，明确提出了治军的首要任务在于军队教育训练。这些都标志着我国古代军事思想和国防理论的基本形成，为古代国防理论体系的建立奠定了坚实基础。

公元前 221 年，秦国兼并六国，首次建立了中央集权的封建国家，标志着中国封建社会进入一个新的历史阶段。随后的汉朝和唐朝，更是开创了我国封建社会的盛世，军事上也处于开疆拓土的鼎盛时期。至公元 10 世纪中叶，经过前代对兵书的全面整理，中国古代国防政策和国防理论得到进一步丰富发展，形成了研究军事战略的"兵权谋"，研究战役、战术的"兵形势"，研究军事天文、气象的"兵阴阳"，研究兵器、装备的制造和运用技巧的"兵技巧"四大类理论，初步形成了一个较为完整的古代国防理论体系。

宋朝至前清，中国封建地主阶级处于没落时期，但军事仍有相当大的发展。火器开始被使用，武学纳入国防教育体系。北宋初期，虽在实际应用中重文轻武，国防有所衰落，但随后开办"武学"、设武举，培养和选拔了一大批军事人才，繁荣了军事学术。明朝和前清，则将武举拓展到更大的范围，甚至出现文人谈兵、武人弄文的局面，大量军事著作问世，军事思想和国防理论进步发展，最终形成了中国古代较为完整的国防理论体系。其内容主要包括："以民为体""居安思危"的国防指导思想，"富国强兵""寓兵于农"的国防建设思想，"爱国教战""崇尚武德"的国防教育思想，"不战而胜""安国强军"的国防斗争思想等。

2. 古代兵制建设

兵制，就是军事制度，也称军制。它是国家或政治集团组织、管理、维持、储备和发展军事力量的制度。兵制建设是我国古代国防的一个重要方面。

（1）军事领导体制方面。夏、商、西周时期，军队一般由国王亲自掌握和指挥，没有形成专门的军事领导机构，军事领导职务由贵族大臣和各方首领担任。春秋末期，将相分权，以将为主组成军事指挥机构。战国时期，将军开始独立统兵作战。秦统一中国后，设立了专门管理军事的机构，太尉为该机构的最高军事行政长官。隋唐设立了三省六部制，军事由其中的兵部主管。宋朝的枢密院是最高的军事领导机构，由文官担任主官。枢密院主官有权调兵，但无权指挥，将军有权指挥，却无权调兵，形成了枢密院与将军互为牵制的机制。各朝代的军事领导体制虽然各异，但都体现了皇权至上的思想，军队调拨、使用的最终权力都牢牢掌握在皇帝手中。

扫一扫，涨知识：
宋朝的军事体制是什么样的？

（2）武装力量体制方面。秦朝以前的武装力量结构单一，各朝代通常只有一支职能单一的军队。自秦朝开始，国家政治制度逐渐完善，生产力不断发展，各朝代根据国家状况、国防需要、军队驻防及担负任务等情况，把军队区分为中央军、地方军和边防军，对"三军"编制体制、屯田戍边、兵役军赋、军队调动、军需补给、驿站通道、军械制造与配发等都有具体规定，并以法律形式颁布执行，如唐代的《卫禁律》《军防令》等。

（3）兵役制度方面。兵役制度随着各个历史时期的政治、经济、人口状况和国防需要而发展变化。奴隶社会时期，生产力低下，人口稀少，战争规模小，主要实行兵民合一的民军制度。封建社会时期，民军制度逐渐演变为与当时历史条件相适应的兵役制度，如秦汉时期的征兵制，三国、两晋、南北朝时期的世兵制，隋、唐时期的府兵制，宋朝的募兵制，明朝的卫所兵役制等。

3. 古代国防工程建设

我国古代为抵御外敌侵犯，巩固边海防，修筑了数量众多、规模庞大的国防工程，如城池、长城以及海防要塞等。其中，城池的建设时间最早、数量最多。

长城

长城是城池建设的延伸和发展，万里长城始建于春秋战国时代。秦代将燕、赵、秦三国的北部长城连为一体，"延袤万余里"，从此始有"万里长城"之称。明长城资源保存相对完整，形制类型丰富。其主线东起辽宁虎山，西至甘肃嘉峪关，在河北、山西、辽宁、陕西、甘肃、宁夏等地还出现多处分支。

中国古代海防建设从明朝开始。元朝末年，日本封建领主下面失意的武士、浪人、商人等形成了庞大的海盗队伍，他们在中国东南沿海进行武装掠夺和骚扰，史称"倭寇"。明朝初期，倭寇的侵扰活动日益严重。于是，明朝开始在沿海重要地段陆续修建了以卫城、所城为骨干，水陆寨、营堡、墩、台、烽堠等相结合的海防工程体系。清朝前期，在明朝卫、所的基础上，逐步将沿海建成炮台要塞式的防御体系，分为海岛要塞、海口要塞、海岸要塞和江防要塞。此外还编有江河水师和外海水师，在天津还建有满蒙八旗水师营（相当于海军基地）。然而，随着清朝政府的腐败，到清朝中期，海防日渐虚弱。

国防视野

中国古代火药技术

中国古代的军事技术走在世界前列，并对世界军事乃至世界经济的发展产生过深远的影响。公元 8 世纪，唐朝发明了火药并用于军事，引起了军事史上划时代的变革。中国在世界上最早制成了"突火枪"，最早制成并在战斗中使用金属炸弹，最早应用于野战、攻城、守城、要塞、海防、战舰，最早制成各种多发和多级"火箭"，出现了世界上"第一个企图使用火箭作为运输工具的人"。

（二）我国近代国防

我国近代国防，从 1840 年第一次鸦片战争爆发到 1949 年新中国成立。这一时期，随着统治阶级的腐败衰弱，我国国防每况愈下。西方帝国主义国家抓住我国"国防不固、军队不精"的致命弱点，开始对我国进行赤裸裸的侵略。

1. 清朝后期国防

鸦片战争的炮声，震碎了封建王朝重陆轻海、防内重于防外的传统安全观念。面对西方列强的坚船利炮，清政府的近代国防意识开始觉醒。清政府有识之士积极推行军事变革，从装备技术、人员素质、组织体制 3 个方面着手提升军队战斗力，推动国防体系的转型，希望通过一系列举措，彻底改造国防体系。

（1）努力发展军工。在见识到西方列强坚船利炮的威力后，"练兵以制器为先"成为清政府中枢与各督抚的共识。有识之士认识到"自强"方为第一要务，他们不遗余力地创办实业，努力实现兵器的国产化，钢铁工业和兵工厂建设由此展开。随着洋务运动逐渐深入，大大小小的兵工厂陆续建成，江南机器制造总局、福州船政局、金陵机器制造局、湖北枪炮厂等军工企业开创了国防工业的先河，实现军舰、枪炮、弹药自主制造。一场向西方学习军事技术的热潮席卷全国，甚至聘请外国人参与军工生产和西式训练，轰轰烈烈的洋务运动在一定程度上改变了中国近代国防工业的面貌。

（2）革新军事教育。张之洞、李鸿章、袁世凯等都非常重视军事教育改革，希望通过兴办新式的武备学堂来培养合格的军事人才。1901年，清政府正式取消武科选拔军事人才模式。1904年，京师设立练兵处，练兵处将正规陆军学堂分为陆军小学、陆军中学、陆军学堂、陆军大学四级，并对各级学科内容进行区分。此外，袁世凯积极推动优秀人才出国留学，学习近代军事学说和战略战术。在袁世凯和张之洞带动下，全国各地纷纷兴办新型军事学堂。在短时间内，贵州武备学堂、陕西武备学堂、安徽武备学堂、山西武备学堂等多所学堂先后建成，有力推动了中国军事教育的近代化进程。

（3）改革体制编制。通过第一次鸦片战争，清政府就已经认识到军队战斗力的衰弱。1904年，清政府建立常备军、续备军、后备军。常备军训练3年，期满颁证回籍，列为续备军；续备军3年后退为后备军，后备军4年后退为平民。士兵实行招募制，在体格、文化程度方面有较严格的标准。清政府同时对军队进行重新编制，建立步兵、骑兵、炮兵、工程兵、辎重兵5个兵种，在军队各级建制上也有较大调整。

为加强统一指挥，军事统率机构进行大幅改组，不久便设立了负责全国海陆军的军事指挥机构军谘处，规定由陆军部负责军政指挥。1910年，责任内阁成立，军机处被撤销。原来军机处的部分职权由内阁接手，但军事职能被剥离出来，完全交给军谘处负责。军谘处直接向皇帝负责。1911年，清政府成立"皇族内阁"后，军谘处又被改名为军谘府。军谘府下设7个厅，分别为总务厅、第一厅（作战）、第二厅（情报）、第三厅（交通与通信）、第四厅（测量）、第五厅（史志）与海军厅。军谘府的职能已经与近代对接。

晚清国防体系重构，经历了对传统兵制进行改良和扬弃的曲折过程。在西方军事实力飞速发展的19世纪，清政府一度痛下决心，在物质层面继续寻求军工技术发展，在组织层面进行军队编制体制调整，在思想层面转变国防观念和练兵方式，但其他层面的种种弊端，对"自强运动"形成极大掣肘，一切努力最终散作镜花水月。

2. 民国时期国防

辛亥革命虽然推翻了清朝的封建统治，建立了"中华民国"，但并没有改变中国任人宰割的命运。西方列强为维护各自在华的利益，纷纷扶植各派军阀作为自己的代理人，加紧对中国的掠夺。各派军阀为争权夺利，混战不已，中国依然是有边不固，有海无防。"二十一条"的签订和"巴黎和会"中国外交的失败，充分暴露出北洋政府的腐败无能，使中国面临被西方列强进一步瓜分的命运，更加激发了中华民族同仇敌忾、共御外侮的决心和勇气。

以"五四"运动为标志，中国反帝反封建的资产阶级民主革命发展到新阶段。1921 年 7 月 1 日，中国共产党成立，中国革命开始步入新的发展时期。1931 年"九一八"事变爆发，东北大片国土迅速沦陷。1937 年 7 月 7 日，日本发动"卢沟桥事变"，大举入侵中国，把中华民族推到生死存亡的紧要关头。

中国共产党高举团结抗日的旗帜，与国民党再度合作，组成了广泛的抗日民族统一战线，历经 14 年艰苦卓绝的抗战，最终取得了中国近代史上第一次抗击外敌侵略的彻底胜利。抗日战争胜利后，国民党当局为了独揽政权，公然背信弃义，妄图以武力消灭中国共产党及其领导的军队。经过 4 年的解放战争，中国共产党领导的人民军队推翻了国民党的反动统治，成立了中华人民共和国，努力建设社会主义，开启了中国国防的新篇章。

（三）我国当代国防

中华人民共和国成立以来，我国国防大体经历了三个阶段。

1. 第一阶段

这一阶段，刚刚诞生的新中国百废待兴，物力财力匮乏。在这样的背景下，中国共产党领导全国人民艰苦创业，取得了初步成效。

（1）在国防建设方面，建立健全了统一的军事领导机构和军事制度，确定了国防建设的主要任务是防御帝国主义的侵略，制定了积极防御的战略方针，提出了建设现代化国防的重大举措。经过 10 多年的艰苦努力，我国国防体系基本完成配套，一些领域已接近当时的世界先进水平，并成功研制出原子弹。

（2）在国防斗争方面，先后完成了解放西藏、平息匪患、炮击金门、平息西藏叛乱等任务，维护了正常社会秩序，同时建立了边防和守备部队，加强了海防、边防的守卫。

（3）在对外防御方面，这一时期主要经历了两场具有重要历史意义的被动的自卫性战争。一是 1950 年 10 月至 1953 年 7 月的抗美援朝战争；二是 1962 年 10 月对印边境自卫反击战。这两场战争，不仅最大限度地捍卫了国家的主权和领土完整，也意味着刚刚诞生的新中国昂首于世界民族之林，重振了国威。

2. 第二阶段

这一阶段，中苏关系破裂，中美关系仍处于冰封期，导致我国的安全环境不容乐观。一方面，"左"的思想出现，使得对于战争爆发的可能性作了过高的估计，军队规模也在短期内急剧膨胀；另一方面，党和国家主要领导人力顶霸权主义的压力，不放松部队的建设、尖端武器的研制和发展，组建了第二炮兵，成功进行了氢弹爆炸试验和人造卫星发射活动。1969年3月，取得了珍宝岛自卫反击战的胜利。

我国第一颗氢弹爆炸成功

3. 第三阶段

党的十一届三中全会后，国际形势不断缓和，邓小平提出了"和平与发展是当今世界两大主题"的观点。1993年，中央军委确立了"打赢现代技术特别是高技术条件下的局部战争"的军事战略方针，军队建设开始由数量规模型向质量效能型转变，由人力密集型向科技密集型转变。党的十八大以来，习近平面对国际格局和国家安全形势的深刻变化，提出了新的强军目标，推动军队向规模更加适度、功能更加完善、结构更加合理、体制编制更加科学的方向发展。2017年10月18日，习近平在党的十九大报告中强调坚持走中国特色强军之路，全面推进国防和军队现代化。2022年10月16日，习近平在党的二十大报告中强调要如期实现建军一百年奋斗目标，加快把人民军队建成世界一流军队，开创国防和军队现代化新局面。

（四）国防历史的启示

伴随中华民族的历史演进，中国国防经历了由昌盛到衰败、由荣耀到屈辱的历史，记录了蕴含着中华民族智慧与勇敢的古代国防的成功经验，也铭记了近代国防沉痛与愤慨的悲壮教训，也留给我们极其深刻的历史启迪。

1. 经济发展是国防强大的基础

经济是国防的物质基础，国防的强大依赖于经济的发展。"强兵必先富国"。早在春秋时期，齐国著名政治家管仲就提出"富国强兵"的思想。著名军事家孙武更是明确指出："兵不强，不可以摧敌；国不富，不可以养兵。"这一观点抓住了国防强大的根本所在。凡是我国古代有作为的政治家和军事家，无不强调富国强兵。秦以后，汉、唐、明、清各个封建王朝前期国防的强盛，都是休养生息、发展经济的结果。近代以来，清王朝在帝国主义的侵略下一败再败，从某种意义上讲，也可以说是强大的资本主义经济战胜落后的封建经济的必然结果。

国防典故

"富国强兵"思想

《管子》："故国富兵强，则诸侯服其政，邻敌畏其威，虽不用宝币事诸侯，诸侯不敢犯也。""国富者兵强，兵强者战胜，战胜者地广。"

《商君书》："故治国者，其抟力也，以富国强兵也。"

《韩非子》："无事则国富，有事则兵强，此之谓王赍。"

2. 政治昌明是国防巩固的根本

政治与国防紧密相关，国家的政治是否开明、制度是否进步，直接关系到国防能否巩固。昌明的政治是固国强兵的根本，纵观我国数千年的国防史，凡是国防巩固的朝代，都十分注意修明政治，实行较为开明的治国之策。战国时期，秦国原本是处于西北边陲的小国，但从商鞅变法开始，秦国修政治，明法度，发展生产，繁荣经济，国防日渐强大，最终统一六国，建立了强大的中央集权制封建国家；唐王朝初建时满目疮痍，百废待兴，正是由于制定并实施了一系列开明的政治制度，国家才很快从隋末的战争废墟中恢复过来，成为国力昌盛、空前繁荣的大唐帝国。而凡是国防松弛的朝代，无不因政治腐败导致国防虚弱，晚清就是典型的例子。

3. 国家统一、民族团结是国防强大的关键

历史一再证明，在外敌入侵、国家危亡的关头，只有国家统一、民族团结、同仇敌忾、共同御敌，才能筑起牢不可破的"钢铁长城"，取得反侵略战争的胜利。纵观中国数千年国防史，凡是国家统一、民族团结时期国防就强大；凡是国家分裂、民族对立时期，国防就衰弱。清朝后期，在西方列强入侵面前，腐朽的清政府不依靠和发动人民群众进行反侵略战争，反而认为"患不在外而在内""防民甚于防火"，对人民群众自发组织的反侵略斗争残酷镇压，再加上军队武器装备严重落后，结果屡战屡败，任人宰割，国家逐步沦为半殖民地半封建社会。抗日战争时期，中国共产党积极倡导和组织各党派建立广泛的抗日民族统一战线，团结全国人民和一切抗日力量，依靠人民战争打败侵略者，取得抗日战争的彻底胜利。

4. 全民的国防意识是强大国防的精神根基

国家的昌盛、民族的振兴，离不开强大的国防，离不开举国军民强烈的国防意识，这种意识包括居安思危的国防警觉和强敌压境时全民族同仇敌忾、战胜敌人的精神准备，这是国防历史给我们的另一个深刻启示。

国防意识的强弱是民族精神素质高低、国防发展潜力大小的重要标志之一。正因为国防意识事关国家的存亡、民族的兴衰，所以，我国古代许多著名政治家、军事家、战略家都非常重视对国民国防意识的培养。春秋战国时期的大军事家孙武明确指出，"兵者，国之大事也，死生之地，存亡之道，不可不察也"，把加强国防摆到头等大事的位置，把提倡和培养国人的习武、尚武精神看成国家强大、征战胜利的首要条件。演武为上，从军为荣，是当时社会风气的显著特征。

 国防视野

瑞士人的国防意识

瑞士是一个只有4.1万平方千米国土面积、800万人口的小国，已几百年没有发生过大的战争。重要原因之一是其强大的国防实力。正如瑞士一位外交官所说："我们瑞士公民迈出右脚时是一个公民，迈出左脚时就是一个战士。"瑞士联邦宪法规定，凡20～42岁的男性公民只要身体健康，必须依法服兵役。瑞士陆军战时经48小时动员后可达35万人，空军与防空部队在战时经48小时动员之后可达3万多人，堪称欧洲劲旅。由此可见，瑞士其实是一个"全民皆兵"的国家。瑞士政府申明，培养和保持民众的国防意识和尚武精神，动员国内力量做好反侵略战争的准备，不只是为了争取战场上的胜利，重要的是让入侵者看到向这个国家发动进攻将得不偿失，从而达到避免战争的目的。

5. 军事技术优劣对国防成败具有重要影响

人驾驭着战争的命运，是战争胜负的决定因素，但武器装备对战争的胜负也发挥着重要影响。唐朝以前的冷兵器时代，由于铜铁冶炼技术和指南针的发明运用，我国各朝代的兵种部队及其武器装备领先于周边和世界。宋朝开启了冷、热兵器并用的时代，凭借火药的发明和运用，清朝中期以前的火器领先世界。清朝后期的大刀、长矛和拙劣的

鸦片战争

火器对抗西方列强的"坚船利炮"，演绎出令人不堪回首的优劣武器装备惨烈较量的一幕。国防历史表明，"落后就要挨打"，除了政治、经济、国家不统一、民族不团结的落后外，军事技术和武器装备的落后，也是关系国防和战争成败极其重要的因素。必须依靠科学技术进步，才能推动战斗力生成模式的转变。

四、现代国防观

习近平总书记在党的二十大报告中深刻指出，当今世界进入新的动荡变革期，"我国发展进入战略机遇和风险挑战并存、不确定难预料因素增多的时期"，国家安全面临着前所未有的复杂挑战。有效应对国家安全风险和挑战，迫切需要确立与当今形势相适应的国防观。

（一）防御国防观

习近平总书记在党的二十大报告中指出："中国式现代化是走和平发展道路的现代化。我国不走一些国家通过战争、殖民、掠夺等方式实现现代化的老路，那种损人利己、充满血腥罪恶的老路给广大发展中国家人民带来深重苦难。"这就进一步明确了中国和平发展的总体道路。中国的社会主义国家性质、走和平发展道路的战略抉择、独立自主的和平外交政策、"和为贵"的中华文化传统，决定了中国始终不渝奉行防御性国防政策，加强国防建设的目的是保卫国家安全、防备和抵抗侵略、维护世界和平。

与此同时，防御性国防观绝不是消极防御，而是蕴含着积极的内涵。它要求坚持

忧患意识和底线思维，积极发扬斗争精神，在原则问题上寸步不让，以坚定的意志品质维护国家主权、安全、发展利益。正如习近平总书记指出的："我们决不会坐视国家主权、安全、发展利益受损，决不会允许任何人任何势力侵犯和分裂祖国的神圣领土。一旦发生这样的严重情况，中国人民必将予以迎头痛击！"

（二）全民国防观

习近平总书记指出："我们的军队是人民军队，我们的国防是全民国防。"这就明确了必须牢牢树立全民国防观。国防事关国家每个公民的切身利益，是真正的"国民之防"。近代中国历史及国外的一些现实案例都深刻表明，一个国家一旦在国防上出现了问题，百姓生活就难以安宁，生命财产就难以保障。

《中华人民共和国宪法》规定，每一个公民都有维护祖国安全、荣誉和利益的义务，保卫祖国、抵抗侵略是每一个公民的神圣职责。要深入贯彻落实全民国防观，把国防深深扎根于人民群众当中，汲取无穷无尽的力量源泉。积极开展国家安全教育和全民国防教育，着力强化广大民众的国家安全意识及忧患意识，重点培育广大民众的爱国主义精神，"增强全党全国各族人民的志气、骨气、底气"，同时掌握必要的国防知识和军事技能，自觉履行好国防义务，关心、支持、参与国防建设。

（三）智能国防观

当今世界新军事革命深入发展，在继续推进战争信息化的同时，还增添了智能化的新要素，导致现代战争信息化程度不断提高、智能化特征日益明显，人类战争开始进入"以智驭能"的新时代。

在人工智能技术支撑的战争中，智能优势将进一步凸显，新的作战模式将层出不穷，从而不断更新人们对未来战争的认知。习近平总书记在党的二十大报告中明确提出了"研究掌握信息化智能化战争特点规律"的新要求，必须转变思想观念，深刻把握现代战争的发展演变趋势，前瞻认识信息化智能化战争的发展趋势，探索建设智能化军事体系，构建智能化国防体系。

（四）综合国防观

随着信息社会形态演变趋势加速，社会各领域之间的渗透与交叉日益加剧。信息化智能化条件下的军事对抗，是综合国力的较量，是举国之力的对弈。

近期几场局部战争和冲突表明，坚持军事斗争与政治、经济、外交斗争密切配合，发挥整体合力制胜，已经成为现代战争的一个基本特征。这就要求在总体国家安全观指导下，大力强化综合国防观念，站在国家全局总体筹划国防建设问题，开启国防力量与手段组织运用的新思路。要将当代国防上升到大战略层面，采取总体安全防务战略，综合运用政治、经济、外交、军事等手段，形成强大的国防合力，着力构建并巩固拓展一体化战略能力与体系。

（五）自主国防观

自力更生是中华民族自立于世界民族之林的奋斗基点，维护我国的国防必须放在自身力量的基点上。国防建设发展具有很强的对抗性，依靠别人、依附于人，必然受制于人。真正的核心关键技术是花钱买不来的，靠进口武器装备是靠不住的，走引进仿制的路子是走不远的。1982年的英阿马岛战争中，阿根廷的"飞鱼"导弹进口自法国，打一枚少一枚，严重制约作战行动，教训十分深刻。我们这样一个大国、这样一支军队，强军之路没有别的选择，只能坚持自主创新，把发展命脉牢牢掌握在自己手中，不断提高国防科技自主创新能力。当前，尤其要发扬"两弹一星"的精神，着力突破国防科技发展的瓶颈，甩掉"卡脖子"的手，发展独有的杀手锏，奠定强大国防的军事技术基石。

与此同时，坚持自主国防观，并非否定进行一定程度的国防合作。当今时代，传统威胁与非传统威胁并存，尤其是非传统安全威胁具有较强的流动性，其在世界各国的肆行衍生了国际公共安全问题。事实表明，在应对国际恐怖主义、打击海盗等非传统安全威胁方面，靠一国的力量往往力不从心，各国必须通力合作、共同解决。这就要求强化安全合作的观念，以合作方式应对共同面临的一些公共安全威胁。近年来，为应对海盗威胁，中国海军与一些国家在索马里海域联合护航，取得了十分显著的成效。要继续探索海外军事力量运用的方式，逐渐开辟国际安全合作的有效路径，促进合作对象多元化、合作内容多样化、合作形式灵活化，进一步扩大安全合作的深度与广度。

扫一扫，涨知识：

现代国防观与传统国防观的区别

乐学好思 ▶▶▶▶▶▶

国防与你有关吗？说说生活中与国防相关的事情。

◀◀◀◀◀◀

第二节　国防法规

国防法规是国家法律的重要组成部分，是加强国防和武装力量建设的基本法律依据，是调整国防领域中各种关系，坚持依法治军、全面提高部队战斗力的重要保证，也是做好战争准备、赢得战争胜利的根本保障。

一、国防法规概述

（一）国防法规的内涵

国防法规是指国家为了加强防务，尤其是加强武装力量建设，用法律形式确定并以国家强制手段保证其实施的行为规则的总称。国防法规的内容主要包括国防领导体制、武装力量的体制编制、战争准备和动员、全面防御、国防建设、军费开支、国防教育、国防科研、国防生产、公民兵役义务、武装力量建设、军队人事管理、军事犯罪惩治等方面的法律规定。国防法规作为国防活动的基本法律规范，其主要任务是调整和规范国家在国防领域中的各种社会关系，把国防建设纳入法治轨道，确保军队革命化、现代化、正规化建设总目标的实现。

（二）国防法规的特性

国防法规是由国家制定或认可，并由国家强制力保证其实施的行为规范，具有法律的一般特性：鲜明的阶级性、高度的权威性、严格的强制性、普遍的适用性、相对的稳定性。同时，国防法规还具有区别于其他法规的特殊性质，主要表现在以下四个方面。

1. 调整对象的军事性

法律规范是调整社会关系的行为规范，不同的法律规范用来调整不同领域的社会关系。国防法规调整的是国防和武装力量领域的各种社会关系，包括军队内部的社会关系、武装力量内部的社会关系、武装力量与外部的社会关系，这些带有军事性的社会关系是国防法规特有的调整对象。此外，这些社会关系所涉及的行为主体并不都是军队和军人，政治、经济、外交、科技、教育等各个部门和社会各阶层人士都与国防有关。因此，一切社会团体和个人都必须按照国防法规的要求，履行自己的国防义务。

2. 公开度的有限性

一般的法律规范都是公开的，以便全体公民熟悉和遵守，从整体上看，国防法规也有公开性，但与其他法律规范相比，国防法规的公开程度比较低。一些涉及军事机密的国防法规只限定有关人员知晓，如关于作战、训练、军队编制和国防科研等方面的法规都具有保密性。为加强国防法治建设，对能够公开的国防法规应积极宣传，力求人人皆知；对不能公开的国防法规应严格保密，以维护国家的安全利益。

3. 司法适用的优先性

国防法规优先适用，是指在解决与国防利益、军事利益有关的法律问题时，如果国防法规与普通法规都有相关规定，则要以国防法规的规定作为评判是非的标准和采取行动的准则。优先适用指的不是先后顺序，而是一种排他性的单项选择。涉及国防利益、军事利益的案件只适用国防法规，不适用普通法。"特别法优先于普通法"是国际公认的法律规范适用原则，国防法属于特别法，因而在司法程序上实行"军法优先"。

4. 处罚措施的严厉性

国防法规所保护的国防利益，是关系国家兴衰存亡的最根本的国家利益，因而须对危害国防利益的犯罪实行比较严厉的处罚。如《中华人民共和国刑法》（以下简称《刑法》）规定，抢劫罪通常处三年以上十年以下有期徒刑，并处罚金；而冒充军警人员抢劫的，抢劫军用物资的，处十年以上有期徒刑、无期徒刑或者死刑，并处罚金或者没收财产。同一类型的犯罪，战时的处罚要更为严厉，《刑法》《中华人民共和国兵役法》（以下简称《兵役法》）对部分犯罪行为都有战时从重处罚的规定。

二、国防法规体系

国防法规体系，是指由不同层次、不同方面国防法律规范构成的相互联系、相互制约、相互协调的有机整体。依据我国国防立法的权限和法律规范的效力等级，国防法规体系在纵向上可以划分为五个层次。

（一）宪法中的国防条款

《中华人民共和国宪法》（以下简称《宪法》）作为我国的根本大法，具有最高的法律效力和最大的权威。因此，宪法中的国防条款在国防法规体系中居于最高地位，主要包括：武装力量的领导体制、性质、任务、建设方针和活动的根本准则，军队在国家政治制度中的地位，公民在国防方面的基本权利和义务，国防建设的领导和管理体制，全国总动员、局部动员和宣布战争状态的制度，国家和社会对伤残军人及军人家属的优抚政策，军事审判机关和军事检察机关的设置等。

《中华人民共和国宪法》

（二）基本国防法律

基本国防法律由全国人民代表大会制定，它是制定其他国防法规的基本依据。它不但包括以《中华人民共和国国防法》（以下简称《国防法》）《中华人民共和国兵役法》（以下简称《兵役法》）为代表的专门基本法律及其法律解释，还包含其他基本法律中的国防条款，如《刑法》分则中的第七章和第十章等。

扫一扫，涨知识：
基本国防法律

（三）国防法律

国防法律由全国人民代表大会常务委员会制定和颁布，是制定下级国防法规的主要依据。国防法律还包括全国人大常委会制定的其它法律中的国防条款。如《中华人民共和国国防教育法》（以下简称《国防教育法》）、《中华人民共和国军事设施保护法》（以下简称《军事设施保护法》）、《中华人民共和国国防动员法》。

扫一扫，涨知识：
国防法律

（四）国防法规

这里所说的国防法规，指的就是狭义的国防法律规范，也就是由中央军委、国务院单独或者联合制定和颁发的法律法规，它主要是就执行国防法律的某些原则作出具体规定。除此之外，它还包括相关国防法规解释及国防法规性文件，如中央军委制定的军事法规，如条令条例等。

（五）国防规章

国防规章主要由国务院各部委、中央军委各机关单独或联合制定的国防行政规章和军事规章，或者是由各军兵种、各战区制定和颁布的军事规章，以及有立法权的地方权力机关和行政机关制定的地方性国防法规和规章。

三、公民的国防义务和权利

公民的国防义务，是指根据《宪法》和法律的规定，公民在国防活动中对国家必须履行的某种责任。这种责任是根据国家和人民的根本利益确定的，并由国家运用法律的强制力保证其实现。

公民的国防权利，是指由国家《宪法》和法律赋予公民在国防活动中所享受的权益或资格。国家从法律和物质上保障公民享有这种权利的可能性。

（一）公民的国防义务

1. 维护国家统一和安全的义务

《宪法》第五十二条规定："中华人民共和国公民有维护国家统一和全国各民族团结的义务。"维护国家统一，主要是指维护国家领土的完整，任何公民都不得破坏、变更和以其他各种形式分裂肢解国家领土。维护国家政权的统一，不允许任何公民以各种方式分裂国家政权，破坏国家的统一，不允许任何人以任何方式把国家主权割让给外国。

《宪法》第五十四条规定："中华人民共和国公民有维护祖国的安全、荣誉和利益的义务，不得有危害祖国的安全、荣誉和利益的行为。"维护国家的安全，主要是指维护国家的领土、主权不受侵犯，国家各项机密得以保守，社会秩序不被破坏。

依法服兵役

2. 履行兵役的义务

《宪法》第五十五条规定："保卫祖国、抵抗侵略是中华人民共和国每一个公民的神圣职责。依照法律服兵役和参加民兵组织是中华人民共和国公民的光荣义务。"《国防法》第五十三条规定："依照法律服兵役和参加民兵组织是中华人民共和国公民的光荣义务。"《兵役法》第五条规定："中华人民共和国公民，不分民族、种族、职业、家庭出身、宗教信仰和教育程度，都有义务依照本法的规定服兵役。"

扫一扫，涨知识：

《火热军营，精彩人生》2023 年全国征兵公益宣传片

3. 支持国防建设的义务

《国防法》第五十六条规定："公民和组织应当支持国防建设，为武装力量的军事训练、战备勤务、防卫作战、非战争军事行动等活动提供便利条件或者其他协助。"这项义务的核心是支持和协助，支持是对国防建设广泛的支持，而协助的重点是武装力量的军事活动，积极支持军队的建设，在全社会造成尊重、爱护军队的良好风尚，并从各方面大力支持军队平时的各项工作和战时的各种作战勤务。同时要积极支持民兵、预备役部队建设，民兵和预备役部队是武装力量的重要组成部分，做好民兵、预备役工作，是加强国防后备力量建设的重要工作和长期战略任务。

4. 接受国防教育的义务

《宪法》第二十四条规定："在人民中进行爱国主义、集体主义和国际主义、共产主义的教育。"《国防法》第五十五条规定："公民应当接受国防教育。"《国防教育法》第五条强调："中华人民共和国公民都有接受国防教育的权利和义务。"国防教育是建设和巩固国防的基础，是增强民族凝聚力、提高全民素质的重要途径，普及和加强国防教育是全社会的共同责任，自觉接受国防教育是公民应尽的义务。

5. 支前参战的义务

《国防法》第五十条规定："一切国家机关和武装力量、各政党和各人民团体、企业事业组织、社会组织、其他组织和公民，都必须依照法律规定完成国防动员准备工作；在国家发布动员令后，必须完成规定的国防动员任务。"根据《宪法》精神和《国防法》的规定，在战争发生时，为了对付敌人突然袭击，抵抗侵略，适龄公民应当积极响应祖国的战时征召。部分服现役参加战斗，其余的除了随时准备应召服现役外，要在政府的领导下，由当地军事指挥机关组织，积极担负战备勤务、支援前线作战（如支前送武器弹药给养、后送伤员、守护重要军事设施和交通运输线路、参加军警民联防等）等任务。

6. 保护国防设施的义务

《国防法》第五十五条规定："公民和组织应当保护国防设施，不得破坏、危害国防设施。"《军事设施保护法》第四条明确规定："中华人民共和国的组织和公民都有保护军事设施的义务。禁止任何组织或者个人破坏、危害军事设施。任何组织或者个人对破坏、危害军事设施的行为，都有权检举、控告。"根据《国防法》《军事设施保护法》等有关保护军事设施规定的要求，公民应当自觉遵守各类军事设施的保护规定。

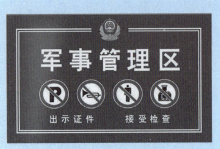

国防科普

军事设施保护的标志标识

根据《军事设施保护法》的规定，军事管理区和军事禁区应当设立标志牌。

军事管理区标志牌

军事管理区：军事管理区是根据军事需要，按照国家法律规定划定的由军队主持控制或负责的范围、区域。

军事禁区：军事禁区是指根据军事需要，按照国家法律规定划定的禁止无关人员进入或限制其活动的特定区域。

7. 保守国防秘密的义务

《宪法》第五十三条规定："中华人民共和国公民必须遵守宪法和法律，保守国家秘密。"《国防法》第五十五条进一步规定："公民和组织应当遵守保密规定，不得泄露国防方面的国家秘密，不得非法持有国防方面的秘密文件、资料和其他秘密物品。"《保守国家秘密法》指出，国家秘密"关系国家安全和利益"；其中第三条规定："一切国家机关、武装力量、政党、社会团体、企业事业单位和公民都有保守国家秘密的义务。"

扫一扫，涨知识：

提高保密意识，共同保守国家秘密

（二）公民的国防权利

1. 对国防建设提出建议的权利

《国防法》第五十七条规定："公民和组织有对国防建设提出建议的权利。"根据这一规定，公民可依法对国防建设的指导思想、方针、原则、规章制度和实施方法等提出建议。《宪法》规定："中华人民共和国公民对于任何国家机关和国家工作人员，有提出批评和建议的权利。"公民的批评建议权，是国家和社会监督权的形式之一，充分体现了我国人民当家作主的社会主义性质。

2. 制止、检举危害国防行为的权利

《国防法》第五十七条规定：公民和组织"有对危害国防利益的行为进行制止或者检举的权利"。根据这一规定，对于危害国防安全的行为，公民有权采取一切合法手段制止其发生发展，这是对《宪法》关于公民有维护国家安全、荣誉和利益的义务和关于公民检举权规定在国防方面的体现。

3.因国防活动造成的经济损失得到补偿的权利

《国防法》第五十八条规定："公民和组织因国防建设和军事活动在经济上受到直接损失的，可以依照国家有关规定获得补偿。"国家进行国防建设，武装力量开展军事活动，在某些情况下可能对公民的合法权益产生一定的影响甚至造成经济损失，公民可以按国家有关规定请求政府或军事机关予以补偿。这一规定，体现了一切为了人民利益的社会主义的本质，既保护了公民的经济权利，又有利于调动公民依法积极参加国防建设和军事活动。

乐学好思 ▶▶▶▶▶▶

除了本节所提的几部法律，你还知道哪些与国防相关的法律？

◀◀◀◀◀

第三节　国防建设

国防建设是指国家为构建和完善国防体系，提高国防能力而进行的一系列活动的统称，包括武装力量建设，边防、海防、空防、人防及战场建设，国防科技与国防工业建设，国防动员建设，国防交通建设，国防法规建设，国防教育等。中华人民共和国成立后，国家把国防建设摆在十分重要的位置，取得了举世瞩目的成就，赢得了国际社会的普遍尊重。

一、国防体制

国防体制，是国家防卫机构的设置、管理权限划分以及领导体系的制度，是国家体制的重要组成部分，与国家的政治、经济、文化教育等体制既互相联系又相对独立。其内容主要包括：国防领导体制、武装力量体制、国防经济体制、国防科学技术和武器装备发展的管理体制等。本节主要介绍国防领导体制。

（一）国防领导体制的历史发展

国防领导体制，亦称军事领导体制，是指国家领导国防活动的组织体系及相应制度，包括国防领导机构的设置、职能划分和相互关系等。它是国家政权组织形式和机构的重要组成部分。

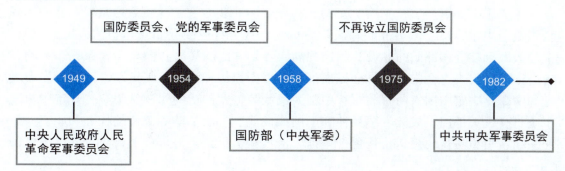

中华人民共和国成立以来，为使国防领导体制适应国家政治、经济、科技，特别是军事发展和保障国家安全的需要，国防领导体制进行了多次调整改革，在实践中不断发展和完善。

（二）国防领导体制组成及职权

1. 中共中央的国防职权

《中国人民解放军政治工作条例》规定："中国人民解放军必须置于中国共产党的绝对领导之下，其最高领导权和指挥权属于中国共产党中央委员会和中央军事委员会。"中国共产党作为执政党，是领导中国社会主义事业的核心力量。中共中央在国家生活包括国防事务中发挥着决定性的领导作用。有关国防、战争和军队建设的重大问题，由中共中央、中央军委、中央政治局及其常务委员会作出决策并通过必要的法定程序，作为党和国家的统一决策贯彻执行。

2. 全国人大及其常务委员会的国防职权

全国人民代表大会依照宪法规定，决定战争和和平的问题，并行使宪法规定的国防方面的其他职权。

全国人民代表大会常务委员会依照宪法规定，决定战争状态的宣布，决定全国总动员或者局部动员，并行使宪法规定的国防方面的其他职权。

3. 国家主席的国防职权

中华人民共和国主席根据全国人民代表大会的决定和全国人民代表大会常务委员会的决定，宣布战争状态，发布动员令，并行使宪法规定的国防方面的其他职权。

4. 国务院的国防职权

国务院领导和管理国防建设事业，行使下列职权：编制国防建设的有关发展规划和计划；制定国防建设方面的有关政策和行政法规；领导和管理国防科研生产；管理国防经费和国防资产；领导和管理国民经济动员工作和人民防空、国防交通等方面的建设和组织实施工作；领导和管理拥军优属工作和退役军人保障工作；与中央军事委员会共同领导民兵的建设，征兵工作，边防、海防、空防和其他重大安全领域防卫的管理工作；法律规定的与国防建设事业有关的其他职权。

5. 中央军事委员会的国防职权

中央军事委员会实行主席负责制，领导全国武装力量，行使下列职权：统一指挥全国武装力量；决定军事战略和武装力量的作战方针；领导和管理中国人民解放军、中国人民武装警察部队的建设，制定规划、计划并组织实施；向全国人民代表大会或者全国人民代表大会常务委员会提出议案；根据宪法和法律，制定军事法规，发布决定和命令；决定中国人民解放军、中国人民武装警察部队的体制和编制，规定中央军事委员会机关部门、战区、军兵种和中国人民武装警察部队等单位的任务和职责；依照法律、军事法规的规定，任免、培训、考核和奖惩武装力量成员；决定武装力量的武器装备体制，制定武器装备发展规划、计划，协同国务院领导和管理国防科研生产；会同国务院管理国防经费和国防资产；领导和管理人民武装动员、预备役工作；组织开展国际军事交流与合作；法律规定的其他职权。

国务院和中央军事委员会建立协调机制，解决国防事务的重大问题。

中央国家机关与中央军事委员会机关有关部门可以根据情况召开会议，协调解决有关国防事务的问题。

2016年，按照"军委管总、战区主战、军种主建"的总原则，中央军委把总部制改为多部门制，由原来的总参谋部、总政治部、总后勤部、总装备部4个总部，改为7个部（厅）、3个委员会、5个直属机构共15个职能部门。

军委机关职能配置和机构设置

中央军委														
七个部（厅）							三个委员会			五个直属机构				
军委办公厅	军委联合参谋部	军委政治工作部	军委后勤保障部	军委装备发展部	军委训练管理部	军委国防动员部	军委纪律检查委员会	军委政法委员会	军委科学技术委员会	军委战略规划办公室	军委改革和编制办公室	军委国际军事合作办公室	军委审计署	军委机关事务管理总局

二、国防战略

国防战略是由国家依据国际形势和国内条件为实现国家安全目标而制定的方略。国防战略的制定与实施是否正确，直接关系到国家的发展，乃至战争的胜负、国家的存亡、民族的兴衰。

（一）国防战略的内涵

国防战略是国家综合运用政治、经济、军事、文化、外交等各种力量，提高国家防御能力，保障国家安全和利益的艺术与科学。它是一个国家在一定时期内指导国防行为、维护国家安全和利益的总方略、总纲领，是国防建设、军队建设的龙头和总揽。国防战略的确立和实施，不仅涉及军事战略和国家其他战略，而且涉及战争观等战争基本问题；不仅涉及战略指导，而且涉及国防力量建设和战争准备。

（二）中国的国防战略

中国社会主义性质和国家根本利益，走和平发展道路的客观要求，决定中国必须毫不动摇坚持积极防御战略思想，同时不断丰富和发展这一思想的内涵。根据国家安全和发展战略，适应新的历史时期形势任务要求，坚持实行积极防御军事战略方针，与时俱进加强军事战略指导，进一步拓宽战略视野、更新战略思维、前移指导重心，整体运筹备战与止战、维权与维稳、威慑与实战、战争行动与和平时期军事力量运用，注重深远经略，塑造有利态势，综合管控危机，坚决遏制和打赢战争。

（1）实行新时代的积极防御军事战略方针，调整军事斗争准备基点。根据战争形态演变和国家安全形势，将军事斗争准备基点放在打赢信息化局部战争上，突出海上军事斗争和军事斗争准备，有效控制重大危机，妥善应对连锁反应，坚决捍卫国家领土主权、统一和安全。

（2）实行新时代的积极防御军事战略方针，创新基本作战思想。根据各个方向安全威胁和军队能力建设实际，坚持灵活机动、自主作战的原则，"你打你的、我打我的"，运用诸军兵种一体化作战力量，实施信息主导、精打要害、联合制胜的体系作战。

（3）实行新时代的积极防御军事战略方针，优化军事战略布局。根据中国地缘战略环境、面临安全威胁和军队战略任务，构建全局统筹、分区负责，相互策应、互为一体的战略部署和军事布势；应对太空、网络空间等新型安全领域威胁，维护共同安全；加强海外利益攸关区国际安全合作，维护海外利益安全。

（4）实行新时代的积极防御军事战略方针，坚持以下原则：服从服务于国家战略目标，贯彻总体国家安全观，加强军事斗争准备，预防危机、遏制战争、打赢战争；营造有利于国家和平发展的战略态势，坚持防御性国防政策，坚持政治、军事、经济、外交等领域斗争密切配合，积极应对国家可能面临的综合安全威胁；保持维权维稳平衡，统筹维权和维稳两个大局，维护国家领土主权和海洋权益，维护周边安全稳定；努力争取军事斗争战略主动，积极运筹谋划各方向各领域军事斗争，抓住机遇加快推进军队建设、改革和发展；运用灵活机动的战略战术，发挥联合作战整体效能，集中优势力量，综合运用战法手段；立足应对最复杂最困难情况，坚持底线思维，扎实做好各项准备工作，确保妥善应对、措置裕如；充分发挥人民军队特有的政治优势，坚持党对军队的绝对领导，重视战斗精神培育，严格部队组织纪律性，纯洁巩固部队，密切军政军民关系，鼓舞军心士气；发挥人民战争的整体威力，坚持把人民战争作为克敌制胜的重要法宝，拓展人民战争的内容和方式方法，推动战争动员以人力动员为主向以科技动员为主转变；积极拓展军事安全合作空间，深化与大国、周边、发展中国家的军事关系，促进建立地区安全和合作架构。

扫一扫，涨知识：

西汉王朝影响深远的国防战略：屯垦戍边

三、国防政策

中国的社会主义国家性质，走和平发展道路的战略抉择，独立自主的和平外交政策，"和为贵"的中华文化传统，决定了中国始终不渝奉行防御性国防政策。

（一）坚决捍卫国家主权、安全、发展利益

新时代中国国防的根本目标，就是慑止和抵抗侵略，保卫国家政治安全、人民安全和社会稳定，反对和遏制"台独"，打击"藏独""东突"等分裂势力，保卫国家主权、统一、领土完整和安全。维护国家海洋权益，维护国家在太空、电磁、网络空间等安全利益，维护国家海外利益，支撑国家可持续发展。

（二）坚持永不称霸、永不扩张、永不谋求势力范围

中国坚持在和平共处五项原则基础上发展同各国的友好合作，尊重各国人民自主选择发展道路的权利，主张通过平等对话和谈判协商解决国际争端，反对干涉别国内政，反对恃强凌弱，反对把自己的意志强加于人。中国坚持结伴不结盟，不参加任何军事集团，反对侵略扩张，反对动辄使用武力或以武力相威胁。中国的国防建设和发展，始终着眼于满足自身安全的正当需要，始终是维护世界和平力量的坚定力量。历史已经并将继续证明，中国决不走追逐霸权、"国强必霸"的老路。无论将来发展到哪一步，中国都不会威胁谁，都不会谋求建立势力范围。

（三）贯彻落实新时代军事战略方针

新时代军事战略方针，坚持防御、自卫、后发制人原则，实行积极防御，坚持"人不犯我、我不犯人，人若犯我、我必犯人"，强调遏制战争与打赢战争相统一，强调战略上防御与战役战斗上进攻相统一。

贯彻落实新时代军事战略方针，服从服务党和国家战略全局，落实总体国家安全观，强化忧患意识、危机意识、打仗意识，积极适应战略竞争新格局、国家安全新需求、现代战争新形态，有效履行新时代军队使命任务。根据国家面临的安全威胁，扎实做好军事斗争准备，全面提高新时代备战打仗能力，构建立足防御、多域统筹、均衡稳定的新时代军事战略布局。坚持全民国防，创新人民战争的战略战术和内容方法，充分发挥人民战争整体威力。

实战演练，提高新时代备战打仗能力

（四）坚持走中国特色强军之路

建设同国际地位相称、同国家安全和发展利益相适应的巩固国防和强大军队，是中国社会主义现代化建设的战略任务，是坚持走和平发展道路的安全保障，是总结历史经验的必然选择。

新时代中国国防和军队建设，深入贯彻习近平强军思想，深入贯彻习近平军事战略思想，坚持政治建军、改革强军、科技强军、人才强军、依法治军，坚持边斗争、

边备战、边建设，坚持机械化信息化智能化融合发展，加快军事理论现代化、军队组织形态现代化、军事人员现代化、武器装备现代化，提高捍卫国家主权、安全、发展利益战略能力。

（五）服务构建人类命运共同体

中国军队坚持共同、综合、合作、可持续的安全观，秉持正确义利观，积极参与全球安全治理体系改革，深化双边和多边安全合作，促进不同安全机制间协调包容、互补合作，营造平等互信、公平正义、共建共享的安全格局。

中国军队坚持履行国际责任和义务，始终高举合作共赢的旗帜，在力所能及的范围内向国际社会提供更多公共安全产品，积极参加国际维和、海上护航、人道主义救援等行动，加强国际军控和防扩散合作，建设性参与热点问题的政治解决，共同维护国际通道安全，合力应对恐怖主义、网络安全、重大自然灾害等全球性挑战，积极为构建人类命运共同体贡献力量。

四、国防成就

新中国成立以后，特别是进入 21 世纪以来，国防现代化建设在探索中不断前行，取得了举世瞩目的巨大成就。

（一）人民解放军的现代化、正规化和革命化建设取得突破性进展

新中国成立后，人民解放军不断向现代化、正规化和革命化迈进。尤其是改革开放以来，中国的国防实力进一步增强，国防现代化建设突飞猛进，实现了由单一兵种向诸军兵种合成的过渡。不仅研制生产了种类较为齐全的常规武器装备，而且拥有了具有一定战争慑止能力的原子弹、氢弹、中子弹等尖端武器装备，并努力发展高技术的"撒手锏"。根据信息化战争的特点，人民解放军把军事斗争准备的基点放在打赢信息化局部战争上，军队建设逐步实现由数量规模型向质量效能型、人才密集型向科技密集型转变；进一步压缩了军队的规模，优化诸军兵种比例结构，完善了编制体制，使人民解放军的体制编制更能适应现代合成作战和联合作战的需要；按照中央军委提出的"听党指挥、能打胜仗、作风优良"的总要求，继续优化体制编制，更新教育训练内容和手段，改善武器装备，加强军队的质量建设，提高诸军兵种的合成化水平，向精兵、合成、高效的方向发展。可以预见，人民解放军将以崭新的面貌勇敢地面对任何挑战而不辱使命。

（二）形成了门类齐全、综合配套的国防科技工业体系

国防科技是衡量一个国家综合国力的重要标志之一，也是国防现代化建设的重要方面。新中国成立以来，国防科技事业快速发展，取得了一大批具有国内、国际先进水平的科研成果。在军事电子方面，逐步发展成为具有相当规模、门类齐全的新兴工业部门，特别是在指挥自动化、情报侦察、预警探测、电子对抗与通信方面，为人民

解放军提供了各种新式装备和产品，进一步增强了部队侦察、通信指挥和作战能力；在船舶工业方面，先后研制了包括航空母舰、核动力潜艇、常规动力潜艇、导弹驱逐舰、导弹护卫舰、导弹快艇以及新型鱼雷、水雷等新装备；在兵器工业方面，研制生产了一大批具有先进性能的装甲车辆、火炮、弹药、轻武器、军用光电器材及综合火控、指挥系统以及地地、地空、海空和空空导弹系统等新型武器装备；在航空工业方面，研制生产了先进的战斗机、歼击轰炸机、轰炸机、武装直升机等；在航天工业方面，运载火箭、各种应用卫星的研制和实验能力以及各种应用卫星的发射能力，在世界高技术领域占有一席之地；在核工业方面，中国不仅研制了原子弹、氢弹，还掌握了核潜艇技术，形成了中国的核威慑力量。

东风-41洲际战略核导弹

（三）国防后备力量建设取得长足发展

党中央、中央军委明确指出："精干的常备军和强大的后备力量相结合，是建设现代化国防的必由之路。"在这一方针的指导下，在全国范围内形成了一个各级地方党政领导关心后备力量建设，各级军事机关狠抓后备力量建设，社会各界和广大人民群众积极支持后备力量建设的可喜局面。国防后备力量建设进入新的发展阶段。

一是实现了指导思想的战略转变，走上了和平稳定发展的轨道；二是确立并实施了民兵与预备役相结合的制度，初步形成了具有中国特色的国防后备力量体系；三是注重宏观指导，合理布局，后备力量建设既注重在经济发达地区，也重视偏远的中、西部地区开展，既注重在工矿企事业单位，也重视在科技行业和大专院校中开展；四是民兵、预备役部队在参战支前、保卫边疆、发展生产、维护社会治安等方面发挥了重要作用；五是健全了国防动员机构，各省（自治区、直辖市）、市、县、乡镇都建（设）立了专门（职）的国防动员机构（人员）负责国防动员工作；六是加强了国防教育，大学生军训工作全面展开，成效显著，国防教育已被纳入整个国民教育体系之中，走上了法制化、规范化的轨道。

五、军民融合

军民融合，是指把国防和军队现代化建设深深融入经济社会发展体系之中，全面推进经济、科技、教育、人才等各个领域的军民融合，在更广范围、更高层次、更深程度上把国防和军队现代化建设与经济社会发展结合起来，为实现国防和军队现代化提供丰厚的资源和可持续发展的后劲。

（一）军民融合的发展演变

军民融合发展思想，是对党的三代中央领导集体"军民结合""军民一体化""寓军于民"等思想的继承和发展。

（20世纪50年代至70年代）　　（2007年10月至2015年3月）
军民结合阶段　　　　　　　**军民融合式发展阶段**

军民一体化阶段　　　　　　**军民融合上升为国家战略阶段**
（20世纪70年代至21世纪初）　　（2015年3月至今）

进入信息时代后，军民融合的程度不断加深。一是融合范围更广。军民融合已经突破传统的四大领域，开始向重大基础设施和海洋、空天、信息等关键领域发展，并逐步向其他领域延伸。二是融合层次更高。军民融合正由行业层次的融合逐渐向国家战略层次的融合发展。三是融合程度更深。军民融合已经由传统的板块式融合发展为要素的融合。

扫一扫，涨知识：
中国"军转民"的历史回顾与思考

（二）军民融合深度发展的目标任务

军民融合技术装备展览会

军民融合式发展是时代赋予国防和军队现代化建设的一篇大文章，要坚持党的领导，强化国家主导，注重融合共享，发挥市场作用，深化改革创新，推动军民融合由初步融合向深度融合过渡，进而实现跨越发展，形成全要素、多领域、高效益的军民融合深度发展格局。

（1）推动武器装备科研生产体系的军民融合，充分发挥市场在资源配置中的基础性作用和政府的宏观调控作用，推进国防科技和民用科技互动发展，统一通用型军民产品的技术标准，深化武器装备采购制度改革。

（2）推动军队人才培养体系的军民融合，完善依托国民教育培养军队人才的体制机制，拓宽利用国民教育资源和国家人才资源渠道，吸引社会高层次人才到军队工作。

扫一扫，涨知识：
军民融合定向培养士官

（3）推动军队保障体系的军民融合，完善军民结合、寓军于民的军队保障体系，全面建设军队现代后勤，积极稳妥地把保障体系向一体化推进，保障方式向社会化拓展，保障手段向信息化迈进，后勤管理向科学化转变。

（4）推动国防动员体系的军民融合，建立健全国防动员组织领导制度，完善军民结合、平战一体的工作格局，加强国防动员应急功能。

（5）推动科技资源体系的军民融合，发挥国防科技工业对国民经济的促进作用，促进国防领域和民用领域科技成果、人才、资金、信息等要素交流融合，形成国民经济对国防建设的强大支撑力、国防科技对经济发展的强大牵引力。

国防荐读

《实战化的军民融合》

《新形势下国防和军队实战化系列丛书：实战化的军民融合》详细阐述了实战化军民融合的基本特征、重要作用和主要内容，分别从军队保障、武器装备科研生产、军队人才培养、国防动员、基础设施建设、海洋安全维护、空天安全维护、信息安全八个领域的实战化军民融合的发展之路进行了深入研究，并对实战化的军民融合的实现途径进行了有益探讨。

《实战化的军民融合》

（三）深化军民融合式发展体制机制改革

深化军民融合式发展体制机制改革，应做好四个方面的工作：一是着眼于理顺融合式发展的利益关系，着力建立健全国家层面和地方层面的军地协调体制机制，加强军民融合式发展的组织领导和综合协调；二是着眼于优化融合式发展的资源配置，着力构建权责对称、运转顺畅、激励有效、惩罚有力的运行机制，不断提高融合式发展的运行效率；三是着眼于调动融合式发展的积极因素，制定完善包括市场准入、财政补贴、税收减免、投融资政策在内的一系列优惠政策，不断开创军民融合式发展新局面；四是着眼于强化军民融合式发展的法制保障，着力构建一套层次分明、相互配套、彼此协调的法规体系，不断促进军民融合发展工作的法制化、正规化、科学化。

乐学好思 ▶▶▶▶▶

作为新时代的大学生，你想为国防建设做些什么？说出你的目标或期望，并简单描述你实现目标的计划。

第四节 武装力量

武装力量是国家或政治集团的各种武装组织的总称。一般以军队为主体,由军队和其他正规的、非正规的武装组织组成。武装力量是国家政权的重要组成部分,是国家或政治集团实现阶级统治,推行内外政策的暴力工具。被统治阶级依靠武装力量夺取政权,统治阶级依靠武装力量镇压反抗,抵御侵略,巩固政权。

一、中国武装力量概述

武装力量是国家或政治集团所拥有的各种武装组织的统称。《国防法》第三章第二十条规定:"中华人民共和国的武装力量属于人民。它的任务是巩固国防,抵抗侵略,保卫祖国,保卫人民的和平劳动,参加国家建设事业,全心全意为人民服务。"这就明确了我国武装力量的性质和任务,为我军保持人民军队的性质宗旨,履行党和人民赋予的使命任务提供了法律依据。

(一)人民军队性质

军队的性质问题,是我党建设军队着力解决的一个重要问题。邓小平指出:"我确信,我们的军队能够始终不渝地坚持自己的性质。这个性质是,党的军队,人民的军队,社会主义国家的军队。"邓小平从军队同党、人民和国家的联系上,全面而精辟地论述了中国人民解放军的性质。

(二)人民军队宗旨

宗旨是指主要的目的和意图。1945年4月,毛泽东在《论联合政府》中,对人民军队的宗旨作了概括:"紧紧地和中国人民站在一起,全心全意为中国人民服务,就是这个军队的唯一的宗旨。"中国人民解放军的这一宗旨表明,中国共产党领导的无产阶级性质的新型人民军队来自人民,属于人民,为了人民,时刻同人民站在一起,全心全意地为中国无产阶级和中国各族人民的利益而战斗。中国人民解放军无条件地执行中国共产党的纲领、路线和政策,实行有领导的民主,建立自觉的纪律。

(三)人民军队的使命和战略任务

进入新时代,中国军队依据国家安全和发展战略要求,坚决履行党和人民赋予的使命任务,为巩固中国共产党领导和社会主义制度提供战略支撑,为捍卫国家主权、统一、领土完整提供战略支撑,为维护国家海外利益提供战略支撑,为促进世界和平与发展提供战略支撑。

二、人民军队的发展历程

（一）土地革命战争中创建

1927 年 8 月 1 日，中国共产党联合国民党左派，在江西南昌打响了武装反抗国民党反动派的第一枪，揭开了中国共产党独立领导武装斗争和创建革命军队的序幕。南昌起义后，毛泽东领导湘赣边界秋收起义，随后对起义部队进行"三湾改编"，开始了对革命军队的政治建设，强调党对军队的领导，规定部队民主制度，实行官兵待遇平等，并确立"把支部建在连上"。这些原则至今仍是我军坚持的政治传统。1929 年 12 月，古田会议顺利召开，正式规定了人民军队的性质、宗旨和任务，确立了思想建党、政治建军的根本原则，为把我军建设成为新型人民军队初步奠定了基础。

在土地战争时期，这支弱小的部队与在装备和数量上都占绝对优势的国民党军队进行了殊死战斗，粉碎了多次重兵"围剿"，完成了二万五千里长征，始终保持坚定的革命信仰和昂扬的战斗意志。

（二）抗日烽火中锤炼

1931 年，日本发动"九一八"事变，强占我国东北。1937 年 7 月 7 日制造"卢沟桥事变"，随后抗日战争全面爆发。中国共产党从大局出发，同意把主力红军和南方八省游击队分别改编为国民革命军第八路军和国民革命军新编第四军，坚决贯彻统一领导、"精兵简政"、整顿"三风"以及发展生产、拥政爱民等各项任务，实行官兵一致、军民一致、瓦解敌军和宽待俘虏等原则，构建起了主力军、地

抗日战争时期的八路军

方武装和民兵自卫队"三结合"的武装力量体制，通过在抗日斗争中边打边建，力量迅速发展壮大。到 1945 年春，全国已有 19 个解放区，八路军、新四军及其他人民军队共 90 多万人，民兵 200 多万。

（三）解放战争中发展壮大

1945 年 4 月至 6 月，党的七大胜利召开，会上确立了毛泽东思想在全党的指导思想地位，制定了"放手发动群众，壮大人民武装力量，在我党领导下，打败日本帝国主义，解放全国人民，建立一个新民主主义的新中国"的党在新形势下的路线。抗战胜利后，国民党认为的彻底消灭共产党时机来临，凭借全美式装备悍然发动了内战。解放区各部队由八路军、新四军、东北民主联军等陆续改称人民解放军，编成了五大野战军。人民军队遵照毛泽东的战略指导思想，在粉碎敌人的全面进攻和重点进攻后转入战略反攻和战略决战，经过辽沈、淮海、平津三个战略性大战役，敌我军事力量对比发生变化。经过 4 年的解放战争，推翻了国民政府的统治，后又和平解放西

藏，统一了中国大陆。1947年10月10日，《中国人民解放军宣言》发表，这是全军性改称"人民解放军"的重要标志。

（四）全面开展现代化、正规化建设

1949年10月1日，新中国成立。50年代中后期，人民解放军全面展开现代化、正规化建设。首先着眼于长远发展和加强质量建设，进行了两次精简整编，调整编制体制，大力建设海军、空军及陆军技术兵种，减少陆军步兵数量，使军队员额降至240余万人。实行义务兵役制，取消志愿兵役制；实行薪金制，取消供给制；实行军衔制。这三大制度的实行体现了世界军队现代化的一般规律，使人民解放军的正规化建设向前迈进了一大步。

60年代初期到"文化大革命"结束期间，战备工程建设和国防科技仍然取得了一些重大成就。常规武器装备实现国产化，特别是国防尖端技术取得突破性进展，1966年"两弹结合"飞行试验成功，1967年氢弹爆炸成功，1970年第一颗人造卫星发射成功，1980年我国向南太平洋发射洲际导弹成功。此外，我军进行了炮击金门、平息西藏武装叛乱、中印边境作战、珍宝岛和西沙群岛自卫反击战，保卫了国家安全和统一。

（五）改革开放时期

党的十一届三中全会开启了改革开放新时期，也开启了国防和军队建设新时期。80年代初开始，人民军队开始迈上"精兵、合成、高效"的现代化建设之路。1985年百万大裁军，中央军委所属总部机关人员精减近一半。1993年初，中共中央、中央军委制定了新时期军事战略方针，即把未来军事斗争准备的基点放在打赢可能发生的现代技术特别是高技术条件下的局部战争上。1995年12月，又提出新形势下军队建设实现"两个根本性转变"的战略思想，即在军事斗争准备上，由应付一般条件下局部战争向打赢现代技术特别是高技术条件下局部战争转变；在军队建设上，由数量规模型向质量效能型、人力密集型向科技密集型转变。进入21世纪，提出"三步走"发展战略，即2010年前打下坚实基础，2020年前基本实现机械化并使信息化建设取得重大进展，21世纪中期基本实现国防和军队现代化。

（六）十八大以来的新时期

党的十八大以来，习近平总书记提出建设一支"听党指挥、能打胜仗、作风优良"的人民军队这一党在新时代的强军目标，确立了军队建设的新标准。

2014年3月15日，中央军委深化国防和军队改革领导小组召开第一次全体会议。10月30日在福建省上杭县古田镇召开的全军政治工作会议上，习近平总书记阐明新的历史条件下党从思想上、政治上建设军队的重大问题。2015年11月28日，中央军委印发《关于深化国防和军队改革的意见》，指出要牢牢把握"军委管总、战区主战、军种主建"的原则，以领导管理体制、联合作战指挥体制改革为重点，协调推进规模结构、政策制度和军民融合深度发展改革。2017年10月18日，习近平总书

记在党的十九大上提出国防和军队现代化新"三步走"战略——到2027年实现建军一百年奋斗目标、到2035年基本实现国防和军队现代化、到本世纪中叶全面建成世界一流军队。

2022年10月16日，习近平总书记在党的二十大上指出，如期实现建军一百年奋斗目标，加快把人民军队建成世界一流军队，是全面建设社会主义现代化国家的战略要求。强调要全面加强人民军队党的建设，确保枪杆子永远听党指挥；全面加强练兵备战，提高人民军队打赢能力；全面加强军事治理，巩固拓展国防和军队改革成果，完善军事力量结构编成，体系优化军事政策制度；巩固提高一体化国家战略体系和能力，加强军地战略规划统筹、政策制度衔接、资源要素共享。

三、中国武装力量的构成

《国防法》第二十二条规定："中华人民共和国的武装力量，由中国人民解放军、中国人民武装警察部队、民兵组成。"

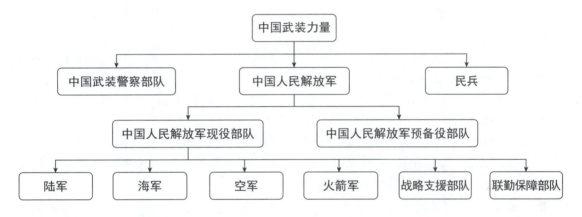

（一）中国人民解放军

中国人民解放军是中华人民共和国武装力量的骨干，是抵抗侵略、保卫祖国、维护国家主权和安全的主要力量。中国人民解放军由现役部队和预备役部队组成。

1. 中国人民解放军现役部队

现役部队是国家的常备军，主要担负防卫作战任务，按照规定执行非战争军事行动任务。中国人民解放军现役部队由陆军、海军、空军、火箭军、战略支援部队、联勤保障部队组成。

（1）中国人民解放军陆军

陆军成立于1927年8月1日，是人民解放军的主要军种，是主要在陆地遂行作战任务的军种。陆军是最早建立和领导的

陆军方队

武装力量，历史悠久，敢打善战，战功卓著，为党和人民建立了不朽功勋。陆军包括机动作战部队、边海防部队、警卫警备部队等，机动作战部队包括13个集团军和部分独立作战师（旅）。13个集团军番号分别为：中国人民解放军第七十一、七十二、七十三、七十四、七十五、七十六、七十七、七十八、七十九、八十、八十一、八十二和八十三集团军，集团军由师、旅编成。陆军下辖东部战区、南部战区、西部战区、北部战区、中部战区、新疆军区、西藏军区。主要由步兵、炮兵、装甲兵、工程兵、通信兵、防化兵等兵种，以及侦察、测绘、气象等专业部队组成。陆军已由单一兵种发展成为诸兵种合成的现代陆军。

陆军对维护国家主权、安全、发展利益具有不可替代的作用。正按照"机动作战、立体攻防"的战略要求，加快实现区域防卫型向全域作战型转变，提高精确作战、立体作战、全域作战、多能作战、持续作战能力。

陆军装备96式、99式主战坦克，04式步兵战车、05式自行加榴炮，03式远程多管火箭炮，武直-10、武直-19武装直升机等新型武器装备，形成了快速机动、立体突击的陆上作战装备体系，空地一体、远程机动、快速突击和特种能力不断提升。

（2）中国人民解放军海军

海军成立于1949年4月23日，是海上作战行动的主体力量，担负着保卫国家海上方向安全、领海主权和维护海洋权益的任务，主要由潜艇部队、水面舰艇部队、航空兵、海军陆战队、岸防部队等兵种组成。下辖东部战区海军（东海舰队）、南部战区海军（南海舰队）、北部战区海军（北海舰队）和海军陆战队等。

海军按照"近海防御、远海防卫"的战略要求，实现近海防御向远海防卫转变，构建合成、多能、高效的海上作战力量，提高战略威慑与反击、远海机动作战、海上联合作战、综合防御作战和综合保障能力。

海军装备有一系列核潜艇和常规潜艇、驱逐舰、护卫舰，以及"飞豹"歼击轰炸机等新型武器装备。2012年9月，第一艘航空母舰"辽宁舰"交接入列。2013年5月，中国海军首支舰载航空兵正式组建。2019年4月23日，"辽宁舰"航母编队参加庆祝人民海军成立70周年海上阅兵，展示了人民海军的新面貌。2022年6月17日，我国第三艘航母"福建号"下水。

 国防热点

福建舰

2022年6月17日，我国完全自主设计建造的首艘弹射型航空母舰下水。根据中国人民解放军海军舰艇命名规则，航空母舰一般以省级行政区划命名，经中央军委批准，第三艘航空母舰命名为"中国人民解放军海军福建舰"，舷号为"18"。福建舰是我国完全自主设计建造的首艘弹射型航空母舰，采用平直通长飞行甲板，配置电磁弹射和阻拦装置，满载排水量8万余吨。从辽宁舰、山东舰到福建舰，人民海军进入"三航母时代"，练兵备战的新航迹不断延伸。

（3）中国人民解放军空军

空军成立于1949年11月11日，是空中作战行动的主体力量，担负着保卫国家领空安全和领土主权、保持全国空防稳定的任务，主要由航空兵、地面防空兵、雷达兵、空降兵、电子对抗部队、信息通信部队等组成。空军下辖东部战区空军、南部战区空军、西部战区空军、北部战区空军、中部战区空军。

空军正按照"空天一体、攻防兼备"的战略要求，加快实现国土防空型向攻防兼备型转变，加强以提高战略预警、空中打击、防空反导、信息对抗、空降作战、战略投送和综合保障能力为重点的作战力量体系建设，发展新一代作战飞机、新型地空导弹、新型雷达和大型运输机等先进武器装备，完善预警、指挥和通信网络，提高战略预警、威慑和远程空中打击能力，加快建设一支空天一体、攻防兼备的强大人民空军。

空军装备有空警-200、空警-2000等多型预警机，歼-10、歼-11、歼-16、歼-20、运-20、轰-6K和苏-35等多型战机，红旗-9、红旗-12型地空导弹等新型导弹，形成了地空一体、攻防兼备的制空作战装备体系，战略预警、威慑和打击能力稳步增强。

（4）中国人民解放军火箭军

火箭军由原第二炮兵发展而来，于2015年12月31日正式成立，是中央军委直接掌握使用的战略部队，是我国实施战略威慑的核心力量，主要担负遏制他国对我国使用核武器、遂行核反击和常规导弹精确打击任务，由核导弹部队、常规导弹部队、作战保障部队等组成。

经过几十年的建设，火箭军装备有东风-4、东风-5、东风-10、东风-11、东风-15、东风-21、东风-26、东风-31型号系列的弹道导弹和长剑-10型巡航导弹等武器装备，已形成核常兼备、固液并存、射程衔接、战斗部种类配套的武器装备体系，建设成为一支精干有效的战略力量，具备陆基战略核反击能力和常规导弹精确打击能力。

火箭军在维护国家主权、安全中具有至关重要的地位和作用。正按照"核常兼备、全域慑战"的战略要求，加快推进信息化转型，增强可信可靠的核威慑和核反击力，加强中远程精确打击力量建设，增强战略制衡能力。

（5）中国人民解放军战略支援部队

2015年12月31日，中国人民解放军战略支援部队成立。战略支援部队主要是由战略性、基础性、支撑性都很强的各类保障力量进行功能整合后组建而成的，包括战场环境保障、信息通信保障、信息安全防护、新技术试验等保障力量。成立战略支援部队，有利于优化军事力量结构、提高综合保障能力。

战略支援部队"区域拦阻式干扰系统"

战略支援部队主要的使命任务是支援战场作战，为联合作战行动提供有力的战场支持，以实现打赢信息化局部战争的目标。战略支援部队在保障国家金融安全和人民日常生活安全等方面发挥着重要作用。

（6）中央军委联勤保障部队

着眼于构建具有我军特色的现代联勤保障体制，2016年9月13日我军专门组建了联勤保障部队。包括仓储、卫勤、运输投送、输油管线、工程建设管理、储备资产管理、采购等力量，下辖无锡、桂林、西宁、沈阳、郑州五个联勤保障中心，以及解放军总医院、解放军疾病预防控制中心等。

联勤保障部队是实施联勤保障和战略战役支援保障的主体力量，是中国特色现代军事力量体系的重要组成部分。正按照"联合作战、联合训练、联合保障"的要求，加快融入联合作战体系，提高一体化联合保障能力。

扫一扫，涨知识：

"最美新时代革命军人"吴勇："战场血液"保障员

2. 中国人民解放军预备役部队

预备役部队是人民解放军的组成部分，是寓军于民、快速动员的有效组织形式，与现役部队一体建设运用，共同履行人民军队使命任务。预备役人员作为预备役部队的主体，是国家武装力量的成员，是战时现役部队兵员补充的重要来源。

根据《国防法》，中国人民解放军预备役部队按照规定进行军事训练、执行防卫作战任务和非战争军事行动任务；根据国家发布的动员令，由中央军事委员会下达命令转为现役部队。根据《兵役法》，预编到现役部队或者编入预备役部队服预备役的，称预备役人员。预备役人员必须按照规定参加军事训练、担负战备勤务、执行非战争军事行动任务，随时准备应召参战，保卫祖国。

2022年12月30日，十三届全国人大常委会第三十八次会议表决通过《中华人民共和国预备役人员法》（以下简称《预备役人员法》），自2023年3月1日起施行。

《预备役人员法》明确，中央军事委员会领导预备役人员工作。中央军事委员会政治工作部门负责组织指导预备役人员管理工作，中央军事委员会国防动员部门负责组织预备役人员编组、动员征集等有关工作，中央军事委员会机关其他部门按照职责分工负责预备役人员有关工作。中央国家机关、县级以上地方人民政府和同级军事机关按照职责分工做好预备役人员有关工作。编有预备役人员的部队，负责所属预备役人员政治教育、军事训练、执行任务和有关选拔补充、日常管理、退出预备役等工作。

根据《预备役人员法》，预备役人员分为预备役军官和预备役士兵，预备役士兵分为预备役军士和预备役兵。我国实行预备役军衔制度。按照预备役人员分类，分别设置预备役军官军衔、预备役军士军衔和预备役兵军衔。其中，预备役军官军衔设预备役大校、上校、中校、少校，预备役上尉、中尉、少尉二等七衔；预备役军士军衔设预备役一级军士长、二级军士长、三级军士长，预备役一级上士、二级上士，预备役中士、下士三等七衔；预备役兵军衔设预备役上等兵、列兵两衔。

（二）中国人民武装警察部队

中国人民武装警察部队是我国武装力量的重要组成部分，是国家处置公共突发事件、维护社会稳定的骨干和突击力量，在新中国建立后逐步发展起来，其间经过多次体制调整。落实党的十九大关于"建设现代化武装警察部队"的要求，按照"军是军、警是警、民是民"的原则，中共中央印发了《中共中央关于调整中国人民武装警察部队领导指挥体制的决定》，自 2018 年 1 月 1 日零时起，武警部队由党中央、中央军委集中

中国人民武装警察部队

统一领导，不再列国务院序列，实行"中央军委—武警部队—部队"领导指挥体制。中央和国家机关有关部门、地方各级党委和政府与武警部队各级相应建立任务需求和工作协调机制。

2020 年 6 月 20 日，第十三届全国人民代表大会常务委员会第十九次会议修订了《中华人民共和国人民武装警察法》（2009 年 8 月 27 日第十一届全国人民代表大会常务委员会第十次会议通过），规定：人民武装警察部队坚持中国共产党的绝对领导，贯彻习近平强军思想，贯彻新时代军事战略方针，按照多能一体、维稳维权的战略要求，加强练兵备战、坚持依法从严、加快建设发展，有效履行职责。人民武装警察部队由内卫部队、机动部队、海警部队和院校、研究机构等组成，平时执行任务由中央军事委员会或者中央军事委员会授权人民武装警察部队组织指挥，主要担负执勤、处置突发社会安全事件、防范和处置恐怖活动、海上维权执法、抢险救援和防卫作战以及中央军事委员会赋予的其他任务。

（三）民兵

民兵作为我国武装力量"三结合"的重要组成部分，是解放军的助手和后备力量，是人民战争思想的具体体现。《国防法》第三章第二十二条规定："民兵在军事机关的指挥下，担负战备勤务、执行非战争军事行动任务和防卫作战任务。"

民兵在国务院、中央军委统一领导下，实行地方党委、政府和军事系统的双重领导。全国的民兵工作由军委国防动员部主管；省军区、军分区和县（市、区）人民武装部是本行政区的民兵领导指挥机关，负责本区域的人民武装工作。乡、镇、街道和部分企事业单位设有人民武装部，负责民兵工作的具体组织实施。

民兵组织分为基干民兵组织和普通民兵组织。基干民兵组织编有应急队伍，联合

防空、情报侦察、通信保障、工程抢修、交通运输、装备维修等支援队伍，以及作战保障、后勤保障、装备保障等储备队伍。近年来，民兵在完成多样化军事任务中发挥了独特作用。

党的十八大以来，军地各级着眼加强新时代民兵建设，强化对民兵工作的组织领导，确立民兵备战打仗的核心职能，通过军地协力、建章立制、优化结构、强化素质，倾力打造一支与履行新时代使命任务相匹配的新型民兵队伍，民兵制度更加健全。全国民兵优化布局结构，依托行业系统、高新技术产业，组建信息保障、测绘导航等2000余支新质力量，正加快由数量规模型向质量效能型、由人力密集型向科技密集型、由直接参战为主向支援保障为主、由传统领域向新兴领域转变，逐步由庞大走向强大。

《家·国："人民楷模"王继才》

王继才生前系江苏省连云港市灌云县开山岛民兵哨所所长。从1986年开始，他奉命守卫开山岛，和妻子一起，32年如一日坚守孤岛，把人生最美好的年华无私奉献给国防事业。解放军新闻传播中心有关人员经过近一年的深入采访和精心创作，完成了14万字的长篇报告文学——《家·国："人民楷模"王继才》。该书以"岛""家""国"为线索，详细记述了王继才无怨无悔守岛卫国32年，用坚守和付出在平凡岗位上书写不平凡人生华章的感人事迹。该书故事细节详细真实，情感意蕴真挚感人，是一部有境界、有情怀、有温度的优秀图书。作品通过"一座岛、两个人、一面旗"等诸多平凡小事，凸显了王继才不忘初心、牢记使命的高尚情怀和操守。

《家·国："人民楷模"
王继才》

扫一扫，涨知识：
国庆70周年大阅兵

乐学好思 ▶▶▶▶▶

如果有机会，你愿意成为一名光荣的人民解放军或警察吗？

第五节　国防动员

党的二十大报告指出，加强国防动员建设。面对强国强军的时代要求、面对国家安全的严峻形势、面对现实存在的战争风险，我们必须把国防动员建设摆在更加重要的战略位置，努力在新的起点上推动国防动员建设实现高质量发展。

一、国防动员概述

（一）国防动员的内涵与发展

如果把军队比作战争之箭，那么动员就是战争之弓，只有弓拉满，箭才射得远。国防动员，是将国防潜力转化为国防实力的桥梁，是国防建设的重要内容。国防动员建设的成效，事关国家安全与发展，事关未来战争胜败。2010 年 2 月，全国人大常委会审议通过《中华人民共和国国防动员法》，自施行以来，在规范动员行为、积蓄动员潜力、增强国防实力、维护国家安全等方面发挥了重要作用。

2016 年，伴随着改革强军的号角，中央军委国防动员部正式组建，28 个省军区（警备区）转隶划归，成为我国国防动员发展史上的一个重要里程碑。党的十九大作出了"完善国防动员体系"的战略部署。党中央和中央军委明确提出军委国防动员部组织指导国防动员和后备力量建设、领导管理省军区等职能使命，并对省军区职能作出重大调整。在机构合并、职能融合的改革大潮中，国防动员事业发生了可喜的变化。

国防动员领导体系基本确立、结构布局更加合理、建设模式转型重塑、应战应急能力显著增强等核心指标基本达成。大力推动国防动员由数量规模向质量效能转变、由保障陆军作战为主向保障军兵种联合作战转变、由对应建设向互补建设转变、由粗放动员向精确动员转变，努力构建平时应急、战时应战相统一的新型动员准备体系。全国基干民兵规模结构布局更趋合理，民兵力量建设重点更加突出，立起向战为战鲜明导向。将基干民兵区分应急力量、专业力量、特殊力量，优化海上民兵、边防民兵，以及大中城市、重要交通沿线民兵比例。各地发挥人才优势、区位优势和资源优势，加速民兵新域新质力量建设步伐，取得可喜进步。国防动员法规持续完善，《国防交通法》《国防教育法》《军事设施保护法》《兵役法》等法规相继颁布施行或修订。日臻完善的法律法规支撑，让国防动员法治建设驶入快车道。"十三五"期间，中央军委国防动员部按照统筹谋划、总体设计，突出重点、急用先立、体系配套的思路，有序有力有效推进国防动员法规制度建设，重点推动完善国防动员、兵役征集、后备力量、人民防空、国防教育、军事设施保护等方面的法规制度，构建起科学完备、实在管用、衔接配套的国防动员法规制度体系，为新时代国防动员建设发展提供了坚实有力的法治保障。

党的十八大以来，国防动员领导体系转型重塑，力量优化调整，法规构建支撑，中国特色现代国防动员体系日趋完善。行百里者半九十，国防动员组织领导体制改革只是体系重塑的第一步，新时代国防动员组织形态的完善还有很多工作要做。军地各级应紧紧围绕实现党在新时代的强军目标，聚焦国防动员主责主业，乘势而上、顺势而为，用创新思维破解国防动员事业中遇到的瓶颈问题、焦点难题，全力推动国防动员建设发展迈上新台阶，为实现中国梦、强军梦凝聚强大力量。

（二）国防动员的内容

国防动员的内容包括武装力量动员、政治动员、国民经济动员、国防交通动员、人民防空动员。

1. 武装力量动员

武装力量动员，是国家为应对战争或其他安全威胁，将武装力量由平时状态转入战时状态所进行的活动。通常包括现役部队、预备役部队、武装警察部队、民兵以及相应的武器装备和物资等动员。武装力量动员是国防动员的核心内容，是战争初期夺取战略主动权和取得战争胜利的关键环节，也是决定战争能否胜利的最重要因素。其他各种动员都是围绕武装力量动员进行和展开的。

预备役快速动员演练

武装力量动员根据国家发布的动员令，按照动员计划组织实施，主要措施是：一是扩编现役部队。临战前使军队迅速转入战时状态，现役军人一律停止转业和退伍，外出人员立即归队。迅速组建和扩建新的作战部队和保障部队，实施战略展开。二是征召预备役人员。重点是征召预备役军官和专业技术兵，按战时编制补充现役部队；三是预备役部队调服现役；四是改编和扩充其他武装组织；五是动员和组织民兵参军参战；六是征用急需物资。主要是运输工具和工程机械、医疗器械、修理设备等，以满足军队扩编的需要；七是健全动员机构，加强组织领导。随着战争的发展，进行持续动员，以保证军队不断补充和扩大，直至战争结束。

2. 政治动员

政治动员是指国家或政治集团为实施战争或应对其他军事危机，在政治和思想方面进行的活动。其目的在于激发全体军民的爱国热情，动员军队英勇作战和人民群众踊跃参战支前，并积极开展外交活动和对外宣传，争取世界人民和友好国家的同情和支援。政治动员主要包括：对政治体制进行必要的调整、整合内部和外部的政治力量、战时宣传教育和面向社会的思想发动。有效的政治动员，对于迅速实现政治体制的平战转换，形成多种政治力量共同对敌的局面，占据有利的舆论阵地，充分调动社会各界参加和支持战争的积极性，具有重要意义。

扫一扫，涨知识：

政治动员与国防教育

3. 国民经济动员

国民经济动员，指国家将经济部门及其相应的机构有组织、有计划地从平时体制转入战时体制的措施和活动。其目的是充分调动国家的经济能力，提高生产水平，扩大军品生产，保障战争和其他国防斗争的需要。在现代条件下，搞好经济动员，不仅是保障战争物资需求的基本手段，也是战争时期稳定社会经济秩序的必要措施，更是解决国防经济与国民经济、战时经济与平时经济矛盾的重要途径。国民经济动员通常包括工业、农业、物资、商业贸易、邮电通信、财政金融等方面的动员。

4. 国防交通动员

国防交通动员是指在全国或部分地区调集交通力量，全力保障战争需要的紧急行动。国防交通动员，通常在国家动员领导机构的统一领导下，由国防交通主管机构组织，协同政府、军队有关部门共同实施。

国防交通动员的主要任务包括：根据战争规模和作战需要，有计划地将平时国防交通领导机构迅速按方案转入战时体制；根据作战保障需要，动员、征用社会运输力量，必要时对交通运输系统实行不同范围、不同形式的军事化管理；动员、组织各交通保障队伍和交通保障器材迅速到位，实行运输、抢修、防护任务；根据统帅部的规定，做好对弃守地区的交通遮断准备，保障及时遮断。

5. 人民防空动员

人民防空动员，简称为人防动员，有的国家称为民防动员，是指国家战时发动和组织人民群众防备敌人空袭所采取的措施，是国防动员的重要组成部分。人民防空动员的内容，主要包括群众防护动员、人防专业队伍动员、人防工程技术保障动员和人防预警保障动员。人民防空动员的主要任务是：依据国家有关法律、法令，动员社会力量，进行防空设施建设，组织防空专业队伍，普及防空知识教育，组织隐蔽疏散，配合防空作战，消除空袭后果等。目的是保护居民、经济设施及其他重要目标的安全，减少国家及人民群众生命财产的损失，保存战争潜力人防动员不仅是抗敌空袭、保护战争潜力的重要手段和战时稳定社会的重要保证，也是进行人民战争的一种有效形式。

二、深刻认识加强国防动员建设的时代意义

战争的伟力之最深厚的根源，存在于民众之中。回望历史，国防动员力量一直是我们从胜利走向胜利的坚强后盾；新时代，国防动员力量依然是我们塑造安全态势、遏控危机冲突、打赢局部战争的力量所在、根基所在、底气所在。

（一）奋力实现建军一百年奋斗目标的内在要求

奋力实现建军一百年奋斗目标，是党的意志、人民的期盼。国防动员建设既是党的强军事业的组成部分，也是打赢未来战争的重要支撑。当前，国防动员建设正处在提质增效的关键阶段，必须紧盯科技之变、战争之变、对手之变，积极适应信息化智能化战争特点规律，转变动员理念，优化动员模式，提升动员能力，创新动员手段，在强军兴军的伟大征程中交出合格答卷。

（二）打造强大战略威慑力量体系的重要举措

强大的战略威慑力量体系是大国博弈的"压舱石"。强大的国防动员力量体系，释放出的是捍卫国家主权的坚强意志，显示出的是打赢来犯之敌的胜战能力，树立起的是不怒自威、不可侵犯的战略形象。面对复杂严峻的国际和周边形势，必须把备战与止战、威慑与实战统一起来，不断壮大战略力量，综合运用包括国防动员在内的多种战略手段，构建起有效慑敌制敌的战略力量体系。

（三）运筹打好新时代人民战争的必然选择

人民战争是我党我军克敌制胜的重要法宝。无论国际形势和战争形态如何变化，兵民是胜利之本的规律永远不会变。面对一些霸权势力发动"混合战争"的威胁，亟须以人民战争"总体战"进行积极应对。国防动员作为人民战争的重要组织形式，在打赢新时代人民战争中重任在肩、责无旁贷，必须在党的集中统一领导下，发挥自身独特功能，加强党政军民一体联动，高效能聚合全域优势资源，全方位激活国家战争潜力，汇集起人民战争的磅礴伟力，形成压倒一切敌人的优势胜势。

（四）加强军事力量常态化多样化运用的现实需要

我国陆域海洋辽阔，安全形势复杂，面临的各种任务日益繁重。国防动员力量遍布城乡、人地两熟、组织严密，一旦有事能够第一时间到达现场，第一时间发挥作用。近年来，无论是海上维权，还是抢险救灾，国防动员力量都是一支重要的生力军和突击队。当前和今后一个时期，我国正处于由大向强、爬坡过坎的关键阶段，各种可以预见和难以预见的风险挑战将不断涌现，打造一支建在当地、抓在手中、用在关键的国防动员力量，必将在未来军事斗争中发挥更大作用。

扫一扫，涨知识：

以色列的国防动员

乐学好思 ▶▶▶▶▶▶

如果有一天战争真的来临，你是否会积极响应国防动员？

第二章　安不忘危，治不忘乱
——国家安全

★ ★ ★ ★ ★

导语

当今世界，全球化浪潮风起云涌，世界各国之间的经济、政治和军事关系日益密切，世界已经成为一个相互联系又相互矛盾的统一体。世界主要力量间的关系在不断调整，国际战略格局和国际秩序处于不断变革之中，中国也面临充满矛盾纷争的周边安全环境。认识和把握我国地缘环境的特征，分析和研究当下我国的周边地缘安全环境、国家安全现状以及国际战略形势，对于维护我国国家安全和发展利益有着重要的意义。

学习目标

1. 正确把握和认识国家安全的内涵，理解我国总体国家安全观；

2. 准确把握国家安全面临的新态势，增强忧患意识、危机意识和使命意识；

3. 深刻认清国际形势新变化、战略格局新特点、安全环境新挑战。

第一节 国家安全概述

国家安全，是指国家的主权、领土政治制度、人民生命财产等处于不受外部或内部威胁的状态。对于不同的国家来说，对于安全内涵和程度的界定是不尽相同的；对于同一个国家来说，它在不同历史时期甚至不同阶段对安全理解和感受也是各不相同、不断变化的。中国国家安全工作，必须适应中国安全面临的新时代需要，走出一条具有中国特色的国家安全道路。

一、国家安全的内涵

"国家安全"是军事学和国际政治学一个重要概念，也是世界各国内外政策表述中使用最为频繁的词汇和概念之一。在古汉语中，虽无"国家安全"这一词汇，但常用"安邦定国""国泰民安"等来表达类似的意思。1945 年 8 月，美国海军部长詹姆斯·福瑞斯特尔（James Forrestal）在出席参议院听证会时首次使用了该词。1947 年，美国通过《国家安全法》，这是"国家安全"一词首次见诸法律文件。此后，"国家安全"开始在各国政府的政策文件、政府机构的名称以及法律条文中出现，并逐渐成为国际政治和国际关系以及军事战略中的一个常用概念。

 国防视野

俄罗斯的"国家安全"

各国对"国家安全"的内涵和外延的认识并不统一，例如俄罗斯。2009 年的《俄罗斯联邦 2020 年前国家安全战略》报告称"国家安全"是个人、社会和国家既没有内部危险，也没有外部威胁，公民的宪法权利、自由及应有生活质量和水平，以及俄联邦主权、领土完整、持续发展、国防和国家安全而得到保障的一种状态。

2015 年 7 月 1 日第十二届全国人大常委会第十五次会议审议通过的《中华人民共和国国家安全法》（以下简称《国家安全法》）第二条对国家安全表述为："国家安全是指国家政权、主权、统一和领土完整、人民福祉、经济社会可持续发展和国家其他重大利益相对处于没有危险和不受内外威胁的状态，以及保障持续安全状态的能力。"

二、维护国家安全的原则

维护国家安全的原则就是维护中国国家安全过程中必须遵循的一些具体原则。

（一）坚持中国共产党对国家安全工作的绝对领导

回顾中国共产党近百年的发展进步，可以得出一个基本结论：办好中国的事情，关键在党，中国共产党是中国特色社会主义事业的领导核心。国家安全是安邦定国的重要基石，维护国家安全，是中国特色社会主义建设事业顺利推进的重要保障，也是实现国家长治久安和中华民族伟大复兴的重要基础，必须毫不动摇地坚持中国共产党对国家安全工作的绝对领导，这是维护国家安全的必然要求，也是发挥党总揽全局、统筹协调作用的重要体现。

国家安全事务具有高度敏感、复杂的性质，既需要运筹帷幄，也需要令行禁止，必须通过集中统一、高效权威的领导体制实现对国家安全事务的领导，中国建立国家安全领导体制也遵循了这一规律。根据 2014 年 1 月 24 日中共中央政治局会议决定和党的十八届三中、四中全会精神，中央国家安全委员会作为中共中央关于国家安全工作的决策和议事协调机构，向中央政治局、中央政治局常务委员会负责，统筹协调涉及国家安全的重大事项和重要工作，主要职责是制定和实施国家安全战略，推进国家安全法治建设，制定国家安全工作方针政策，研究解决国家安全工作中的重大问题。

（二）坚持国家利益至上

国家利益是指一个主权国家在国际社会中生存需求和发展需求的总和，是国家安全行为的逻辑起点，也是国家安全行为的根本动力。必要的条件不存在，国家就不能生存，如国土、人口和主权等。需要的条件不存在，国家就不能发展，如和平的周边环境、充分的能源供应和平等的贸易关系等。

一般可将国家利益划分为核心利益、重大利益、一般利益三个层次。核心利益是关系国家生存与人民基本生活状态保持的利益，一旦受到破坏，将造成灾难性损害。对于核心利益，不可能作出任何妥协。当其受到严重威胁时，将采取包括战争在内的一切手段来加以维护和捍卫。重大利益是指对国家安全和发展具有重要利害关系的利益，一旦受损，将严重损害国家安全，干扰国家正常发展，需要通过综合博弈来维护。一般利益对国家的生存和发展并无全局性影响，但对前两类利益的维护与实现具有重要价值，是保证国家地位和人民福利的重要条件，需要灵活应对和处置。把握国家利益至上原则，应坚持国家利益高于地方利益，整体利益高于局部利益，同时在维护本国国家利益时要兼顾他国合理关切。

扫一扫，涨知识：

中国空军：国家利益所至　我们航迹必达

（三）坚持以人民安全为宗旨

人民安全是国家安全的基石和归宿。只有建立在人民安全的基础上，国家安全才能成为有源之水、有本之木。历史经验表明，在任何时候、任何情况下，人民安全感越强，爱国主义精神越高涨，国家安全就越有依靠；反之，人民离安全越远、越缺乏安全感和归属感，国家安全就越脆弱、越容易被打破。维护国家安全不仅需要强大武装力量的支撑，更要依靠广大人民群众的坚强支持。只有充分保障人民群众的安全利益和当家作主的权利，增强人民群众实现中华民族伟大复兴的中国梦的责任感和使命感，才能切实打牢国家安全的群众基础和人民防线。

（四）坚持统筹兼顾

把握全局、统筹兼顾，协调好各方面利益关系，调动一切积极因素，促进国家发展，是中国共产党长期执政过程中的一条重要历史经验。党的十一届三中全会以来，特别是形成抓住机遇、深化改革、扩大开放、促进发展、保持稳定的基本方针以来，中国共产党在把握全局、统筹兼顾问题上的理论和实践都有了新的重大发展。随着改革开放的深入，中国综合国力不断增强，在国际舞台上的地位也越来越重要，中国面对的风险挑战更大、利益关系更复杂，对统筹兼顾的要求也更高。

维护国家安全，应当与经济社会发展相协调。国家安全工作应当统筹内部安全和外部安全、国土安全和国民安全、传统安全和非传统安全、发展问题和安全问题、自身安全和共同安全。

（五）坚持预防为主，标本兼治

"预防为主"，就是要立足长远、立足基础，尊重国家安全工作的客观规律，注重及时发现影响国家安全的苗头、隐患，及时采取措施，并不断强化维护国家安全的能力。"标本兼治"源自中医学术用语，指的是既要解决问题的表象病症，又要根除病源、病因。当前影响国家安全的因素非常复杂，威胁国家安全的隐患不会完全消除，维护国家安全是动态的、不断发展的过程。因此，国家安全工作要坚持预防为主，标本兼治原则。就是要谋事在先，防范在前，尊重科学，探索规律，采取有效的预防控制措施，千方百计预防可能危害国家安全事件的发生，做到防患于未然，将国家安全风险和危机消灭在萌芽状态。同时又要从危害国家安全的个别行为现象中挖掘幕后的、深层次的背景、动机等，研究具体破坏活动的规律，从而做到标本兼治，斩草除根，把对国家安全的危害降到最低程度。

扫一扫，涨知识：
大学生为赚零花钱　帮人拍摄军港照片

（六）坚持共同安全

国家安全既包括安全状态，也包括维护国家安全的能力。安全威胁的因素永远不可能根除，国家安全是一种相对安全。中国强调"相对处于没有危险和不受内外威胁的状态"，既强调国家安全的状态，也强调不断提升维护国家安全的能力，通过不断加强自身安全能力建设，不断克服和防范不安全因素对国家造成实质性危害。中国在强调维护本国国家安全的同时，还强调维护共同安全和世界和平，不对其他国家和国际社会构成安全威胁。

中国将立足国内，放眼国际，高举和平发展、合作共赢的旗帜，坚持互信、互利、平等、协作，在积极维护拓展本国利益的同时，积极同外国政府和国际组织开展安全交流合作，履行国际安全义务，促进共同安全，维护世界和平，从打造经济共同体开始，进而形成安全共同体、利益共同体，最终推动构建人类命运共同体。

三、总体国家安全观

（一）总体国家安全观的提出与发展

2014年1月24日，为了进一步完善国家安全体制和国家安全战略，确保国家安全，中共中央在十八届三中全会上宣布成立国家安全委员会。2014年4月15日，习近平主席在主持召开中央国家安全委员会第一次会议时，首次提出总体国家安全观："要准确把握国家安全形势变化新特点新趋势，坚持总体国家安全观，走出一条中国特色国家安全道路。"

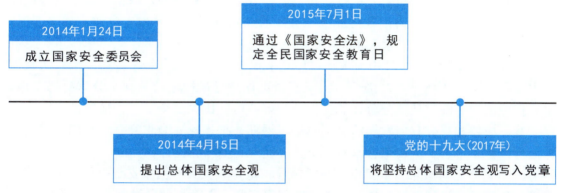

随着时代发展，总体国家安全观外延不断拓展。比如，提出网络安全观，倡导尊重网络主权、推进全球互联网治理体系变革、构建网络命运共同体；强调把生物安全纳入国家安全体系，系统规划国家生物安全风险防控和治理体系建设，全面提高国家生物安全治理能力；在全球范围倡导共同、综合、合作、可持续的安全观，推动全球安全治理体系朝着更加公平合理的方向发展；等等。这些思想充分彰显新时代中国特色国家安全的价值理念，具有深刻理论内涵和时代意义。

在以习近平同志为核心的党中央的坚强领导下，从成立中央国家安全委员会到制定《国家安全法》，从提出总体国家安全观到设立全民国家安全教育日，不断完善国家安全法制体系，制定并全面实施《反间谍法》《反恐怖主义法》《网络安全法》《核安全法》《国家情报法》《生物安全法》等一系列法律，加快构建国家安全制度保障体系，不断提升国家安全工作法治化水平，充分体现了我们党奋力开拓国家安全工作新局面的战略智慧和使命担当。

（二）我国国家安全的行动指南

习近平主席以统揽全局的战略思维和宽广的世界眼光深刻把握国家安全问题，提出总体国家安全观，擘画了维护国家安全的整体布局，实现了对传统国家安全理念的重大突破，深化和拓展了我们党关于国家安全问题的理论视野和实践领域，是我国国家安全理论的最新成果，标志着我们党对国家安全问题的认识达到了新的高度。

从实践角度看，总体国家安全观是新时代走中国特色国家安全道路的强大思想武器和行动指南，具有重要的实践意义。总体国家安全观强调必须把科学统筹作为国家安全工作的根本方法，把攸关国家安全的重要因素都放到一个系统里总体谋划，统筹国内国际两个大局、发展安全两件大事，始终把国家安全置于中国特色社会主义事业全局中来把握，既立足当前又着眼长远，既整体推进又突出重点，既讲原则性又讲策略性，既讲需求又讲能力，实现平衡兼顾、全面贯通。

（三）如何做好新时代国家安全工作

2020 年 10 月 26 日至 29 日，党的十九届五中全会召开，《中共中央关于制定国民经济和社会发展第十四个五年规划和二〇三五年远景目标的建议》首次把统筹发展和安全纳入"十四五"时期我国经济社会发展的指导思想，并列专章作出战略部署，突出了国家安全在党和国家工作大局中的重要地位。

12 月 11 日下午，中共中央政治局就切实做好国家安全工作举行第二十六次集体学习。习近平在主持学习时强调，国家安全工作是党治国理政一项十分重要的工作，也是保障国泰民安一项十分重要的工作。做好新时代国家安全工作，要坚持总体国家安全观，抓住和用好我国发展的重要战略机遇期，把国家安全贯穿到党和国家工作各方面全过程。习近平就贯彻总体国家安全观提出了 10 点要求。

（1）坚持党对国家安全工作的绝对领导，坚持党中央对国家安全工作的集中统一领导，加强统筹协调，把党的领导贯穿到国家安全工作各方面全过程。

（2）坚持中国特色国家安全道路，贯彻总体国家安全观，坚持政治安全、人民安全、国家利益至上有机统一，以人民安全为宗旨，以政治安全为根本，以经济安全为基础，捍卫国家主权和领土完整，防范化解重大安全风险，为实现中华民族伟大复兴提供坚强安全保障。

（3）坚持以人民安全为宗旨，国家安全一切为了人民、一切依靠人民，充分发挥广大人民群众积极性、主动性、创造性，切实维护广大人民群众安全权益，始终把人民作为国家安全的基础性力量，汇聚起维护国家安全的强大力量。

（4）坚持统筹发展和安全，坚持发展和安全并重，实现高质量发展和高水平安全的良性互动，既通过发展提升国家安全实力，又深入推进国家安全思路、体制、手段创新，营造有利于经济社会发展的安全环境，在发展中更多考虑安全因素，努力实现发展和安全的动态平衡，全面提高国家安全工作能力和水平。

（5）坚持把政治安全放在首要位置，维护政权安全和制度安全，更加积极主动做好各方面工作。

（6）坚持统筹推进各领域安全，统筹应对传统安全和非传统安全，发挥国家安全工作协调机制作用，用好国家安全政策工具箱。

（7）坚持把防范化解国家安全风险摆在突出位置，提高风险预见、预判能力，力争把可能带来重大风险的隐患发现和处置于萌芽状态。

（8）坚持推进国际共同安全，高举合作、创新、法治、共赢的旗帜，推动树立共同、综合、合作、可持续的全球安全观，加强国际安全合作，完善全球安全治理体系，共同构建普遍安全的人类命运共同体。

（9）坚持推进国家安全体系和能力现代化，坚持以改革创新为动力，加强法治思维，构建系统完备、科学规范、运行有效的国家安全制度体系，提高运用科学技术维护国家安全的能力，不断增强塑造国家安全态势的能力。

（10）坚持加强国家安全干部队伍建设，加强国家安全战线党的建设，坚持以政治建设为统领，打造坚不可摧的国家安全干部队伍。

乐学好思 ▶▶▶▶▶▶

习近平总书记为什么要提出总体国家安全观？在此之前，我国的国家安全观是什么？

◀◀◀◀◀◀

第二节　国家安全形势

国家安全形势是一定时期内对国家安全产生直接、间接影响作用的各种背景情况和条件的总和。维护国家安全，筹划国家安全战略，必须首先对国家安全形势作出客观、全面的综合分析和判断，以此明确国家安全面临的主要机遇、风险和挑战，判定国家安全形势发展趋势，为国家安全战略决策提供科学依据。

一、我国地缘环境基本概况

中国是陆海兼备的东亚大国，现有的陆地疆域约 960 万平方千米，海洋国土约 300 万平方千米。中国陆地边界 22000 多千米，苏联解体后，有陆地邻国 14 个，分别是蒙古、俄罗斯、朝鲜、越南、老挝、缅甸、尼泊尔、不丹、印度、巴基斯坦、阿富汗、塔吉克斯坦、吉尔吉斯斯坦、哈萨克斯坦。海上邻国除朝鲜和越南陆地相邻外，还有韩国、日本、菲律宾、马来西亚、文莱、印度尼西亚 6 个国家隔海相望。我国地缘环境的基本特点如下。

（一）邻国众多，强邻环伺

我国是世界上拥有邻国最多的国家，也是世界上大国最集中的地区，且多为军事强国。世界上 5 个军队在 100 万以上的国家除中国外还有美国、俄罗斯、印度、朝鲜，它们几乎都在我国周边或把军队部署到我国周边。公开宣称拥有核武器的 8 个国家中的 4 个在中国周边，即印度、巴基斯坦、朝鲜、俄罗斯。俄罗斯、日本和印度是中国的海陆强邻，它们在军事和经济方面均拥有较强的实力或潜力，且在过去一个多世纪里先后与中国发生过战争或武装冲突。此外，从地缘政治的角度看，美国也是中国的邻国，因为它在中国周边有强大的力量存在和战略影响。

（二）战略区位重要，大国利益交汇

中国位于欧亚大陆东部和太平洋西岸，地处东亚的中心位置，四周分别邻接东北亚、东南亚、南亚、中亚四大次区域。东北亚、东南亚、南亚均位于欧亚大陆边缘地带，扼控海上交通要道，是陆权与海权势力竞逐的前沿；中亚是欧亚大陆心脏地带，且油气资源丰富，四周分别与俄罗斯、中国和南亚、西亚相连。周边地带汇聚着诸多重要海域与战略通道，处于东南亚中心的中国南海常年海运量仅次于欧洲地中海，居世界第二，每年往返船舶超过4万艘，全球一半以上的大型油轮及商船和2/3的液化天然气运输须途经该水域。而马六甲海峡更是连接太平洋和印度洋的海上交通咽喉，扼控两洋航线的枢纽，是亚太各国经贸发展的"生命阀"。由于拥有重要的战略位置和战略资源，中国周边地区自近代以来一直是大国利益的交汇区和大国力量的角逐场。

（三）多样性突出，热点矛盾集中

我国周边的多样性突出，各国社会制度不同，发展水平各异，各种文化、民族和宗教聚集在我国周围。从政治上看，国体和政体的多样性在周边各国体现无遗；周边既有资本主义性质的国家，也有社会主义性质的国家；既有共和制、总统制、议会制的国家，也有君主制的国家。从经济上看，在中国周边，既有世界经济大国日本，也有新兴工业化国家，如韩国、马来西亚、新加坡等，还有在世界最贫穷国家榜上有名的缅甸、老挝、柬埔寨、孟加拉、蒙古等。中国周边地区如此巨大的经济发展差距，给地区经济合作和安全合作带来相当大的困难。此外，当今世界五大热点地区：中东波斯湾、中亚、南亚次大陆、台湾海峡、朝鲜半岛，几乎都在中国周边。中国的周边安全环境矛盾极为复杂。

 国防热点

推进伊核谈判困难重重

2023年2月10日，伊朗总统莱希在社交媒体发文称，数月前，伊朗已表示其愿意完成履约谈判，达成一份公平协议，并对此展现出足够的善意。但美国和英、法、德等国却存在"幻想和误判"，他们没有利用这个机会，反而寻求干涉伊朗内政。

2018年5月，美国单方面退出伊核协议，随后重启并新增一系列对伊制裁措施。2021年4月起，伊核协议相关方举行多轮会谈，讨论美伊恢复履约问题。但截至2023年2月，谈判谈谈停停，未取得明显进展。伊朗多次表示，将继续寻求外交途径解决伊核问题，但"谈判的窗口不会永远敞开"。

当下，中东地区安全形势深刻变化，伊朗与美国及各相关方彼此不满导致矛盾进一步加深，推进伊核谈判困难重重。若谈判久拖而难以重启，是否会引发冲突，已成为国际社会颇为担心的一个问题。

二、我国地缘安全概况

从中华人民共和国成立到 20 世纪 80 年代中期，中国一直面临战争的威胁。从边境冲突看，20 世纪 60 年代初到 70 年代末，发生边境事件 7700 余次，发生中小规模边境战争 5 起。"冷战"结束后，随着世界战略格局和安全形势的变化，和平与发展成为新时代的主题，一个相对和平稳定的安全环境不断得到巩固和发展，我国与所有邻国的关系得到全面改善，不再面临重大的现实军事威胁。但我国的地缘安全形势也存在两重性：一方面，一个相对和平稳定的安全环境不断得到巩固和发展；另一方面，我国又面临一些不安全因素和潜在的威胁与挑战，周边情况较为复杂，战争危机依然存在。

（一）地缘安全形势总体稳定

我国坚持与邻为善，以邻为伴，坚持睦邻、安邻、富邻，突出"亲、诚、惠、容"的理念，这是我国周边外交的基本方针。我国坚持在和平共处五项原则的基础上，通过区域合作、经济互利和文化交流等形式，积极发展与世界各国特别是周边邻国的友好关系，以实际行动推动与周边地区建立睦邻互信，促进地区安全合作。目前，我国正处于几个世纪以来最好的战略形势中，第一次解除了同周围所有大国的直接军事对抗，与世界上所有大国建立了建设性伙伴关系，基本消除了来自各个方向的直接军事威胁。多年来，亚太地区的经济发展呈现出前所未有的良好态势，特别是东北亚地区一直是世界经济增长最快的地区，并有望在今后一个较长时期内继续保持其发展势头。一个平等、多元、开放、互利的地区合作局面正在形成，多边安全对话与合作逐渐深化。

面对个别国家试图将集团对抗引入亚洲，搅乱地区和平稳定，我们坚持亲诚惠容和睦邻友好方针，支持地区国家远离地缘政治陷阱，把团结合作镌刻在亚洲版图上，推动周边命运共同体建设迈出坚实步伐。

中国东盟全面战略伙伴关系起步有力，势头强劲，双方达成全面战略伙伴关系行动计划。中国与印尼、泰国朝着共建命运共同体迈出历史性步伐，澜湄国家致力于打造区域合作"金色样板"，亚太经合组织重启建设亚太自贸区对话进程，区域全面经济伙伴关系协定（RCEP）高质量实施，中老泰联通发展构想蓄势待发，区域一体化红利加快释放。中国东盟合作继续走在时代前列，共筑安全环境，共聚增长动能，向着共建"五大家园"坚定前行。

中国同中亚各国一致同意建立元首集体会晤机制，构建更加紧密的中国—中亚命运共同体，并且同哈萨克斯坦、乌兹别克斯坦在双边层面就践行命运共同体理念达成重要共识。中吉乌铁路项目取得新进展，中蒙俄经济走廊建设注入新动力，地区国家共同防范外部势力策动"颜色革命"，联手打击"三股势力"，有力维护地区和平稳定大局。上合组织迎来新一轮最大规模扩员，为亚欧大陆和平发展提供更有力保障。

2022 年，中日共同纪念邦交正常化 50 周年，两国领导人时隔三年首次面对面会晤，就稳定和发展中日关系达成重要共识。双方要以史为鉴、以诚相待、以信相交，不倒退，不折腾，向远看，向前行，从战略高度把握好两国关系的大方向。中印保持外交军事渠道沟通，致力于维护两国边境局势平稳，推动中印关系得到稳定健康发展。中巴坚定相互支持，全天候战略伙伴关系弥足珍贵，"铁杆"情谊不断巩固。中韩关系平稳过渡；中蒙深化发展战略对接，携手推进现代化进程，致力共同发展繁荣。

中方积极探索中国特色热点问题解决之道。成功举办阿富汗邻国外长会和首次阿富汗邻国与阿临时政府外长对话会，发表致力于包容与重建的《屯溪倡议》。坚定维护朝鲜半岛和平稳定，推动主要当事方认真对待解决合理关切。支持东盟以东盟方式斡旋缅甸问题，落实"五点共识"。

（二）战争危机依然存在

虽然我国周边环境总体来说是比较好的，但也存在局部地区矛盾有所激化的不利因素和可能出现不稳定局面的隐患。

1. 推进祖国完全统一面临新的形势

解决台湾问题、实现祖国完全统一，是全体中华儿女的共同愿望，是实现中华民族伟大复兴的必然要求，是中国共产党矢志不渝的历史任务。当前，在国内国际两个大局都发生深刻复杂变化的时代背景下，推进祖国完全统一面临着新的形势。

民进党当局坚持"台独"分裂立场，勾连外部势力不断进行谋"独"挑衅。他们拒不接受一个中国原则，歪曲否定"九二共识"，妄称"中华民国与中华人民共和国互不隶属"，公然抛出"新两国论"；在岛内推行"去中国化""渐进台独"，纵容"急独"势力鼓噪推动"修宪修法"，欺骗台湾民众，煽动仇视大陆，阻挠破坏两岸交流合作和融合发展，加紧"以武谋独""以武拒统"；勾结外部势力，在国际上竭力制造"两个中国""一中一台"。民进党当局的谋"独"行径导致两岸关系紧张，危害台海和平稳定，破坏和平统一前景、挤压和平统一空间，是争取和平统一进程中必须清除的障碍。

外部势力干涉是推进中国统一进程的突出障碍。美国一些势力出于霸权心态和冷战思维，将中国视为最主要战略对手和最严峻的长期挑战，竭力进行围堵打压，变本加厉推行"以台制华"。美国声称"奉行一个中国政策，不支持'台独'"，但美国一些势力在实际行动上却背道而驰。他们虚化、掏空一个中国原则，加强与台湾地区官方往来，不断策动对台军售，加深美台军事勾连，助台拓展所谓"国际空间"，拉拢其他国家插手台湾问题，不时炮制损害中国主权的涉台议案。他们颠倒黑白、混淆是非，一方面怂恿"台独"分裂势力制造两岸关系紧张动荡，另一方面却无端指责大陆"施压""胁迫""单方面改变现状"，为"台独"分裂势力撑腰打气，给中国实现和平统一制造障碍。

2022年8月10日，国务院台湾事务办公室、国务院新闻办公室发表《台湾问题与新时代中国统一事业》白皮书。在新时代新征程的背景下，白皮书阐明了中国统一大业新的历史方位，系统阐释了中国共产党和中国政府在新时代推进祖国统一的大政方针，全面回答了如何在民族复兴新征程中推进祖国统一的时代命题，释放坚决粉碎"台独"分裂和外来干涉图谋的强烈信号，展现出中国共产党和中国人民追求祖国统一的坚定意志和坚强决心。

《两岸关系 40 年历程（1979—2019）》

2020 年 12 月 16 日，"两岸关系发展的经验与启示"学术研讨会暨《两岸关系 40 年历程（1979—2019）》新书发布会在北京举行。该书由海峡两岸关系协会副会长、厦门大学台湾研究中心主任、厦门大学讲座教授孙亚夫与厦门大学台湾研究院院长李鹏领衔编著，由九州出版社出版发行，分上、下篇，共 15 章，深入阐释了中央对台方针政策，总结了对台工作的成就，论述了实现祖国完全统一的路径与构想，探寻了两岸关系发展的规律，昭示了祖国必然统一的趋势，是第一本全面系统论述 1979 年至 2019 年两岸关系的巨著，可称是这一时期两岸关系历程的"百科全书"。

《两岸关系 40 年历程（1979—2019）》

2. 海权问题面临挑战

（1）东海问题。东海问题主要是中国与日本在钓鱼岛、东海大陆架的划界和东海油气开发等问题上的争端。

中日东海油气田之争源于中日专属经济区界线的划分之争。按照《联合国海洋法公约》有关 200 海里专属经济区的规定，在最宽处只有 360 海里的东海海域，中日两国的专属经济区势必发生重叠。中国主张按《联合国海洋法公约》确定的大陆架自然延伸原则，东海大陆架向东延至冲绳海槽；日本方面主张用陆地间等距离中间线划分专属经济区，即所谓的"日中中间线"。日方提出的中间线主张没有依据，中方一直没有承认。而东海海底的地形和地貌结构决定了中日之间的专属经济区界线划分应该遵循"大陆架自然延伸"的原则。中方为维护两国关系，一直没有在争议海域进行资源开采活动。近年来，日本海上保安厅飞机和船舶定时"造访"东海我国油气田上空和附近海域，对我国合法正常的作业活动进行抵近监视，威胁作业平台及其人员安全。

钓鱼岛及其附属岛屿虽然面积不大，但具有丰富的动物、植物资源和海底油气资源，其地理位置处于中国黄海、东海出入太平洋航道的咽喉部位，战略地位极其重要。近年来，日本利用右翼势力在钓鱼岛上修灯塔、建神社，炮制"购买钓鱼岛"闹剧，实施所谓"国有化"等丑恶行径，由暗到明地企图蚕食控制钓鱼岛。从 2012 年 9 月开始，我国政府对钓鱼岛及其附属岛屿开展常态化监视、监测和巡航，通过发布天气和海洋观测预报等，对钓鱼岛及附近海域实施管理，打破了长期以来日本对钓鱼岛的排他性管控。

2013 年 11 月 23 日，中国政府宣布划设东海防空识别区。这一识别区将钓鱼岛及部分中日间存在争议的专属经济区覆盖在内，并与日方的防空识别区存在很大面积的重叠。中国政府的这一行为意味着今后不仅要在言论上驳斥日方的观点、阐述己方的立场，更要在行动上采取反制措施，打破钓鱼岛长期以来一直由日本单方面控制的状况，断绝其根据长时间"有效管辖"取得钓鱼岛主权的错误企图。中国采取一系列反制措施包括派渔政船和飞机到钓鱼岛海域巡航，以宣示主权；派出军用飞机对进入防空识别区的外国飞机进行身份和意图确认。2020 年 6 月 22 日，日本冲绳县石垣市议会通过有关议案，将所谓的"尖阁诸岛"（即我国钓鱼岛及其附属岛屿）的行政名称由原先的"登野城"改为"登野城尖阁"，引发中日关系大震动。中国外交部表示日方通过所谓"更名"议案，是对中国领土主权的严重挑衅，是非法的、无效的，中方对日方有关行径坚决反对，同时中国海警局立即派遣海警舰艇编队进入我国钓鱼岛领海进行巡航。

扫一扫，涨知识：

钓鱼岛是中国的固有领土

（2）南海问题。南海诸岛及其海域自古就是中国神圣不可侵犯的领土。南海矿物资源丰富，石油、天然气储量高。随着亚太地区战略地位和经济地位的上升，南海的战略地位日益重要。

中国始终坚持同直接有关当事国，在尊重历史事实基础上，根据国际法，通过谈判协商和平解决南海有关争议。中国将继续与东盟各国一道，积极管控海上分歧，努力深化涉海合作，全面有效落实《南海各方行为宣言》，大力推动"南海行为准则"磋商，推进落实"21 世纪海上丝绸之路"倡议，实现公正合理的区域海洋治理，维护南海和平稳定，促进地区繁荣发展。

2022 年 1 月 12 日，美国国务院发布《海洋界限》第 150 号报告，将非法无效的南海仲裁案"裁决"奉为圭臬，曲解国际法包括《联合国海洋法公约》的有关规则和国家实践，以此否定中国在南海的领土主权和海洋权益。

南海是地区国家的共同家园，不是域外势力谋求地缘政治私利的狩猎场。中国在南海的领土主权和海洋权益具有充分的历史和法理依据。美国应正确理解并遵守包括《联合国宪章》《公约》在内的国际法，切实尊重中国在南海的领土主权和海洋权益，尊重中国和东盟国家维护南海和平稳定的努力，停止在南海问题上挑事生非，停止破坏国际海洋法治。

3. 陆上边界问题尚未完全解决

目前，除与印度、不丹尚未签订边界条约外，我国已与 12 个陆地邻国划定并勘定约2万千米边界，解决了绝大部分定界问题。2021年10月14日，中国政府代表、外交部部长助理吴江浩以线上会谈方式，与不丹政府代表、外交大臣丹迪·多吉签订《关于加快中不边界谈判"三步走"路线图的谅解备忘录》。此备忘录虽不意味着两方边境冲突问题彻底解决，但为问题的发展指明了路线，两方边境问题将会如中印一样，按照"三步走"战略执行，即先确立边境问题的原则，再具体处理争议问题，最后签署边境协议。中不边境问题谈判迎来巨大进展。

中印边界从来就没有正式划定过，目前这条边界是两国人民 在长期的生活实践中形成的一条传统习惯线，全长1700千米，分为西、中、东三段，中印边界的最大争议在东段。近年来，印度奉行"进攻性防御"政策，于2017年在藏南修建多条飞机道和道路，妄图加强对该地区的控制。2017年6月18日，印度在中印边界锡金段越过已经划定的边界线进入中国境内无理阻挠中国在洞朗地区的正常活动，引发了"中印洞朗对峙事件"。2020年6月15日，在中印边境加勒万河谷地区，印方违背承诺，再次越过实控线非法活动，蓄意发动挑衅攻击，引发双方激烈冲突，造成人员伤亡。8月31日，印军破坏前期双方多层级会谈会晤达成的共识，在班公湖南岸、热钦山口附近再次非法越线占控，公然挑衅，造成边境局势紧张。

加勒万河谷冲突事件以来，中印双方通过军事和外交渠道进行了多轮沟通。2022年12月20日，中印两军在莫尔多/楚舒勒会晤点中方一侧举行第十七轮军长级会谈。双方在此前会谈取得进展基础上，以开放和建设性方式就推动解决中印边界西段实控线地区有关问题交换意见。在双方的积极努力下，两国一线部队脱离接触取得进展。双方同意遵照两国领导人重要共识和有关协定协议，继续保持军事和外交渠道对话沟通，推动中印边境局势进一步缓和降温，妥善处理剩余问题，共同维护边境地区的和平与安宁。

扫一扫，涨知识：

一图了解《中华人民共和国陆地国界法》

4. 周边地区不稳定因素复杂多变

（1）朝核问题。朝核问题主要是指朝鲜开发核应用能力而引起的地区安全和外交等一系列问题。20世纪90年代初，美国根据卫星资料怀疑朝鲜开发核武器，要求对朝鲜的核设施实行检查，从而引发了第一次朝鲜半岛核危机。为和平解决朝核问题，2003年8月27日至29日，中国、朝鲜、美国、韩国、俄罗斯和日本在北京举行朝核问题六方会谈。自2018年起，半岛局势曾出现总体缓和态势。2018年4月27日，时任韩国总统的文在寅和朝鲜最高领导人金正恩在板门店举行首次会晤并签署《板门店宣言》，宣布双方将为实现朝鲜半岛无核化和停和机制转换而努力。6月12日，美国前总统特朗普和金正恩在新加坡举行美朝在任领导人历史上首次会晤并签署联合声明。金正恩重申对"朝鲜半岛完全无核化"的承诺，特朗普承诺为朝鲜提供安全保障。9月19日，文在寅与金正恩在平壤签署《9月平壤共同宣言》。2019年1月1日，金正恩发表新年贺词，重申要坚定不移地实现朝鲜半岛无核化，表示随时准备和特朗普再次会谈。令人遗憾的是，美方后来出现立场倒退，没有回应朝方积极举措，导致朝美对话深陷僵局，半岛无核化进程停滞不前。2020年，韩国"脱北者"团体向朝鲜境内散布反朝宣传单，被朝鲜视为"触及最高尊严"；6月16日，朝方有关部门为了让"脱北者"及其"纵容者"付出"犯罪代价"，实施了彻底炸毁根据《板门店宣言》而设立的朝韩联络办公室，朝方炸毁这一具有象征意义的建筑无疑加剧了半岛紧张局势。

（2）印巴问题。印度与巴基斯坦之间既存在民族怨恨，又存在宗教纠纷，还存在领土争端，双方之间的矛盾由来已久，很难在短时间内从根本上得到解决。目前，印巴双方仍陈兵于边境，相互对峙。克什米尔地区是印度和巴基斯坦争夺的焦点，如果战争爆发，必然对中国边境安全构成较大威胁。

 国防视野

克什米尔地区

克什米尔地区由两个国家分治：巴基斯坦控制了西北部地区（自由克什米尔和克什米尔北部地区），印度控制了中部和南部地区（查谟－克什米尔邦），锡亚琴冰川同时被印度和巴基斯坦控制，印度控制了其中大部分地区，而巴基斯坦则控制了其中较低的山峰。巴基斯坦将整个克什米尔地区视为有争议的领土，而印度则援引其宪法证明克什米尔地区为印度不可分割的一部分。克什米尔地区也有一部分人倾向于独立建国，但是由于种种原因受到印度和巴基斯坦的共同反对。由于印巴两国都拥有核武器，克什米尔向来被认为是世界上最具危险性的领土争端之一。

5. 恐怖主义和民族分裂活动的威胁依然存在

中国是一个多民族的社会主义国家。长久以来，境内外一小撮民族分裂主义分子在国际上某些反华势力的操纵、唆使下，置民族大义和国家利益于不顾，为迎合某些西方大国对中国进行的"西化""分化"的"和平演变"战略，采取政治斗争与暴力对抗相结合的方式，进行民族分裂活动，严重影响了我国边疆地区的安全与稳定，这些都将对我国边疆地区的安全与稳定产生不利影响。

三、新时代的国家安全

党的十八大以来，在以习近平同志为核心的党中央坚强领导下，开展一系列为实现中国梦筑牢安全保障的伟大斗争，国家安全得到全面加强，为党和国家兴旺发达、长治久安提供了有力保证。党的二十大报告也是首次专章阐述和部署国家安全，明确指出国家安全是民族复兴的根基，社会稳定是国家强盛的前提，必须坚定不移贯彻总体国家安全观，把维护国家安全贯穿党和国家工作各方面全过程，确保国家安全和社会稳定，以新安全格局保障新发展格局。

（一）准确把握我国国家安全面临的形势变化，不断强化维护国家安全的政治担当

中国特色社会主义进入新时代，中华民族从站起来、富起来到强起来，对国家安全提出前所未有的新要求。只有准确把握我国国家安全形势面临的新变化，才能与时俱进提升维护国家安全的战略能力，担起维护国家安全的历史责任。

1. 国家安全内涵新拓展

国家安全内涵新拓展，要求提升维护大国安全所具备的战略能力。我们在"站起来"的时代，主要是实现民族解放、维护国家独立和新生政权安全；在"富起来"的时代，主要是维护日益拓展的国家利益、捍卫改革发展取得的重要成果；在"强起来"的时代，去应对全方位安全、新疆域安全、"走出去"后安全、地区性安全乃至全球性安全问题等。特别是随着我国向强国迈进，必须以全球视野，增强处理应对国际与地区安全问题的主动权，大力推进全球治理体系深层变革，建设与我国国际地位相称、与国家安全和发展利益相适应的大国安全战略能力。

2. 国家安全面临新挑战

国家安全面临新挑战，要求提升管控化解多重风险的综合能力。进入中国特色社会主义新时代，每一步战略目标的实现都必然伴随高风险的重大安全挑战。这些重大安全挑战，既有来自国内的，也有来自国际的，既包括经济、政治、文化、社会风险等，也包括各种军事领域的风险，并且各种风险很可能内外联动、相互交织、共生演化，形成风险综合体，产生连锁反应。如果发生重大风险扛不住，强国进程就可能被迫中断。这就要求我们必须把防范风险提升到新高度，力争不出现重大风险或在出现重大风险时扛得住、过得去，力争把风险化解在源头。

3. 国家安全提出新要求

国家安全提出新要求，要求提升维护国家安全的创新能力。当前我国仍处于社会转型期，各种矛盾错综复杂，同时处于中国国际地位提升与世界结构秩序和规则重构的特殊时期，国家安全呈现出国际性、系统性、全面性、交互性等特点，要求我们必须提升对国家安全重要性紧迫性的认识，增强忧患意识、危机意识和使命意识；深化对新时代国家安全特点规律的研究，推进国家安全理论创新和思路创新，以新发展理念指导运筹国家安全，以全局视角定位国家安全，以整体思路规划国家安全；加强国家安全的全面合作，不断提升维护国家安全的综合能力和合作水平。

（二）深刻把握维护国家安全面临的新任务新要求，坚定不移走中国特色国家安全道路

党和国家的事业进入新时代，必须坚持以总体国家安全观为指导，更新价值理

念，完善工作思路，健全制度机制，坚定不移走中国特色国家安全道路。

1. 坚持党对国家安全工作的领导

习近平指出："坚持党对国家安全工作的领导，是做好国家安全工作的根本原则。"党的十八大以来，中央决定成立国家安全委员会，研究部署国家安全工作，领导制定《国家安全法》等，目的就是建立集中统一、高效权威的国家安全体制，加强党对国家安全工作的领导。面对当前错综复杂的国内外安全环境及新任务新要求，必须不断强化党对国家安全工作领导的政治意识，健全完善党委统一领导的国家安全工作责任制，加强国家安全干部队伍建设，完善国家安全战略和国家安全政策，健全风险防控机制，切实做到守土有责、守土尽责。

2. 全面贯彻落实总体国家安全观

新时代有效维护国家安全，必须全面贯彻落实总体国家安全观，始终坚持国家利益至上，以人民安全为宗旨，以政治安全为根本，科学运筹国内与国际、发展与安全，统筹外部安全与内部安全、国土安全与国民安全、传统安全与非传统安全、自身安全与共同安全，完善国家安全制度体系，加强国家安全能力建设，坚决维护国家主权、安全、发展利益。要把人民安危置于最重要位置，严密防范和坚决打击各种渗透颠覆破坏活动、暴力恐怖活动、民族分裂活动、宗教极端活动，强化底线思维，有效防范、管理和处理国家安全风险，满足人民追求美好生活的安全需要。

3. 牢牢把握军事实力这个保底手段

国防和军队建设是国家安全的坚强后盾，军事手段始终是维护国家利益和战略底线的保底手段，是实现第二个百年奋斗目标和中国梦的战略支撑。必须适应国家安全环境深刻变化，适应强国强军时代要求，全面贯彻习近平强军思想，建设一支听党指挥、能打胜仗、作风优良的人民军队，把人民军队全面建设成为世界一流军队，不断提高有效塑造态势、管控危机、遏制战争、打赢战争的战略能力。

（三）用全球思维统筹发展和安全，把维护国家安全的战略主动权牢牢掌握在自己手中

当今世界处于大发展大变革大调整时期，呼唤与大国安全相适应的战略远见和全球视野。只有用全球思维统筹国家安全与发展问题，把握世界格局演变趋势，洞悉未来世界可能走向，才能牢牢掌握维护国家安全的战略主动权。

1. 始终立足国际秩序大变局统筹国家安全

当前，世界多极化、经济全球化、社会信息化深入发展，和平发展大势日益强劲，同时，地区动荡、恐怖主义、金融风险等人类共同面临的问题愈加突出。各国既享有前所未有的发展机遇，也面对全球性安全挑战，没有哪个国家可以置身事外、独善其身。随着我国发展由大向强跃升，与世界联系更加密切，对国家安全的国际环境要求更高。新时代维护国家安全，应当着眼推动构建人类命运共同体，宣扬和确立共

同、综合、合作、可持续的新安全观，加强国际安全合作，坚持原则性和策略性相统一，始终做世界和平的建设者、全球发展的贡献者、国际秩序的维护者，为建设一个普遍安全的世界提供中国方案。

2. 始终立足防范风险的大前提谋求国家安全

国家安全是在应对、防范和化解风险中赢得的。当前，随着我国日益登上世界舞台中央，一些国家和国际势力对我阻遏、忧惧、施压增大；国内改革攻坚突破利益藩篱和体制性障碍，触"地雷"、涉"险滩"等风险增加。特别是各种矛盾风险挑战源、挑战点相互交织，如果防范不及、应对不力，就可能传导叠加，演变为系统性风险，甚至危及党的执政地位和国家安全。必须预先发现并尽早化解苗头性、倾向性风险，从应对最困难情况着想制定相关应急防范措施，把主要精力放在应对重大挑战、抵御重大风险、解决重大矛盾上，不断消除风险隐患。

3. 始终立足维护我国发展重要战略机遇期塑造国家安全

塑造国家安全，说到底是为了维护国家发展重要战略机遇期，确保中华民族伟大复兴进程不被滞缓或打断。党的二十大报告强调："我国发展进入战略机遇和风险挑战并存、不确定难预料因素增多的时期，各种'黑天鹅''灰犀牛'事件随时可能发生。"为此，我们必须增强忧患意识，以积极的战略运筹塑造国家安全环境，阐述和传播新型安全观，扩大和拓展与各国的共同利益、交叉利益，妥善处理国家间利益冲突，加强国际安全领域合作，构建安全共享、安全共担、安全共建、安全共赢的理念和格局。

4. 始终立足实现国家长远发展目标保持战略定力

越是接近奋斗目标，我们面对的前进阻力和风险压力就会越大，特别是当前影响我国国家安全的热点增多、焦点多变，容易带来各种影响和干扰，越是要有高超政治智慧和战略定力。我们要善于从政治全局上观察问题、分析问题，善于从战略上把握大势、研判走势，善于从纷繁复杂表象中把握事物本质，善于在重大问题上深思熟虑、谋定而动，保持战略定力、战略自信、战略耐心，不断提升国家安全工作的前瞻预见力、战略谋划力、主动塑造力和综合施策力，从而把维护国家安全的战略主动权牢牢掌握在自己手中。

四、新兴领域的国家安全

太空、深海、极地和生物等新型领域对于国家安全的重要性已经越来越成为世界各国的共识，世界各国普遍认为这些领域属于未来国家利益拓展和维护国家安全的"战略新疆域"。

（一）太空安全

当前，随着太空的社会、经济、科技等效益的日益凸显，太空竞争越发激烈、太空威胁不断涌现，太空安全已成为影响国家安全与发展的重大问题。在陆、海、空、天、电、网多个作战维度中，谁控制了太空，谁就能占据多维作战空间制高点，就可牢牢把握感知、认知、决策优势。美国等发达国家竭力为本国争夺太空创造条件。载人航天、卫星发射、反导、登月及火星探索层出不穷。研发太空"利器"、锻造太空"精兵"，构建军事航天力量体系。太空领域成为各国争夺全球优势的战略高点：一是不断推出并完善太空战略；二是紧锣密鼓组织太空技术研发；三是太空作战力量已成功运用到实战；四是不断强化太空作战力量建设；五是强化太空新型力量实战化训练。太空安全是太空系统、太空权益、太空轨道环境等方面不受威胁、侵害的客观状态。对于国家而言，维护太空安全表现为确保国家安全范畴内的太空资产、太空权益和轨道环境免遭自然环境与人类活动所形成的威胁或侵害。

（二）深海安全

众所周知，海洋是世界战略资源的重要基地。深海油气资源、可燃冰、砂矿等，储量之大远超当今人类需求。从而引发各国不断上演"蓝色圈地"运动，岛屿归属、专属经济区与大陆架划定、海底资源的争夺，特别是对深海资源的竞争成为新焦点：一是适时调整并完善海洋战略与政策；二是研发深海设备与创建深海部队；三是不断研发创新深海技术；四是强化信息融合能力提高海上作战能力。

（三）极地安全

极地领域作为赢得未来战争优势的战略极点，成为多国争相占据的新疆域。北极地区潜在的可采石油储量有 1000 亿桶至 2000 亿桶。煤炭则占到世界总量的 9%。北极还有大量的铜、镍以及金、铀等。北极还有鳕鱼，南极有磷虾，作为食物而言，不论是量还是营养都极为丰富。从军事上来说，北极位于亚、欧、北美三大洲的顶点，有联系三大洲的最短航线，从华盛顿到莫斯科仅 6750 千米，比欧洲航线近 1000 千米，地理位置极为重要。

地处亚、欧、北美三大洲弧顶位置的北极地区，是一个瞰制北半球的战略制高点和实施威慑的支撑点。冷战时期，美苏两国就在北极地区部署战略轰炸机和战略核潜艇。为赢得极地竞争优势，掌握极地主动权，不仅美国、俄罗斯、加拿大等极地国家纷纷制定极地战略，而且一些非极地国家也积极参与极地事务，围绕极地领域的国际斗争日趋复杂激烈：一是制定极地领域战略与规划；二是极地军事力量部署越演越烈；三是普遍加大研发投入；四是建立极地新型力量并进行对抗性演练。因此，应该增强极地安全进出、科学考察、开发利用的能力，加强国际合作以保护我国极地的活动、资产和其他利益的安全。

我国可燃冰试采在南海神狐海域进行

（四）生物安全

2020 年 10 月 17 日，中华人民共和国第十三届全国人民代表大会常务委员会第二十二次会议通过《中华人民共和国生物安全法》（以下简称《生物安全法》），自 2021 年 4 月 15 日起施行。《生物安全法》第二条规定，生物安全是指国家有效防范和应对危险生物因子及相关因素威胁，生物技术能够稳定健康发展，人民生命健康和生态系统相对处于没有危险和不受威胁的状态，生物领域具备维护国家安全和持续发展的能力。

生物安全是人类面临的共同挑战，需要世界各国的共同合作、携手应对。要积极践行人类命运共同体理念，扩大生物安全领域国际合作，建立各国间生物安全政策、规划、法律法规及部门共享机制，加强生物安全领域情报信息资源共享和信息交流，积极为维护世界生物安全作出积极贡献，努力架起生物安全的全球防线。我国积极参加国际生物履约，高度重视并倡议国际社会积极参与并履行《生物多样性公约》《禁止生物武器公约》《国际植物保护公约》《国际卫生条例（2005）》等生物安全领域的国际规则，推动防扩散和风险管理的目标，增强缔约国全面认真履约的政治意愿，推进全球生物安全治理，守护全人类的生命安全与健康福祉。

乐学好思 ▶▶▶▶▶

我国在国内和国外分别面临哪些国家安全问题？

第三节　国际战略形势

一个国家的安全环境存在于世界安全的整体状态中，维护国家安全，筹划国家安全战略，无不受外部战略环境的制约和影响。国际战略形势，是影响一个国家安全的大背景，是国际关系中影响国家安全的全局性、长期性发展趋势。

一、国际战略形势现状与发展趋势

国际战略形势正在发生前所未有的历史性变化。国际力量格局加速调整，大国战略竞争加剧，现有国际秩序正在遭受严重冲击和挑战，世界不稳定性、不确定性因素显著增加。国际格局朝哪个方向走，世界形势变化成什么样，未来是一超独霸还是多强纷争，是和平还是战争，都是需要回答和研究的重大问题。我们必须科学把握世界发展大势，保持足够的战略定力，在顺应和推动时代发展大势中实现国家安全稳定和繁荣发展。当今时代，国际力量对比和全球治理体系加速调整，世界地缘战略格局深度演变，全球经济、科技、军事竞争态势正在发生历史性变化。针对国际形势的历史性变革，习近平总书记强调，"放眼世界，我们面对的是百年未有之大变局"。现在的中国正处于由大向强发展的关键阶段，既面临前所未有的机遇，也面临前所未有的风险挑战。

（一）当前国际战略形势发展变化的主要特征

当前，国际战略形势总体和平稳定，但不稳定性、不确定性因素也十分突出，大国战略竞争加剧，各种争端与摩擦此起彼伏、相互交织。中东乱局、美欧民粹主义、逆全球化、贸易摩擦等一系列具有全局性和战略性影响的重大事件，对国际战略形势产生重大冲击。

1. 和平与发展的时代主题并未改变，但面临不确定性因素的严重冲击

（1）强权政治和冷战思维仍然是威胁世界和平与稳定的重要根源。世界强国为实现所谓"绝对安全"，以强大军事实力为支撑，对其他国家频繁实施或威胁实施军事干涉；为实现经济利益最大化，逆全球化潮流而动，试图重塑国际经贸规则；打着"民主""人权"旗号，向发展中国家输出民主模式、推动"颜色革命"，企图颠覆对方政权。

（2）保护主义、民粹主义、民族主义相互叠加，冲突和对抗氛围加剧。强调本国利益、忽视共同利益；强调竞争、忽视合作；追求短期利益、排斥长期政策，世界和平面临诸多不确定因素。

（3）国际恐怖主义势力从中东向全球范围外溢，对世界安全和稳定形成严重威胁。乌克兰危机、叙利亚内战和巴以冲突等热点问题导致的局部地区动荡等，对世界和平与发展造成严重冲击。

2. 国际力量对比加速调整，但"一超多强"格局难以出现大的变化

当前国际体系加速转型，突出表现为国际力量对比显著变化，即西方传统大国影响力下降和非西方新兴大国力量上升。

（1）新兴市场国家和发展中大国群体性崛起，其经济和政治地位提升，其群体性影响力号召力不断增强，使得世界力量中心更趋多元。以美国为代表的世界强国整体实力和影响力相对下降，特别是受国内政治斗争、中东乱局、恐怖主义威胁等因素制约，在全球事务中的主导地位明显下降。

（2）西方势力内部面临激烈的政治博弈和复杂难解的社会治理难题，主导世界的能力总体呈下降趋势。

（3）非国家行为体大量涌现并日益成为国际舞台上的重要力量。国际和地区性组织成为全球治理体系中的重要力量，大型跨国公司的国际影响不断扩展，各类非政府组织积极参与国际事务和社会交往，成为政府扩展影响的重要渠道。

尽管如此，世界力量格局也难以在短时期内发生颠覆性转变，美国"一超"地位难以改变。今后一个时期，东西方的力量对比态势将继续发生变化，但这种升降兴衰、转移更替将是个长期过程。

3. 地缘政治思维回归，大国之间竞争与博弈加剧

历史上，地缘政治思维曾主导了近半个世纪的冷战。冷战结束后，西方大国地缘政治思维不仅没有减弱，而且有不断强化趋势。

美国越来越强调从地缘政治角度来思考问题。2022年2月，在美国颁布的《美国印太战略》中，明确把中国作为主要战略对手。在欧洲，美国推动北约实施多轮东扩，不断挤压俄战略空间。在亚太，美国不断强化对华战略竞争。美国推进"印太战略"，试图构建"亚洲版北约"，在更大范围内对冲中国崛起，拓宽美国的战略回旋空间，使美国更自如地充当"离岸平衡手"。大国竞争加速从传统领域向新兴领域扩展。太空、网络、深海、极地成为大国战略竞争的新领域和争夺战略制高点的新平台。

4.现有国际体系遭受严重冲击，秩序之争成为当今国际斗争焦点

第二次世界大战后的国际制度和规则是在美国等西方国家的主导下建立起来的。依靠这套体系，西方特别是美国享受着制度上的红利。但现在美国认为，当前的国际制度和规则在很大程度上妨碍了美国的利益拓展。在美国看来，在现有体系秩序之下，新兴国家有选择地利用规则获取经济利益而逃避了责任，成为国际经济体系的获益者；而美国作为领导者，其付出的成本和收益是极不匹配的。

近年来，美国退出巴黎气候协定、伊核协议、人权理事会等一系列协议和组织，试图打破旧有秩序，建立新的游戏规则。美国提出改变现有制度、体系，并非要放弃领导地位，而是要使现有秩序碎片化，重构对美国有利的制度规则。这样，美国不仅可以继续依靠制度获利，而且可以使美国逐步从国际责任中退出，从而能够以较低的成本、对美国有利的方式维持其霸权地位。

在新旧秩序的转换过程中，新兴国家和其他发展中国家力量不断壮大，也希望改变以往西方大国主导国际秩序的局面，建立更加公平、更能反映发展中国家诉求的国际政治经济秩序。秩序之争的核心是规则之争，而规则之争的背后则是主导权之争。

（二）国际战略形势发展演变的可能趋势

当前，在世界秩序、国际观念、国家间博弈模式深度调整的大背景下，国际社会可能会发生颠覆我们传统认知的重大变化。

1.美国等西方国家建立排他性的新的国际体系

当前，西方国家与新兴国家之间，特别是中美之间在各领域的相互依赖程度使得美国建立排他性体系受到极大制约。但随着双方博弈对抗不断加剧，形成这种国际体系的现实危险性依然存在。尤其是近几年来，美国在"政治上孤立、经济上遏制"中国，采取了许多实质性措施。在科技方面，美国设立科技"柏林墙"，把对中国的技术管制从军用技术和军民两用技术扩展到新型技术和基础性技术。

2.军备竞赛升级使世界回到冷战时的危险状态

在大国竞争加剧的背景下，军备竞赛的阴影又重新回归国际舞台。2019年，美国正式退出《中导条约》，这是美国自2002年退出《反导条约》以来的又一重大战略举动。它意味着美国在发展进攻性战略武器方面已经挣脱了所有束缚。俄罗斯则与美国针锋相对。当前，无论从经济实力和国家发展目标看，俄罗斯并无同美国重启军备竞赛的意愿，但美国一旦在欧洲部署中程导弹，将对俄罗斯构成重大战略威胁，这是

俄罗斯对美国作出强硬反应的重要原因。美国重启军备竞赛并非仅仅针对俄罗斯。兰德公司2016年就提出，美国可沿日本到南海再到波斯湾一线部署陆基弹道导弹，迫使中国耗费巨资建造导弹防御系统。在中国实力不断上升的背景下，通过军备竞赛消耗中国、迟滞中国的崛起，也是美国国家战略的重要组成部分。

3. 贸易保护主义、民粹主义、极端民族主义的蔓延侵蚀战后国际体系和观念

第二次世界大战后，一系列利于维护国际社会繁荣稳定的政治经济规则建立起来，通过相应制度安排解决国际矛盾问题，逐渐成为各国共识。冷战结束后，国际制度进一步完善，国际观念进一步发展进步，以民主、平等、协商、合作为核心的新型国际关系理念已经深入人心。

但近年来，贸易保护主义、民粹主义、极端民族主义的盛行为人类发展进步的进程投下了阴影。民粹主义等逆潮流而动的观念背后，凸显的是贫富阶层的分化、本地人和外来移民的冲突，反映的是各国特别是西方世界深层次的社会矛盾。

这些观念体现在内外政策上，具体表现为：政治层面趋向保守主义，经济层面趋向贸易保护主义，社会层面趋向本土主义。由此带来的结果是，很多国家都在构建自己的"利益孤岛"，都在采取所有可能的手段捍卫和扩大自身利益。在现实中，我们可以看到，美国向几乎所有主要经济体同时挥舞起贸易大棒，许多欧洲国家采取了极为严厉的限制移民政策。在这一背景下，包容与合作的氛围在削弱，冲突和对抗的氛围在上升，既有国际体系和国际观念正在面临严重冲击。

4. 大变局之下中国的战略选择

习近平总书记在党的二十大报告中强调中国共产党"必须坚持胸怀天下"。当前和今后一个时期，在以习近平同志为核心的党中央坚强领导下，中国将以习近平外交思想为指导，自信自立、胸怀天下，敢于斗争、善于斗争，知难而进、迎难而上，坚持维护世界和平、促进共同发展的外交政策宗旨，致力于推动构建人类命运共同体，全力推进实现民族复兴和促进人类进步的历史征程。

（1）坚持独立自主，捍卫国际公平正义。党的二十大报告指出："中国坚定奉行独立自主的和平外交政策，始终根据事情本身的是非曲直决定自己的立场和政策，维护国际关系基本准则，维护国际公平正义。"我们将继续尊重各国主权和领土完整，坚持国家不分大小、强弱、贫富一律平等，尊重各国人民自主选择的发展道路和社会制度，坚决反对一切形式的霸权主义和强权政治，反对冷战思维，反对干涉别国内政，反对搞双重标准。中国的发展是世界和平力量的增长，无论发展到什么程度，永远不称霸、永远不搞扩张。

（2）坚持拓展全球伙伴关系，深化全方位外交布局。党的二十大报告指出："中国坚持在和平共处五项原则基础上同各国发展友好合作，推动构建新型国际关系，深化拓展平等、开放、合作的全球伙伴关系，致力于扩大同各国利益的汇合点。"我们将坚持促进大国协调和良性互动，推动构建和平共处、总体稳定、均衡发展的大国关系格局。将坚持"亲、诚、惠、容"理念和"与邻为善、以邻为伴"周边外交方针，

深化同周边国家友好互信和利益融合。秉持正确义利观，加强同发展中国家团结合作，维护发展中国家共同利益。不断增进国际社会对中国的理解和认同，形成同我国综合国力和国际地位相匹配的国际话语权。

（3）坚持对外开放，推动共同发展。党的二十大报告指出："中国坚持对外开放的基本国策，坚定奉行互利共赢的开放战略，不断以中国新发展为世界提供新机遇，推动建设开放型世界经济，更好惠及各国人民。"我们将坚持以高标准、可持续、惠民生为目标，巩固互联互通合作基础，拓展国际合作新空间，推动共建"一带一路"高质量发展。截至 2022 年 12 月初，已有 150 个国家、32 个国际组织同中国签署了200 多份"一带一路"合作文件；中欧班列累计开行 15162 列，60 多个国家加入"全球发展倡议之友小组"。坚持经济全球化正确方向，推动贸易和投资自由化便利化，推进双边、区域和多边合作，促进国际宏观经济政策协调，共同营造有利于发展的国际环境，共同培育全球发展新动能，反对保护主义，反对"筑墙设垒"、"脱钩断链"，反对单边制裁、极限施压。将加大对全球发展合作的资源投入，致力于缩小南北差距，坚定支持和帮助广大发展中国家加快发展。

（4）坚持共商共建共享，完善全球治理体系。党的二十大报告指出："中国积极参与全球治理体系改革和建设，践行共商共建共享的全球治理观，坚持真正的多边主义，推进国际关系民主化，推动全球治理朝着更加公正合理的方向发展。"我们将坚定维护以联合国为核心的国际体系、以国际法为基础的国际秩序、以联合国宪章宗旨和原则为基础的国际关系基本准则，反对一切形式的单边主义，反对搞针对特定国家的阵营化和排他性小圈子。推动世界贸易组织、亚太经合组织等多边机制更好发挥作用，扩大金砖国家、上海合作组织等合作机制影响力，增强新兴市场国家和发展中国家在全球事务中的代表性和发言权。积极参与全球安全规则制定，加强国际安全合作，积极参与联合国维和行动，为维护世界和平和地区稳定发挥积极作用。积极参与应对气候变化全球治理，促进人与自然和谐共生。

（5）坚持胸怀天下，推动构建人类命运共同体。党的二十大报告指出："构建人类命运共同体是世界各国人民前途所在。"人类命运共同体理念以和平发展超越冲突对抗，以共同安全取代绝对安全，以互利共赢摒弃零和博弈，以交流互鉴防止文明冲突，以绿色发展呵护地球家园，顺应了世界大势和人心所向。面对层出不穷的全球性挑战，只有各国行天下之大道，和睦相处、合作共赢，繁荣才能持久，安全才有保障。我们愿同世界各国一道，以推动构建新型国际关系为根本路径，以落实全球发展倡议、全球安全倡议为重要依托，以和平、发展、公平、正义、民主、自由的全人类共同价值为价值追求，携手建设持久和平、普遍安全、共同繁荣、开放包容、清洁美丽的世界。

扫一扫，涨知识：

《全球安全倡议概念文件》

二、世界主要国家军事力量

（一）美国军事力量

美国是当今世界唯一的超级军事大国，其武装力量由现役部队、后备役部队和文职人员三部分组成。现役部队由美国陆军、美国海军、美国空军、美国海军陆战队四个军种组成，后备役部队按组织系统分为国民警卫队和联邦后备队。

公开资料显示，美国现役官兵人数 135.1 万，各类后备役部队 80 万人。美国同世界上 50 多个国家和地区订有多边和双边军事条约，海外基地与设施共 800 余个，向 40 个国家和地区提供军事援助，与 90 多个国家和地区订有援外军事训练计划。

（二）俄罗斯军事力量

俄罗斯联邦武装力量由管理机关、军团、兵团、部队、军事院校以及后勤部门组成。未编入武装力量的其他军事力量包括国民近卫军，联邦安全总局、联邦警卫总局所属部队，民防部队等。俄罗斯联邦武装力量被划分为陆军、海军、空天军三个军种和战略火箭兵、空降兵两个独立兵种（2015 年 8 月 1 日，俄军在原空军和原空天防御兵的基础上正式组建空天军）。俄罗斯总统普京在 2022 年 8 月 25 日签署的关于俄罗斯武装力量扩军的总统令已于 2023 年 1 月 1 日正式生效，俄武装力量编制增加 13.7 万人，俄军现役军人总人数已达 115 万。

（三）日本军事力量

日本军队称自卫队，是第二次世界大战后在美国扶植下重建和发展起来的。随着日本经济实力的迅速增强，日本军队建设得到长足发展，在"质重于量"和"海空优先"的建军方针指导下，日本自卫队已发展成为一支装备精良、训练有素、作战能力较强的武装力量。其武装力量由现役部队、预备役部队、文职人员组成。现役部队分为陆上自卫队、海上自卫队、航空宇宙自卫队，实行志愿兵役制度。根据日本防卫省的数据，海陆空自卫队的整体招募目标为 247154 人，截至 2022 年 3 月底，实际出勤的自卫官为 230754 人，缺口超过 1.6 万人。

（四）印度军事力量

印军前身为英国殖民主义者的雇佣军。1947 年印巴分治后始建分立的三军。1978 年创建独立的海岸警卫队。总统是名义上的武装力量统帅，内阁为最高军事决策机构，国防部负责部队的指挥、管理和协调，各军种司令部负责拟定、实施作战计划，指挥作战行动。实行募兵制。陆、海、空三军现役兵力为 144.4 万，其中陆军 123.7 万，海军 6.7 万，空军 14 万，另有 50 多万预备役军人和 100 多万准军事部队。

三、世界主要国家军事战略动向

当前，世界新军事革命加速向前推进，大国竞争持续加剧，世界格局加速调整，多域安全风险上升。世界范围内虽然没有爆发大国军事冲突，但在灰色地带、边缘地带、新领域的斗争日趋激烈。为适应新的形势和任务，世界主要军事大国纷纷加快推进国防和军队建设发展，深入调整军事战略，把军事实力作为保障安全、应对风险、谋求主动的重要依托。

（一）美国军事战略动向：瞄准大国竞争

2022 年 2 月 11 日，美国政府发布《美国印太战略》报告，全面阐述了拜登政府对印太地区的认知定位，提出了美国在印太地区的战略目标和行动计划。与前两份印太战略报告相比，美国新印太战略报告进一步提升了印太地区在美国全球战略布局中的地位，折射出美国妄图掌控印太继而维护全球霸权的野心。2022 年 10 月 12 日，拜登政府发布任内首份《国家安全战略》，该战略将中国定义为"美国最重要的地缘政治挑战"。10 月 27 日，美国政府公布了三份文件：《国防战略》《核态势评估报告》《导弹防御评估报告》，基本确立了未来 3 至 5 年美军建设发展的整体基调。12 月 23 日，拜登签署了美国《2023 财年国防授权法案》，明确了美军重点投资方向以及装备采购和退役清单，对标《国防战略》，大肆渲染与中、俄的竞争对抗，围绕"一体化威慑""竞争行动""打造持久优势"三大途径增加投入，服务于主导世界秩序的战略目标。

1.搭建一体化体系框架，兵力调整向"全域"拓展

威慑始终是美国国防战略的重要手段。由美国国防部长奥斯汀提出的"一体化威慑"概念，强调将技术、作战概念和各种能力以恰当的方式组合交织在网络中，形成可靠、灵活和强大的威慑能力。

2022 年，在"一体化威慑"战略指引下，美国国防部和各军种相继出台系列战略文件、军事概念和作战条令，构建体系化顶层框架。美陆军将"多域作战"概念写入作战条令，同时加速推进这一概念的实践运用。美海军陆战队发布首份信息战条令，介绍信息战战术战法，使之成为作战行动的重要工具。美空军在近两年探索实践基础上，正式出台"敏捷作战部署"条令文件，提高行动弹性和生存能力。美特种作战司令部出台战略文件，职能任务由反恐作战向"一体化威慑"转型。美网络司令部发布《主宰网络领域战略》和首份作战概念纲要，明确"网络打击"概念。

除上述硬实力架构设计，五角大楼还将人工智能技术等软实力纳入规划，专设数据与人工智能首席办公室，推动人工智能军事化进程。其还在《国防部数字现代化战略》基础上，出台防务子战略，明确将人工智能、量子科学、微电子等 14 个领域作为军民合作重点，指定数据与人工智能首席办公室负责此项工作。

在顶层框架牵引下，2022 年，美各军种部队相继开展调整、转隶和装备迭代工作。美空军着眼"敏捷作战部署"概念，在部分联队新设参谋部，负责设计和调控具体行动场景。美陆军在夏威夷组建第二支"多域特遣部队"，定向支援"印太地区"作战任务；还根据地缘安全变化调整驻军规模。美海军在西太平洋地区组建新的特混

舰队，首次成建制合并海上和两栖力量；在印度洋新建第 153 联合特遣部队，强化在该海域的军事存在；海军陆战队加快转型步伐，组建首个濒海作战团。美太空军将陆军和海军卫星地面站、卫星作战中心和 13 颗军用卫星进行整合，新建第 10 和第 53 太空作战中队，负责卫星群管理和战略－战役通信等工作；组建国家太空情报中心和"第 18 太空德尔塔部队"，担负情报搜集任务。

 国防视野

一体化威慑

"一体化威慑"包括四层含义。一是作战领域一体化，即发挥网络威慑、太空威慑、认知威慑的作用，使之充分融入传统作战域，塑造多域力量优势叠加的威慑态势。二是全球战区一体化，即打破各战区之间的地理界限，加强作战力量的动态部署和一体运用，达到全球一体化作战的威慑效应。三是国家力量一体化，即充分运用所有军事和非军事手段，深化国防部与国务院、商务部、能源部等政府机构的合作，形成资源集成的威慑合力。四是适用范围一体化，即将威慑应用到从"灰色地带"竞争、小规模武装冲突到高端战争等各种场景，贯穿和平、危机和战争的全过程全时段，最大限度地发挥威慑功能。

2. 重心东移，印太战区成为军力部署新中心

2022 年 10 月出台的美国《国家安全战略》和《国防战略》，更把中国称作"最重要的竞争者"和"步步紧逼的挑战"。在这一背景下，美军近年来在海外驻军布局、精锐力量编配和先进装备配发等方面都体现了印太优先思想。经过调整，印太战区已成为美军全球军力部署的新中心。

目前，美军已将约 60% 的海军舰船和海外战术航空兵资产部署到印太。此外，美陆军正在组建 5 支多域特遣部队，其中 2 支部署在印太，美海军陆战队计划在 2030 年前组建 3 个滨海战斗团，专门担负西太地区侦察监视、远程反舰、后勤补给等任务。美军还将 F-35 战机、"福特号"核动力航母、"美利坚"号两栖攻击舰、朱姆沃尔特级驱逐舰等新型主战装备率先部署到印太。

在加强印太地区兵力部署的同时，美军还对冷战时期在西太平洋地区依托三大岛链、重兵前出的前沿威慑存在方式进行了调整。美军决定将驻日本冲绳的近万名海军陆战队员后撤至关岛、夏威夷和澳大利亚，同时在第二岛链沿线岛屿重启、新建和扩建机场、港口、雷达站等军用基础设施，并妄图以各种方式获得东南亚国家和太平洋岛国军事基地和重要基础设施的临时使用权，企图构建"多点、散布、弹性"基地网。

3. 以美日同盟为基础，重构印太盟伴体系

近年来，为塑造由美主导的印太秩序，美国不断加快推进印太盟伴体系的重组重

构。在新盟伴体系中，美日同盟成为美国重塑印太盟伴体系的重要抓手。

以美日同盟为基础，构建小多边遏华联盟。2022年《美国印太战略》报告称，要塑造中国的周边环境，形成有利于美国的影响力均势。在印太战略指引下，美国以美日同盟为基础，积极构建美日韩、美日澳、美日印澳等小多边联盟，密织印太遏华联盟网。特别是美日印澳所谓"四边机制"，已成为美在印太地区从政治、经济、科技等维度遏制中国的主要平台。需要指出的是，为扩大自身影响力，日本在构建"美日+"小多边联盟过程中表现活跃，是所谓"四边机制"的重要推动者。

以美日同盟为纽带，拉近美国与东南亚国家关系。东南亚国家是美国推进印太战略的重要一环。拜登政府上台后，大力推行所谓"民主价值观外交"，但大多时候在东南亚没有得到积极回应。而日本与东南亚国家经贸往来密切、外交互动频繁，拥有一定的影响力，因此成为美国拉拢东南亚国家的重要帮手。

以美日同盟为桥梁，连通北约与印太联盟体系。近年来，美国试图"桥接"北约和印太两大联盟体系，以期在欧亚两端灵活集中联盟优势，维护其全球霸主地位。日本凭借其"亚洲的西方国家"这一特殊身份，在欧亚大陆开展穿梭外交，积极配合美国的"桥接"行动。

4.发布新版北极战略，编织盟友网络

冷战时期，北极因其在军事、经济、交通和科研领域的重要战略价值，一直是美苏对抗的前沿之一。冷战后，北极一度淡出美国的战略视野。不过，自2019年以来，美国开始重新加强自身在北极的存在，并密集颁布各种北极战略文件。以2022年10月7日颁布的新版《北极地区国家战略》为标志，美国基本完成强化北极军事存在的战略文件制定。该文件对未来10年美国"进军北极"进行了战略规划，明确表示美国将加强北极地区军事存在，与盟友和伙伴采取安全措施，保护共同利益。

多年来，为推行自身北极战略，美国在该地区精心编织了一张盟友网络，以便塑造于己有利的军事态势。事实上，在8个环北极国家之中，除俄罗斯外，其余均为北约成员国或已提交入约申请的国家，加拿大等国家紧随美国出台北极国家战略和军事战略。

可以预见，将来，以美国为首的北约同俄罗斯在北极地区的博弈将更加激烈，双方或将围绕争夺重要资源、扩建军事基地、增加军力部署和开展威慑活动等，展开更高烈度的对抗。

（二）俄罗斯军事战略动向：提出军队改革新计划

2022年12月21号，俄罗斯国防部召开年度扩大会议，提出下一步军队改革调整新计划，以提升俄军整体作战能力，确保完成特别军事行动目标、有效应对北约安全威胁。

1.巩固核力量确保对北约战略威慑

在常规力量建设相对滞后的情况下，核力量成为俄保持对美、北约战略均势的重要砝码。按计划，俄将继续保持"三位一体"战略核力量建设力度，将其作为维护主

权和领土完整、国际战略平衡的重要保障，确保对北约进行有效战略威慑。2022 年，俄保持对"三位一体"战略核力量的投入力度，将核武器这一国家安全柱石的现代化率提升至 91.3%。这一年，首架图 -160M 战略轰炸机交付空天军，955A 型战略核潜艇"苏沃洛夫大元帅"号入列北方舰队，"萨尔马特"洲际弹道导弹也正式进入战斗值班序列。此外，俄还丰富拓展以高超声速武器为代表的非核遏制力量，将其作为核遏制的有效补充手段，以实现"核常并重"的双重遏制战略效果。

2. 重建以陆军为核心的联合作战体制

为理顺陆战场作战指挥关系，俄军计划重建以陆军为核心的联合作战体制，使部队在战术战役层面实现战场指挥权的高度统一，从而通过发挥俄军传统大兵团作战优势取得战场主动权。一是推动旅改师进程。旅机动灵活，但编制员额较小、力量有限，无法有效应对持久高强度消耗战。俄军有意恢复师团制，除打算将 7 个摩步旅扩编为摩步师并新组建 3 个摩步师外，空降兵也将增加 2 个空降突击师编制，同时还计划在现有海军陆战旅基础上组建 5 个海军陆战师。二是为各集团军配属空天军作战力量。俄准备给每个集团军配属 1 个混成航空兵师和 1 个陆航旅，确保实施空地一体作战。三是优化西部战略方向兵力部署。为应对芬兰和瑞典加入北约后可能出现的新威胁，俄军计划新建莫斯科和列宁格勒两个新军区，西部军区可能专门应对乌克兰方向威胁。

3. 转变思路大幅增加军队员额

近年来，俄军推进的"新面貌"军事改革，核心是将大战动员型军队转变为常备机动型军队，以精干常备部队打赢未来局部战争和武装冲突。为此，俄通过裁军将军队员额压减至约 100 万。但俄国土面积 1700 多万平方千米，横跨 11 个时区，百万常备部队勉强能够执行国土机动防御和境外驻军任务，加之面对北约东扩压力、高加索地区动荡、美亚太盟友领土声索等现实安全威胁，俄军兵力不足问题不断凸显。为此，俄军决定采取一系列措施大幅扩充军队员额。

一是扩大武装力量规模。2022 年 8 月，俄总统普京签署命令，从 2023 年 1 月 1 日起，俄武装力量员额增加 13.7 万，达到 115 万。2022 年 12 月，俄国防部扩大会议上，俄再次宣布扩军，计划将俄军人数增至 150 万。其中，合同兵将增加至 69.5 万，与当前数量相比几乎翻了一番。二是调整征兵政策。公民应征年龄下限从 18 岁提高到 21 岁、上限从 27 岁提高到 30 岁。公民可根据意愿，从入伍第一天起就按照合同制服兵役。三是完善国防动员体系。针对此前局部动员中出现的征召不符合条件人员入伍、装备物资缺乏等问题，俄计划通过改进兵役征召体系、完善装备物资储备体系等措施，确保征召入伍人员与作战任务需求相匹配，并尽快形成战斗力。

4. 加快弥补信息化能力不足等短板

当前，俄军信息化作战能力不足，导致在特别军事行动中仍沿袭机械化战争传统战法。对此，俄军在积极调整战略战术、力求步步为营的同时，也在加快弥补自身短板弱项，重点提升信息化作战能力。一是提升指挥和通信系统的信息化水平。拓展指挥自动化系统的覆盖范围，优先为营以下作战分队配备指挥自动化系统终端和新一代数字电台；积极引入人工智能技术，提升作战体系效能。二是提升战场态势感知能力。主要是将无人机配备到班、排作战单元，并将之整合于统一的战场侦察网络，通过保密信道实时传送信息，从而大幅度提升"侦察－打击"回路效能。三是加快发展无人机等智能作战装备，重点发展战略无人机、察打一体无人机和巡飞弹，扩大精确制导弹药，特别是精确制导炮弹的生产。

（三）日本军事战略动向：防卫战略"大转向"

2022 年 12 月 16 日，日本内阁通过《国家安全保障战略》《国家防卫战略》《防卫力量整备计划》三份安保政策文件，标志着日本战后安保和防卫战略的"大转向"。与之前相比，日本新防卫战略对周边安全威胁的研判更加激进，从强化反击能力和大幅增加军费两方面，对其未来军备发展进行突破性战略设计和体系部署。

1. 明确构建"反击能力"，大幅增加防卫预算

《国家防卫战略》明确提出自卫队要具备"反击能力"和"持续作战能力"，即当日本遭到武装攻击或弹道导弹袭击时，自卫队能够有效回击敌导弹基地，并确保远程导弹和精确制导导弹的数量足够支撑"持续作战"。根据"和平宪法"，日本不能拥有上述能力。日本对该能力进行更名，目的在于将这一主动性、进攻性作战能力美化为被动性、自卫性防卫能力。文件还允许自卫队拥有"防区外防御能力"，可以从敌防御区以外直接攻击其领土和军事目标。这意味着，日本梦寐以求的所谓"先敌打击能力"正式得以官方化、国策化。

日本此次通过的《防卫力量整备计划》明确，2023 财年至 2027 财年，日本防卫费总投入将达 43 万亿日元，较 2019 财年至 2023 财年增长 63.5%。预计到 2027 财年，日本防卫预算占国内生产总值的比重将增至约 2%，总额达到约 10 万亿日元。

2. 拟调整自卫队指挥体制

目前，日本防卫省已决定正式设立统一指挥陆上、海上、航空自卫队的"统合司令官"职位及"统合司令部"。目前，相关人员正在研究组织形态、设置场所等问题。日本此举旨在进一步完善自卫队军令体系，指向的是未来作战。

（1）新设职位专司部队指控。据报道，"统合司令官"将专门负责陆海空自卫队部队的指挥，以期进一步提高自卫队在紧急事态下的应变能力。

（2）构建联合作战指挥体系。一是推动形成一元化联合作战指挥体制。新职位设立后，"统合司令官"根据需要，可常态或依据任务编组指挥陆海空联合任务集团，进一步提升快速反应和联合作战能力。二是着眼建立更高效的军令体系。未来，日本首相和防卫相可直接通过"统合司令官"向各自卫队司令下达命令。三是借鉴美式体制加速日美军事一体化。近年来，日本自卫队加速融入美军作战体系，强调日美一体化运用，在指挥体制上也向美军学习。

3. 急速扩充新质作战力量规模

在"跨域作战"理念的指导下，日本不断加大在太空、网络空间以及电磁空间的

投入，新质作战力量的编制扩充与装备革新也在不断加速。

（1）提升太空战力量规格。2020 年 5 月 18 日，日本防卫省在府中基地成立了由防卫大臣直辖的"宇宙作战队"，但其编制规模只有 20 人，队长也只是二等佐官。2022 年 3 月 17 日，日本防卫省成立"宇宙作战群"，编制规模扩大到 120 人，司令为一等佐官，于 2023 年度正式运行。

（2）扩充网络战力量规模。目前，日本防卫省已将"自卫队指挥通信系统队"升级改编为"自卫队网络防卫队"，编制规模由原来的 400 人增长至 540 人，预计今后将扩充至 1000 人，其司令的军衔由一等佐官升格为少将。

（3）强化电子战力量建设。2021 年 3 月 18 日，陆上自卫队在熊本市的健军基地成立了"第 301 电子战中队"。2022 年又成立了"第 101 电子战队"和陆上总队电子作战队，后者或将逐步对相关电子战部队实施统一管理。

4. 对外提升合作水平，实行"同盟泛化"战略

2023 年 1 月 26 日，日本和印度首次联合空中演习结束，将双边防务关系推向更深层次。此次演习被视为日本"同盟泛化"战略的重要体现。2022 年下半年，日本在持续加深与美国军事一体化的同时，不断与澳大利亚、印度、英国、法国、德国、菲律宾等国建立起原本只在同盟间才存在的军事合作机制，并在《国家安全保障战略》等 3 份安保文件中作出明确规定。

日本《国家安全保障战略》指出，在以日美同盟为基轴的同时，通过构建日美澳印四边安全机制等举措，深化与所谓"共享价值观的友好国家"之间的合作，致力于实现"自由与开放的印太"构想，同时，大力构筑多重联结网络，持续强化遏制能力。今后，日本将积极开展双边、多边安全对话与军事演习，广泛缔结《情报保护协定》《物资劳务相互提供协定》《互惠准入协定》等军事合作协议，加快研发军事装备，推动武器装备出口，支援他国建设海空侦察预警能力，进行战略传播活动等。可见，日本已将"同盟泛化"作为插手国际安全事务、搅动亚太安全形势、增加国际政治影响力、实现军事大国野心的重要手段。

（四）印度军事战略动向：加快提升军事实力

印度在独立之初就确立了以"主宰南亚、控制印度洋、做一个有声有色的世界大国"为主要内容的国家战略总目标。围绕着这一国家战略总目标，在自独立至今的半个多世纪里，印度军事战略从初步确立，经过不断调整，已经形成为一个比较完善的军事战略体系。莫迪上台以来，聚焦"全球领导大国"的战略目标，对内大力发展经济，夯实执政之基，同时积极调整军事战略，加快推进军事改革，旨在打造一支结构合理、攻守兼备、慑战并举的现代化军队，有效应对各种威胁和打赢"两线战争"。2020 年，印度持续加强与域外大国合作，积极开展军事活动，试图跻身世界主要大国行列。在国防和军队建设上，印度着眼建设"军事大国"和"地区强国"，加快国防自主建设，加强战场设施建设，推进军队现代化。

1. 加强边境地区的军事部署

目前，印度与中国在中印边境的西、中、东段都存在领土争议，争议领土面积达12万多平方千米。为取得战场优势，印度不断加强对华作战兵力部署，向中印边境地区增派大量兵力。在中印边境西段地区，印军在该地区组建了第14军，加强了空军战斗机和直升机分队的部署，积极进行战场建设，不断加强边境控制。在中印边境中段地区，对驻军进行改编，组建轻型、实用、高效的作战部队。在中印边境东段地区，印度陆军根据《2012—2027年长期一体化远景规划》建立并部署一支完全成熟的"山地打击军"。为应对所谓的中国"导弹威胁"，印度还加强了在边境地区的巡航导弹部署。此外，印度还计划将中印边境地区警察部队纳入管辖范围，以更好地进行边境管理，应对敌方在边境地区的"侵略活动"。印度还大力加强边境国防设施建设，包括边境公路网、机场和场站建设。

2. 加大对印度洋的控制力度

印度宣称从阿拉伯海到南海的广阔海域都是印度的利益范围，并积极推进以称雄印度洋为核心目标的海洋战略，制定了全面控制印度洋的"东进、西出、南下"战略，即向东把活动范围与影响延伸到南中国海乃至西太平洋；向西穿过红海与苏伊士运河，影响扩大到地中海；向南扩展到印度洋最南端，甚至绕过好望角到达大西洋。

印度首艘国产航母"维克兰特"号

为实现上述战略目标，印度在海军装备建设上提出了"三步走"发展战略：一是建立亚洲最大航母舰队。二是加强海基核力量建设，以弥补"三位一体"核打击力量的短板。三是打造具备远洋作战能力的"蓝水海军"。在提高装备水平的同时，印度还高度重视海军基地建设，在其东部海岸、东南部群岛和南部岛屿上新建了海军基地。2022年6月，印度国防研究所网站发布消息称，印度正在卡纳塔克邦建设的卡尔瓦尔海军基地预计2025年建成。该基地将作为印度海军30余艘舰艇的母港，或将成为"亚洲最大"海军基地。在西南方向印度继在马达加斯加岛建立雷达监听站后，又租借了毛里求斯共和国的阿加莱加群岛，并在上述群岛建设海军基地和机场，以扼守莫桑比克海峡等战略通道。

3. 积极推进东向行动政策

20世纪90年代初，印度前总理拉奥正式提出"东向"战略，要把印度与生机勃勃的亚洲重新联结起来，这成为印度"东向"战略的起点。2014年，莫迪上台后将"东向政策"升级为"东向行动政策"。当前，印度正在借助美国实施"印太"战略之机，积极推进东进政策，意图积极融入亚太，在东南亚、东亚和西南太平洋地区发挥影响，从而在地区秩序构建中发挥关键作用。一是加强东部方向的海、空军基地建设，为军事力量东进提供有力支撑。二是加强与东南亚、东亚、西南太平洋国家的军事安全合作，牵制中国。

4.发展航空航天力量

2023年2月，印度空军发布新版空军学说《2022年之后的印度空军路线图》（以下简称新版学说），提出印度空军将实现从空中力量向航空航天力量的转变，并将印度重新定义为航空航天大国。

新版学说是继1995年、2007年、2012年版本后，印度空军又一次发布有关部队建设的指导性文件。其篇幅和范围较以往有所扩充，主要谈及印度的空中战略、印度航空航天力量对战争局势的影响、印度空军未来发展所必须采取的举措，等等。

新版学说提出，印度空军正从一支大陆空军转变为一支具有全球影响力的空军。目前，印度空军已实现网络化作战，并与其他军种合作开展联合行动。新版学说重点阐述航空航天力量的塑造对于增强印度国防和全球影响力的重要意义，提出印度在发展航空航天技术时必须提高国产化水平。

新版学说旨在为印度空军的变革与发展确立指导思想。例如，新版学说提出印度空军发展目标应从"基于威胁的需求"转向"基于能力的需求"；由于网络、人工智能和机器人、高超音速武器、定向能和无人驾驶等技术已经改变军队的作战方式，未来的空中作战将在多域同时进行，印度空军应合并空中和航天领域，整合多种太空资源以发展成为航空航天力量。

5.加快"北望"步伐

2023年3月中旬，印度发布题为《印度与北极：建立可持续发展伙伴关系》的北极战略文件，阐述了该国最新北极政策。该文件明确了印度北极战略的六大目标。一是提升印度在科学研究、气候和环境保护、海洋和经济合作方面的国家能力和竞争力。二是加强政府、企业和学术界的合作，提升相关人员素质，使印度北极利益最大化。三是加强北极地区气候变化对印度气候、经济和能源安全影响的研究。四是分析预测北极冰层融化对印度乃至全球航线、能源安全和矿产资源开发的影响，协调相关行动，确保印度经济、军事和战略利益。五是研究北极地区与喜马拉雅山之间的联系，参加各种北极论坛，深化印度与相关国家的合作，汲取专业知识和经验。六是加大参与北极事务的力度，增进对相关国际法和地缘政治的理解，提高印度北极地区治理能力。可以看出，印度已将北极事务纳入全球战略布局。据印媒报道，印度军方正在加快建造核潜艇等大型远征舰艇，以便在北极地区分一杯羹。印度进军北极，将使"北极争夺战"愈演愈烈。

乐学好思 ▶▶▶▶▶▶

当前国际战略形势对我国国家安全的影响有哪些？

◀◀◀◀◀

第三章　上兵伐谋，其次伐兵
——军事思想

导语

军事思想来源于军事实践，又对军事实践具有指导作用。军事思想正确与否，直接关系到军事实践的成效，关系到战争的胜负。面对世界新军事变革的挑战，世界主要军事强国无不在大力推进军队体制编制和武器装备现代化的同时，高度重视创新和发展军事思想。

学习目标

1. 了解军事思想的内涵、形成与发展历程；
2. 了解外国代表性军事思想；
3. 熟悉我国军事思想的主要内容、地位作用和现实意义；
4. 理解习近平强军思想的科学含义和主要内容，树立科学的战争观和方法论。

第一节　军事思想概述

从理论上弄清军事思想的基本概念和内涵，了解军事思想的地位作用和发展历程，有利于树立科学的战争观，掌握马克思主义的方法论。

一、军事思想的内涵

什么是军事思想？迄今为止，国外尚未有明确的军事思想定义，只有中国的军事理论研究界给出了明确的定义。《中国人民解放军军语》（2011 年版）关于军事思想的定义为："①关于军事领域基本问题的理性认识。通常包括战争观、军事问题认识论和方法论、战争指导思想、国防和军队建设思想等。②研究军事思想形成及其发展规律的学科。"

军事思想揭示战争的本质、战争的基本规律以及进行战争的指导规律，阐明军队建设的基本理论和原则，从总体上反映研究战争和军事问题的成果。军事思想产生于一定的社会物质生产和战争实践基础之上，并受到其他社会意识形态的制约和影响，具有鲜明的政治性。军事思想也同样能作用和影响其他社会意识形态，军事思想和军事领域所揭示的一些事物的普遍规律，所形成的原则、概念和范畴，常常被用于政治、经济、外交以及商业竞争和体育比赛等方面。

军事思想的内容大体可以分为两个层次：一是军事哲学问题，主要内容有战争观、军事问题的认识论和方法论；二是军事实践基本指导原则问题，主要内容有战争指导基本方针和原则、军队建设基本方针和原则、国防建设基本方针和原则。

 国防科普

中国第一部军事教科书《武经七书》

北宋神宗时，为了开办"武学"，培养军事人才，宋神宗下令国子监从众多兵书中选出一批精粹之作作为教材。受命参与这项工作的朱服、何去非等人历时三年，最后确定并校订了《孙子兵法》《吴子》《六韬》《司马法》《黄石公三略》《尉缭子》《唐太宗李卫公问对》七部兵书，并将其正式颁布为武学必读之书，统称《武经七书》，又名《武学七书》。这是我国第一部军事教科书，是中国兵学的奠基之作，在中国军事史上产生了重大影响。

二、军事思想的发展历程

人类对战争和军队问题的认识，有一个历史发展的过程。从时代角度讲，军事思想作为一种相对独立的意识形态，它的形成与发展，与世界历史特别是世界战争史的发展脉络基本一致，大致可分为六个时期。

（1）青铜器时期。主要指公元前 36 世纪到公元前 8 世纪初，是军事思想的萌芽期。这一时期的军事思想，建立在大河文明的土壤之上，主要有古代中国、古代印度、远古西亚和古代埃及的军事思想。其主要特点是：战争观中的朴素唯物思想占据主导地位；以车战为主的作战样式日趋成熟；在常备军建设和使用方面，中国为军民一体的结构模式，外国以募兵为主。

（2）铁器时期。主要指公元前 8 世纪中期到公元 12 世纪初。这一时期，骑兵成为军队最重要的力量。西方重甲骑兵与蒙古轻骑兵直接交锋，成吉思汗的轻骑兵用其擅长的大迂回战法横扫亚欧大陆，改变了世界格局。与此同时，日本幕府的军事思想、印度多神教的战争观等，都推动了这一时期军事思想的发展。

（3）黑火药时期。主要指 12 世纪中期到 18 世纪初。这一时期世界从各自相对独立发展进入相互影响的时代。火器的运用推动了世界军事变革，中国明朝车马、步兵配合作战的思想与欧洲诸兵种协同作战的思想成为这一时期军事理论的主流。也正是从这一时期开始，源于海洋文明的西方国家，其军事思想走上了不断创新的发展道路，而以中国为代表的源于大河文明的国家，其军事思想的发展相对停滞。

（4）工业革命时期。主要指 18 世纪中期到 1850 年。这一时期虽然短暂，但军事思想出现了跨越式发展。工业革命带来了军事技术上的"代差"，军力不再简单以兵力和财富来衡量，国力与军事技术的结合，成为战争制胜的关键因素。在此背景下，西方开始主导世界军事思想发展的方向。

（5）机械化时期。主要指 1851 年到 1990 年。这一时期，国家利益的争夺在全球范围展开，发生了两次世界大战，西方军事思想迎来了一个高峰。马汉的制海权理论、富勒的机械化战争理论和杜黑的制空权理论，对世界产生了深远影响。这一阶段，无产阶级军事思想在世界范围内蓬勃发展。列宁领导的俄国社会主义革命战争，斯大林领导的苏联工农红军和国防现代化建设，以及指挥反法西斯侵略的卫国战争，继承和发展了马克思主义军事理论，进一步完善了无产阶级军事思想体系。产生和形成于中国革命战争之中并在中华人民共和国成立后继续发展的毛泽东军事思想，成为指导中国革命战争不断走向胜利、指导中国军队和国防建设不取得巨大成就的理论武器和行动指南，是无产阶级军事思想发展史上的一座丰碑。第二次世界大战后，随着核武器的问世，核战略成为军事战略的重要部分。

（6）信息化时代。主要指 1991 年海湾战争以后信息技术的巨大潜能最先在战争中得到充分发挥。从此，一场世界范围的军事变革开始展开，时至今日仍然在不断深化。着眼于战争根源和制胜原理，世界大国加紧抢占战争理论制高点，文化论、制度论、经济论等战争根源理论的三种流派相继提出，空天、电磁、网络等新型领域的竞争日益激烈；在战争力量建设方面，高科技和颠覆性技术的研究应用受到更多关注；同时，安全威胁的多样化使各国军队承担更多职能和任务。以上这些都有力推动了各国现代军事思想的发展。如美国提出了低强度冲突理论和联合作战（又称空地海天一体战）理论等；俄罗斯联邦的军事学说中增加了"积极防御"的战略思想等。

纵而观之，世界军事思想发展史上呈现出两个高峰，第一个高峰出现在春秋战国时期的中国，第二个高峰出现在近现代西方国家。两者都处于社会大变革时期，既是军事实践活动的高峰，也是军事思想发展的高峰，形成了中国古代军事思想和西方近现代军事思想这两个具有代表性的理论体系。

三、军事思想的地位作用

战争与其他社会现象相比更少确实性，更难捉摸。作为揭示军事领域基本规律的军事思想对战争实践的能动的反作用也就更为突出，甚至对战争和军事实践活动的成败有着决定性影响。因此，正确认识军事思想的地位和作用，对于研究和解决军事问题，有着重要的理论和现实意义。

（一）为认识军事问题提供基本观点

人们总是基于一定的思想观念去评判军事问题的是非与价值，进而确定对其采取何种态度和行动。不同的人思想观点各不相同，对军事问题的看法也不相同，得出的结论也不一样。军事思想从总体上揭示军事领域的一般规律，为人们研究和解决军事问题提供总体性理论指导。人们如果能掌握和运用科学的军事思想去认识军事问题，就能得出正确的结论；反之，就不能。运用马克思列宁主义的战争理论去看待战争，就能全面认识战争在人类社会中的作用，正确判断正义战争与非正义战争，坚持正义的、进步的、革命的战争去反对非正义的、反动的、反革命的战争。如果用否定一切战争暴力的和平主义，或"强存弱汰"的社会达尔文主义之类的观点看待战争，就不可能有正确的态度和行动。

（二）为进行军事预测提供思想方法

军事预测是对与战争、军队和国防直接相关的事项的发展趋势及其前景预先进行的科学推测。军事预测的方法和手段很多，军事思想为军事预测提供了基本的思想方法。科学的军事思想，揭示了军事领域矛盾运动的规律，为军事预测提供了正确的认识论和方法论工具。恩格斯和列宁关于资本主义列强之间的争夺将导致世界大战的预见，毛泽东关于中国人民抗日战争进程与结局的论断，就是科学军事预测的范例。

（三）为从事各项军事实践活动提供全局性指导

人们在从事军事活动时，都需要军事思想作指导。而军事实践的成败，直接受到军事思想科学与否的影响。用科学的军事思想作指导，军事实践就能保持正确的方向，并能达到预期效果。中国人民在中国共产党的领导下，在长期的革命战争和社会主义建设中，能以劣势装备战胜国内外强大的敌人，其根本原因就是有科学的毛泽东思想为正确指导，若用形而上学的军事思想作指导，军事实践的方向就会发生偏离，就达不到预期目的。

乐学好思 ▶▶▶▶▶▶

为什么要研究军事思想？

◀◀◀◀◀◀

第二节　外国军事思想

外国军事思想是指除中国以外的世界其他有代表性的国家及其政治家、军事家和思想家关于战争、国防和军队等问题的理性认识。学习了解外国军事思想，并对其加以甄别、借鉴和扬弃，取其精华，去其糟粕，对于发展和创新中国军事思想具有重要意义。

一、外国军事思想的主要内容

外国军事思想是与人类社会的历史发展和以战争为中心的军事实践活动紧密地联系在一起的，大致经历了古代、近代和现代三个历史时期。

（一）外国古代军事思想

古代是奴隶社会和封建社会生产方式占统治地位的时期，从公元前 4000 年到 7 世纪中叶，在军事上处于冷兵器时代及冷兵器与火器并用的时代。这一时期，古埃及、亚述帝国、波斯帝国、古希腊、古罗马拜占庭帝国、阿拉伯帝国等国家和民族的政治家、军事家、思想家对战争、国防和军队等问题提出的一系列看法，基本上反映出农牧时代的外国军事思想。

外国军事思想最早萌芽于古埃及、古巴比伦、亚述等国。古代各国有关战争和军事方面的内容，一般都是最先反映在国家的法典和编年表之中。古巴比伦的《汉谟拉比法典》，就有关于保障军队利益和军队纪律的条文。在古代，最有影响的军事思想还是来自欧洲的希腊罗马文明。如希罗多德的《历史》、修昔底德的《伯罗奔尼撒战争史》、色诺芬的《长征记》、恺撒的《高卢战记》、阿里安的《亚历山大远征记》等。在这一时期，历史著作和军事著作是合为一体的。到了罗马帝国时期，罗马的军事家们已经注意对理论的总结了。奥尼山得的《军事长官指南》、古罗马军事著作家韦格蒂乌斯的《罗马军制》以及弗朗蒂努斯的《谋略》，都是著名的军事理论著作。

《伯罗奔尼撒战争史》

外国古代的军事思想主要体现在以下几个方面：一是陆、海并重。希腊、罗马地处地中海沿岸，地中海是当时重要的贸易通道，希腊、罗马人在战争实践过程中逐渐认识到要想夺取战争的胜利，光凭陆军或海军的力量都是不能够取得胜利的，必须协调发展陆、海军的力量。二是进攻至上。希腊、罗马人崇尚进攻，不论是在进攻战中，还是在防御战中，希腊、罗马人都力求进攻，如马拉松之战。三是以力制胜。古希腊、古罗马并不缺乏高超的以智取胜的例子，不过从整个社会情况来看，希腊、罗马人主张以力制胜。双方作战主要凭借的是士兵的技术、体力以及忍耐力。

在中世纪，教会处于统治地位，文化上处于封闭状态，缺乏创造力。可以说这一时期的军事思想基本上是停滞不前的。发展主要体现在拜占庭帝国的军事思想中。西罗马帝国灭亡后，拜占庭帝国力图收复罗马帝国的失地，于是开始在东、西两个方向上进行作战。在一个多世纪的战争中，拜占庭涌现出了像贝利撒留、纳尔塞斯、希拉克略等著名军事家，也产生了独特的军事思想，涌现出一些军事著作，如毛莱斯的《战略》和李奥的《战术》。

《兵法简述》

　　《兵法简述》（又名《罗马军制》）是一部记叙古罗马兵法的最著名著作。其写作意图，是想促使军事改革，以恢复和保证罗马军队的效能和威力。"呼吁恢复古代罗马的精神"，忧国忧民之心贯穿始终。在书中，韦格蒂乌斯论述了古代希腊和罗马的军事理论，论述了军队配备、编制和训练的问题，进行战争和战斗的重要法则，战斗队形，冲击和防御要塞的方法，进行海战的原则和攻城等军事技术。整部作品像教令一样言简意赅。

《兵法简述》

（二）外国近代军事思想

近代军事思想是在热兵器战争和机械化战争时代的军事实践中发展起来的。这一时期发生的两次军事革命和两次世界大战，极大地推动了近代军事思想的发展。

1. 外国近代前期军事思想

近代前期是资产阶级军事思想体系得到确立、无产阶级军事思想开始登上历史舞台的时代。17 至 19 世纪，欧美各国相继确立资本主义生产方式，完成了产业革命，催生了以热兵器的广泛使用为标志的第二次军事革命。枪、炮等热兵器成为战场上的主要兵器，海军进入铁甲舰时代，军队组织结构、体制编制、指挥体制、作战方式、兵役制度、后勤保障等发生巨大变化。英国资产阶级革命战争、美国独立战争、拿破仑战争、美国内战等一系列新的战争实践，推动了欧美军事思想的变革。

近代前期欧洲军事思想变革的成果，集中体现在 18 世纪末至 19 世纪前期的拿破仑战争艺术，以及克劳塞维茨所著《战争论》和若米尼所著《战争艺术概论》两部军事理论名著之中。这两部著作均在总结拿破仑战争经验的基础上产生，标志着近代资产阶级军事思想体系的基本确立。

拿破仑是法国资产阶级杰出的统帅和军事家。他的军事思想主要包括：强调要积极采取攻势行动，为了达到消灭敌人的目的，把积极发动进攻作为主要手段；要善于集中兵力，即在必要的时候，在必要的地点，集中比敌人在此时此地更为强大的兵力；强调快速机动和突然性，注重出奇制胜；重视国家军事组织的完善和军队骨干力量的培养；等等。这些使资产阶级作战思想发展到顶峰，引起了西方军事界的广泛关注。

扫一扫，涨知识：

拿破仑的军队如何作战？

2. 外国近代后期军事思想

19 世纪末 20 世纪初，世界资本主义进入帝国主义阶段，为帝国主义服务的战略理论和作战理论应运而生，鼓吹对外扩张的各种军事思想大量出现。美国的马汉提出"海权论"，主张建立并运用优势的海军和其他海上力量去控制海洋，进而通过夺取制海权控制世界。德国军事家施利芬制定了"施利芬计划"，提出先发制人、突然袭击、为达到战争目的不惜践踏国际法等侵略扩张理论，为德国在两次世界大战中实施战争指导提供了重要理论依据。英国麦金德提出"大陆心脏说"，认为谁控制了东欧和中亚，谁就能控制世界。

第一次世界大战结束后，列强纷纷以坦克、飞机、潜艇、航空母舰等机械化兵器大量装备军队，并在总结第一次世界大战经验教训的基础上，提出了一系列新的军事思想。德国纳粹地缘政治学家豪斯霍弗尔把麦金德提出的"大陆心脏说"加以利用和发展，为希特勒的侵略政策制造舆论。鲁登道夫提出系统的"总体战理论"，强调动员国家一切力量、使用一切手段进行战争。意大利的杜黑、英国的特伦查德、美国的米切尔等人，认为空中力量在现代战争中有决定性作用，主张建立并优先发展独立的空军。英国的富勒和利德尔·哈特、法国的戴高乐和德国的古德里安等人，认为现代战争中的决定性制胜手段是高度装甲化机械化的机动突击力量。为此，古德里安提出"闪击战"理论，戴高乐主张把小型职业军队作为军队建设的发展方向。利德尔·哈特还提出"间接路线"战略，认为在战争指导上应尽量采取迂回打击的方式。

第二次世界大战是一场全球规模的空前激烈的机械化战争。交战双方大量使用坦克、装甲车、飞机、火炮、航空母舰和潜艇等机械化武器装备，并首次使用雷达、火箭、导弹、原子弹等新式武器和技术，出现了诸军兵种大规模合同作战、登陆与抗登陆作战、潜艇战与反潜战、航母编队作战、空袭与反空袭作战、空降与反空降作战及战略性的游击战等一系列新的作战类型和形式。战争形态和作战方式的变化对军事思想的发展产生了重大影响，国家战略和战略联盟思想、大兵团作战思想、战役和合同战术思想、游击战争思想及军种建设思想等得到进一步发展和完善。

20世纪初期，列宁在领导俄国十月革命和保卫苏维埃政权的国内战争实践中，创造性地发展了马克思主义的军事理论，深刻地揭示了战争的本质和根源，阐明了无产阶级对待战争和暴力革命的态度，创立了关于战争与革命、武装起义和建设工农红军、实行全民战争等学说。列宁逝世后，斯大林在领导苏联红军和国防建设及卫国战争的实践中，继承和发展了马克思列宁主义的军事理论，阐述了决定战争命运的诸因素及其相互关系、战略与策略等问题，制定了苏联国防和军队建设的基本原则，全面建立起苏联军事思想体系。列宁、斯大林的军事理论，是无产阶级政党组织领导革命战争和进行国防与军队建设的科学指南，是被压迫民族、被压迫人民争取民族独立和解放的思想武器。

（三）外国现代军事思想

第二次世界大战结束后，形成了以美国和苏联为首的两大军事集团相互对抗的国际战略格局，双方在核威慑背景下进行了近半个世纪的冷战。冷战初期，美国凭借在核武器方面的垄断和绝对优势地位，奉行"核武器制胜"理论和"大规模报复战略"，大量装备核武器，准备与苏联打全面核战争。苏联在打破美国的核垄断后，针锋相对地提出准备全面打赢核战争的"火箭核战略"，把军队建设的重点放在发展火箭核武器、建设战略火箭军方面。20世纪60年代以后，美国先后采取"灵活反应战略"和"现实威慑战略"，相继提出有限战争理论及特种战争理论。苏联也提出了协调发展各种军事力量和准备打常规战争的方针。80年代初，美国里根政府上台后，奉行以"重振美国军威"为目标的"新灵活反应战略"，实施拦截战略导弹的"星球大战"计划，谋求对苏联的压倒性战略优势，并进一步发展了"有限战争"理论，提出"低强度冲突"理论和"空地一体战"理论。苏联在戈尔巴乔夫时期，则把防止一切战争作为根本性任务，提出"合理足够"的建军指导思想，把"非进攻性防御"当作军事行动的基本类型。

20世纪90年代，随着高新技术特别是信息技术在军事领域的广泛应用，以信息化为核心的新军事革命逐渐兴起。在世界新军事革命的推动下，现代战争呈现出灵敏、及时、准确的侦察定位，快速反应和机动，中远程精确打击和陆、海、空、天、电、网的多维一体联合作战等新的特点。海湾战争、科索沃战争、阿富汗战争特别是伊拉克战争的实践表明，信息化条件下的战争正在成为体系对体系、系统对系统的整体力量的较量。

二、外国军事思想的特点

综观外国军事思想的主要内容，尽管有着各自特殊的发展特点，但也从中反映出一些共同的特征。

（一）军事思想形成起步较晚

与中国相比较，西方军事思想形成较晚。大约在公元1世纪以前，西方国家的军事著述和史学著述是不分的，他们还没有按照军事理论的逻辑需要来构筑兵学理论的大厦，而只习惯于在战争事件和神话传说中夹杂着对战争与军队问题的零星认识。公元1世纪初，古罗马人弗龙蒂努斯编写的《谋略》一书，试图突破传统史著的时空结构，按照军事理论的客观需求来建立自己的军事理论体系，但仍然未能完全摆脱传统观念的束缚。直到公元4世纪末5世纪初，古罗马人韦格蒂乌斯《论军事》一书的问世，才结束了军事著述与史学著述不分的现象。

（二）深受西方传统文化影响

一个国家的传统文化，是几百年甚至几千年的历史过程中形成和积淀下来的，它不仅对民族的思维模式、行为和生活方式，而且对国家的政治观点和军事思想也产生深刻而长远的影响。例如，美国历史短，发展快，虽缺乏哲学底蕴，但很自负，有进取心。这种独特的历史使美国以"上帝的选民""优秀民族"自居，产生了美国拥有征服"劣等民族"、把其社会制度和价值观推广到全世界的权力，所谓"天定命运论"。第二次世界大战后，"天定命运论"加上"世界领导论"造就了"全球霸主论"。美国这种以"优秀民族"自居、以征服和扩张求发展的传统文化，使它认为其对外发动的战争必然是正义的，谋求不可挑战的军事优势是理所当然的。受对外扩张和大国主义战略文化的影响，苏联冷战期间与美国争霸、向全世界扩张，其军事思想体现了扩张主义和大国主义特点。

（三）具有较强的创新开放性

外国军事思想是所处时代军事活动的客观反映，是对军事现象的规律性总结，但它又是随着客观事物的发展变化而变化的，并非一成不变。因此，外军在强调军事战略、作战条令、训练条令等文件的权威性、指导性和规定性，要求部队遵照执行的同时，也为修改、发展和完善它们预留了空间。美军规定，新概念颁布18个月后，要对其进行全面评估，如果评估结果表明该概念符合预想情况，体系结构基本可行，就进一步深化和完善。否则，就放弃该概念或修改不合理的体系结构，不管这个概念或体系结构是谁提出来的和由谁批准的。

三、外国军事思想的代表性著作

（一）《战争论》

《战争论》，19世纪资产阶级经典军事理论著作，作者卡尔·冯·克劳塞维茨（1780—1831年），共3卷8篇124章，加上附录共69万余字。

克劳塞维茨《战争论》

克劳塞维茨在《战争论》中系统地揭示了战争的本质，形成了独树一帜的"三位一体"的战争观：一是战争要素原有的暴烈性；二是战争的概然性和偶然性；三是作为政治工具的从属性。他认为政治引起战争，"是孕育战争的母体"；政治支配战争，"政治是头脑，战争只不过是工具，不可能是相反的"；政治也必须适应战争的特性，战争虽然是政治的一部分，但它是以剑代笔的政治，是流血的政治，"政治目的也不是因此就可以任意地决定一切，它必须适应手段的性质"。克劳塞维茨"三位一体"的战争观第一次比较正确全面地揭示了战争的本质，是人类军事思想史上一次大的进步。克劳塞维茨提出了一些颇有特色的战略思想。他认为，战略是运用战斗的学问，"军队的使用就无非是若干次战斗的决定和部署"，"这些战斗本身的部署和实施"是战术，而"为了达到战争的目的对这些战斗的运用"则是战略。战略必须考虑五方面要素，即精神要素、物质要素、数学要素、地理要素和统计要素。研究战略问题时决不能局限于某一种要素，而要综合分析各要素的特点及作用。战略上最重要的准则是集中兵力。

在作战原则方面，克劳塞维茨认为消灭敌人军队是战争中的"长子"，主力会战是决定战争胜负的关键，作战中应重点打击敌人重心，且不能超越"进攻的顶点"。克劳塞维茨提倡民众战争。他认为"民众武装是一种巨大的防御力量"，总结出民众武装的任务及其使用的一系列原则：一是民众武装不宜正面对抗敌军的主力，只能从外部和边缘蚕食敌军；二是民众武装不宜凝结成反抗的核心，但必要时可相对集中；三是民众武装的作战应与正规军的作战结合起来；四是民众武装适于战略防御，但不适于战术防御。

（二）《高边疆——新的国家战略》

《高边疆——新的国家战略》，美国 D.O. 格雷厄姆著，1982 年 3 月出版。中译本由我国军事科学出版社 1988 年 3 月出版。该书分为 8 章，依次为"战略""军事方面""非军事方面""间接推动""紧急要求和费用""影响""实施""条约方面的考虑"。书中首次提出了"高边疆"（太空）战略的概念，认为美国应把同苏联竞争的重点转向占优势的太空技术领域，以取得全面竞争的主动权。同时，还系统地论证了分阶段、分步骤研制部署多层弹道导弹防御系统的必要性，并从财政、政治、法律和技术等方面分析了该方案的可行性。

该书认为，美国奉行的"相互确保摧毁"战略并不能为美国提供有效的核保护，它束缚了美国进行军备控制的能力，从而导致美国及其盟国在苏联的核攻击和核讹诈面前无所作为，无法消除苏联军事力量的威胁。因此，美国要充分利用空间技术优势，把防御系统有效地部署在空间，实行"高边疆"战略，从"相互确保摧毁"战略转向"确保生存"战略。实现这种转向的唯一出路就是部署全球弹道导弹防御系统。"高边疆"战略强调大力加强美国的进攻性战略力量，同时也主张不断更新战略轰炸机、导弹、潜艇等常规武器装备。

尽管该书产生于以美苏争霸为"主旋律"的冷战时期，但其思想观点至今仍对美国有着重要影响，同时对研究信息化战争也有一定启发借鉴意义。

乐学好思 ▶▶▶▶▶▶

近代外国军事思想对世界产生了什么影响？

第三节　中国古代军事思想

中国古代军事思想是指在奴隶社会、封建社会时期各阶级、集团及其军事家和军事论著者对于战争与军队问题的理性认识。中国古代军事思想在中华民族光辉灿烂的文化宝库中，是别具异彩的珍贵遗产，不仅曾经孕育了无数精兵良将，而且影响和指导了历代军事活动。

一、中国古代军事思想的基本内容

古代军事思想概括了有关战争和军队的全部理论，包括关于战争的性质及其基本规律的理论，关于指导战争的准备和实施的计谋战略、战术理论，关于国防建设和军队建设的理论，关于战争保障的理论等。至今有许多精辟名言，不仅仍在军事生活和军事斗争中广为流传，而且在非军事领域内也被广泛应用。它是我们文明古国的骄傲，是中华民族宝贵的历史文化遗产，也是世界军事宝库的重要组成部分。

（一）战争性质的理论

《吴子兵法》指出："凡兵之所以起者有五：一曰争名，二曰争利，三曰积恶，四曰内乱，五曰因饥。其名有五：一曰义兵，二曰强兵，三曰刚兵，四曰暴兵，五曰逆兵。禁暴救乱曰义，恃众以伐曰强，因怒兴师曰刚，弃礼贪利曰暴，国乱人疲，举事动众曰逆。"即禁暴除乱，拯救危难的军队叫义兵；仗着人多，征伐列国的军队叫强兵；因君王震怒而出师的军队叫刚兵；背理贪利的军队叫暴兵，不顾国乱民疲，兴师动众而出的军队叫逆兵。虽然没有明显地区分正义战争与非正义战争，但已经明确指出义兵、强兵、刚兵、暴兵、逆兵的区别。

古代军事思想中对决定战争胜负因素的问题也十分

《吴子兵法注释》

重视并达到相当高的认识水平。《孙子兵法》中指出，用兵打仗要"经之以五事，校之以计，而索其情"，即必须从客观实际出发，分析、比较敌对双方的各种条件，以探求战争胜负的可能性。所谓"五事"，即"道、天、地、将、法"；所谓"计"，即"主孰有道、将孰有能、天地孰得、法令孰行、兵众孰强、士卒孰练、赏罚孰明"七个方面的情况。所有这些，都是客观存在于战争双方并关系到战争胜败的因素。特别值得指出的是，孙子把"道"这个属于政治范畴的重要条件放在首位。

（二）战争谋略的理论

古代军事家关于战争的战略战术的论述，有许多观点是十分有见地的。如"不战而屈人之兵"的威慑论；"上兵伐谋"，以"全争于天下"的全胜论；"致人而不致于人"，"制人者，握权也；见制于人者，制命也"的掌握战争主动权论；"兵贵先"，"先人有夺人之心"的先发制胜论；"后人发，先人至"的后发制胜论；"战势不过奇正，奇正之变，不可胜穷也""善用兵者，无不正，无不奇，使敌莫测"的奇正用兵论；"我专而敌分，我专为一，敌分为十，是以十攻其一也"的"以众击寡"论；"避其锐气击其惰归"的治气论；"以治待乱，以静待哗"的治心论；"以近待远，以饱待饥"的治力论；"勿邀正正之旗，勿击堂堂之阵"的治变论；等等。以上各种论述均从不同侧面和角度论述了战争的谋略和战术。

（三）军队管理的理论

古代军事家重视将帅的选拔，十分看重将帅在战争中的作用。《孙子兵法》指出："兵之将，民之司命，国家安危之主也。"并提出了选拔将帅的标准："将者，智、信、仁、勇、严也。"《三略》认为贤将要具备十二能：能清、能静、能平、能整、能受谏、能听讼、能纳人、能采言、能知国俗、能图山川、能表险难、能制军权。《吴子兵法》中提出："总文武者，军之将也。""故将之所慎者五：一曰理，二曰备，三曰果，四曰戒，五曰约。"对于考核将帅的标准，《武经总要·选将》提出"九验"，即"远使之以观其忠，近使之以观其恭，繁使之以观其能，卒然问焉以观其智，急与之期以观其信，委之以货财以观其仁，告之以危以观其节，醉之以酒以观其态，杂之以处以观其色"。

古代军事家关于治理军队的理论，主要体现在两个方面。

（1）把严明军纪作为治军的重要原则。魏武侯曾问吴起："兵何以为胜？"吴起回答："以治为胜。"并指出："若法令不明，赏罚不信，金之不止，鼓之不进，虽有百万，何益于用？"即如果法令不严明，赏罚不及时，军队不听指挥，让止不止，让进不进，这样的军队即使有百万人，也没有战斗力。《司马法》指出："从命为士上赏，犯命为士上戮，故勇力不相犯。"即对坚决执行命令者给予奖励，对违抗命令给予严厉惩罚。

（2）把加强军队训练作为治军的一个重要方面。《吴子兵法》指出："夫人常死其所不能，败其所不便，故用兵之法，教戒为先。"即认为战争中士卒牺牲往往是由于技能不高，败于技术不熟练，所以，用兵的原则是士兵一定要经过教育训练。《司马法》还指出："士不先教，不可用也。"即士卒不经教育训练，是不能用来作战的。荀子指出："不教诲，不调一，则入不可以守，出不可以战。教诲之，调一之，则兵劲城固，敌国不敢婴也。"强调军队不教育训练，步调就不统一，这样退不能守、进不能攻。教育训练后，步调一致就有坚强的军队和巩固的国防，敌国就不敢轻易进犯了。

（四）战争保障的理论

古代军事家关于战争保障的理论主要有以下四个方面。

（1）重视战争物资的储备和后方补给。《孙子兵法》指出"军无辎重则亡，无粮食则亡，无委积则亡"，要"取用于国，因粮于敌"。

（2）重视和利用地形。《武经总要》指出："夫顿兵之道有利焉。我先据胜地，则敌不能以胜我；敌先居胜地，则我不能以制敌。"

（3）重视和使用间谍。《孙子兵法》指出："三军之事，莫亲于间。""先知者，不可取于鬼神，不可象于事，不可验于度，必取于人，知敌之情者也。"又说："无所不用间也。"

（4）重视筑城和城战。除了迄今保留下来的举世闻名的长城等各类筑城的遗址外，古人还创造了筑城的理论和守城的方法。如《墨子·守城篇》就应用了当时的科学知识，既讲了如何筑城，又讲了如何攻城和守城。就攻城而言，古人十分重视强攻与智取的结合，其手段多种多样，如先歼敌于野战，然后临城降之；先诱敌出战，然后乘势取之；先结好内应，后内外夹击；还有水攻、火攻等。其目的在于求速克，以免顿兵坚城，日久生变。同时还指出，攻城必须量力而行，力争"不劳兵力而克敌"。至于守城，古人的论述极多，主要有三个方面：一是要有充分的准备，如"垒高土厚，城坚沟深，粮食众多"，以及坚兵利甲，严密的组织，坚强的决心等；二是要有整体的布局，使守城与守险结合起来，前方与后方结合起来，主要城邑与次要城邑结合起来，形成一国、一地或一军的整体防御能力，使守城者有强大的后盾和支援，不致孤城陷入敌围，久守自毙；三是要守中有攻，主动出击，这是守城的根本指导思想。

二、中国古代军事思想的特点

中国古代军事思想，除具有军事思想所共有的阶级性、时代性和实践性等特征外，由于它根植于中国特有的社会土壤，吸吮着中国特有的文化营养，反映了中国特定历史时期的战争实践，因而又具有自己民族的基本特征。

（一）历史悠久，著述丰厚

中国有史可查的最早的兵书大约初始于西周，《周礼》中的《夏官司马》就具有军事著作的内容特征。《尚书》中的"誓"，则类似后代的战争动员令。举世公认的世界最辉煌的古代兵法名著《孙子兵法》，是中国现存最早、影响最大、流传最广的兵书，被公认为是"世界第一兵书"。中国军事思想不仅历史悠久，而且有关著述浩如烟海，蔚为壮观。据不完全统计，仅中国史籍注录的上起周秦、下至辛亥革命时期的兵书就有 3000 多部，为世界之最。

（二）舍事言理，宏观思考

中国古代军事思想对战争与军队问题的观察分析，言兵却不限于兵，而是将军事与政治、经济、人文、自然、心理、艺术等有关因素联系在一起，从哲学高度观察、评论战争，解释战争运动的条件，揭示战争和战争指导规律，形成"舍事言理"论述军事问题的优良传统，从而使中国军事思想具有较强的哲学思辨性、较高的理论概括性、较深远的宏观超前性和较广泛的社会通用性等特点。

（三）崇尚道义，追求和平

中国古代军事思想把崇尚道义，追求和平作为研究军事问题的价值取向。这是中华民族长期以来反对扩张、知足戒贪传统思想文化的积淀及其在军事思想中的反映。早在先秦时期，兵家就把"止戈为武"作为思考战争问题的逻辑起点。《司马法》中指出："杀人安人，杀之可也；攻其国，爱其民，攻之可也；以战止战，虽战可也。"明确把"安人""爱其民""止战"作为进行战争的目的。《孙子兵法》中则把"道"作为战争取胜的首要因素，把"不战而屈人之兵"作为军事战略的最高境界。

（四）注重谋略，力求智取

翻开中国古代的历史典籍，其中对战争的记述，无不在运筹帷幄的谋略上浓墨重彩、精雕细刻，而在战争经过的描写上则是惜墨如金、语焉不详。《孙子兵法》中所提出的"十二诡道"，《百战奇法》《三十六计》中所概括出的 130 多条战争法则，都是熔炼中国传统谋略思想而形成的结晶，这些耳熟能详、出口能诵的奇法妙计，是中国传统战争智慧得以存在并不断深化的思想和社会基础。

三、中国古代军事思想的代表性著作

（一）《孙子兵法》

《孙子兵法》又称《孙子》《吴孙子兵法》，它是世界公认的现存最古老的军事理论著作，列《武经七书》之首。作者孙武，春秋末期齐国乐安（今山东省惠民县）人。

据考证，《孙子兵法》约成书于春秋战国之交（公元前496—前453年）。现存本全书分始计篇、作战篇、谋攻篇、军形篇、兵势篇、虚实篇、军争篇、九变篇、行军篇、地形篇、九地篇、火攻篇、用间篇共 13 篇。

《孙子兵法》系统总结了春秋末期及以前的战争经验，内容博大精深，在一定程度上反映了战争的一般规律，具有深刻的谋略思想。它以决定战争胜负的"道、天、地、将、法"五个要素为经线，以战争的一般进程为纬线，阐述军事斗争必须巧妙地运用权谋，认为用全胜的方略争胜于天下，"不战而屈人之兵"才是最高明的军事家所追求的最理想的战争结局。它打破了奴隶社会的天命观，以朴素的辩证法和唯物主义思想，指出战争获胜不取决于鬼神，而取决于客观条件的"五事七计"，只有做到"知彼知己"，才可以"百战不殆"。

明代茅元仪在其所著的《武备志》中曾这样评论《孙子兵法》："前孙子者，孙子不能遗；后孙子者，不能遗孙子。"这里不免带有溢美之词，但却反映出《孙子兵法》作为中国古代军事思想精华的重要地位。《孙子兵法》被推崇为"兵学圣典""世界第一兵家名书"。

扫一扫，涨知识：
外国人眼中的《孙子兵法》

（二）《武经总要》

《武经总要》是宋康定年间，宋仁宗赵祯鉴于武备懈弛，为提高将帅们的军事学术水平，特命天章阁侍制曾公亮，工部侍郎、参知政事丁度负责，组织一批学者历时五年编撰的官方第一部兵书。

宋仁宗亲自为此书作序，并称该书"凡军旅之政，讨伐之事，经籍所载，史册所记，祖尚仁义，次以钤略，至若本朝戡乱边防御侮计谋方略，咸用概举"。全书共有40卷，分为前后两集，各20卷。前集第1至15卷重在论述军制、选将、料兵、攻城、守城、作战、水战、火攻等基本理论，其余5卷介绍边防、地理沿革、山川等；后集前15卷辑录了历代战例，比较用兵得失，其余5卷讲阴阳占候等。《武经总要》内容丰富，完整地记述了北宋前期的军事制度、战术和技

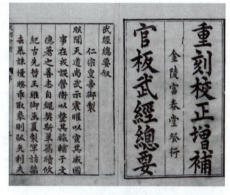

《武经总要》

术，并详举战例，既言法又言事，将理论与实践相结合来说明问题，"使人彰往察来"，发人深省，广泛介绍兵器、火器、战船等军用器具，并且大量附图，文图并茂，是我国古代军事史上的重要典籍，对于研究中国古代战争史、军事学术史和兵器技术史，有较高的参考价值。

乐学好思 ▶▶▶▶▶▶

该如何对待我国古代军事思想？

第四节 当代中国军事思想

当代中国军事思想，是中国共产党及其历代领导集体在指导当代中国丰富多样的军事实践中不断完善形成的理论体系，是用于指导中国军事实践的科学思想武器，是马克思主义中国化的重要理论成果，是中国共产党集体智慧的结晶。包括毛泽东军事思想、邓小平新时期军队建设思想、江泽民国防和军队建设思想、胡锦涛国防和军队建设思想、习近平强军思想。

一、毛泽东军事思想

毛泽东军事思想博大精深，是一个完整的科学体系。其内容主要包括：无产阶级的战争观和方法论、人民军队建设思想、人民战争思想、人民战争的战略战术和国防建设思想五个部分。

（一）无产阶级战争观和方法论

无产阶级战争观与方法论，是毛泽东站在无产阶级立场上，运用辩证唯物主义和历史唯物主义的基本原理，对战争本质等问题所作的正确回答，对战争规律和战争指导原理所作的科学揭示。它是毛泽东军事思想的理论基础部分，是我们研究和指导战争的基本理论依据。

1. 无产阶级战争观

《中国革命战争的战略问题》

（1）战争是私有制和阶级的产物。1936年12月，毛泽东在《中国革命战争的战略问题》一文中指出："战争——从有私有财产和有阶级以来就开始了的、用以解决阶级和阶级、民族和民族、国家和国家、政治集团和政治集团之间、在一定发展阶段上的矛盾的一种最高的斗争形式。"这一观点，表明私有财产和私有制的出现是战争得以产生的决定性因素。因此，要从根本上消灭战争，就必须消灭私有制，消灭随私有制产生而形成的阶级和国家。

（2）战争是流血的政治。毛泽东指出："政治是不流血的战争，战争是流血的政治。"这一论断阐述了战争与政治的一致性和差别性，深刻地揭示了战争的本质，是毛泽东军事思想关于无产阶级战争观的理论基石。

（3）共产党人要拥护正义战争，反对非正义战争。毛泽东依据战争与政治的关系，继承了马克思列宁主义鉴别战争性质的学说，明确指出："历史上的战争分为两类，一类是正义的，一类是非正义的。一切进步的战争都是正义的，一切阻碍进步的战争都是非正义的。"将战争区分为正义与非正义两种根本对立的政治属性，为我们明确对待战争的态度提供了基本依据。无产阶级和共产党人对待战争的基本态度可归结为两点：一是对待不同性质的战争采取不同的态度，拥护正义战争，反对非正义战争；二是我们的最终目的是消灭一切战争，实现永久和平。

2. 研究和指导战争的方法论

毛泽东和老一辈无产阶级革命家，在领导中国革命战争的实践中，运用辩证唯物主义和历史唯物主义的观点研究和指导战争，形成了按照无产阶级战争观系统研究和指导战争的根本方法理论。

（1）遵循战争规律研究指导战争。毛泽东在《中国革命战争的战略问题》一文中指出："战争的规律这是任何指导战争的人不能不研究和不能不解决的问题。……不懂得它的情形，它的性质，它和它以外事情的关联，就不知道战争的规律，就不知道如何指导战争，就不能打胜仗。"毛泽东研究和指导战争方法论的核心，就是从研究战争规律入手认识和把握战争规律，用以正确地指导战争。

（2）运用阶级分析的方法研究指导战争。根据中国社会各阶级的状况，毛泽东和老一辈革命家指出了不同历史时期革命的依靠力量和打击的对象，中国共产党在领导中国历次革命战争的实践中，都较好地团结了一切可以团结的力量，孤立和打击了极少数敌人，取得了革命战争的胜利。这充分说明，阶级分析的方法是被中国革命战争所证明了的科学方法。它是认识战争本质，使战争得以发展并取得胜利的一把钥匙。

（3）按照历史的观点研究指导战争。所谓历史的观点，就是运用马克思主义的历史观，从历史的联系与历史的线索出发研究与阐述战争发展的历史，揭示其运动规律，以借鉴历史经验，研究指导现实战争。具体来讲，一是要尊重历史经验；二是要借鉴历史经验；三是要发展历史经验。

（4）坚持辩证的观点研究指导战争。毛泽东研究和指导战争的方法论，不仅是唯物的，而且是辩证的。具体体现在以下几个方面：一是着眼特点，具体地研究战争；二是着眼发展，动态地研究战争；三是着眼全局，整体地研究战争；四是着眼实际，客观地研究战争；五是着眼矛盾，运用对立统一的规律研究战争。

总之，毛泽东研究和指导战争的方法论，归结到一点，也是最根本的一点，就是一切从战争的客观实际出发，具体情况具体分析，实事求是地研究和指导战争。

（二）人民军队建设思想

毛泽东人民军队建设思想，是以毛泽东为主要代表的中国共产党人关于建设人民军队的指导思想，是毛泽东军事思想的重要组成部分。它成功解决了把一支以农民为主要成分的革命军队，建设成为一支无产阶级性质的、具有严格纪律的、同人民群众保持密切联系的新型人民军队的问题，系统地提出了人民军队建设的理论、方针和原则，是其过去、现在和将来建设的科学指南。其主要内容包括以下几个方面：一是坚持全心全意为人民服务的唯一宗旨。二是执行战斗队、工作队和生产队的三大任务。

三是确立党对军队的绝对领导。四是实行强有力的革命政治工作。五是实行集中指导下的民主制度。此外，毛泽东还十分注重人民军队的纪律建设，亲自为其制定了三大纪律八项注意，作为全军行动的基本准则。

 国防科普

政治、经济、军事三大民主

政治民主：官兵政治上平等，只有职务和分工的不同，没有人格的贵贱。干部尊重战士的民主权利，战士参加连队管理，并有权批评和监督干部。

经济民主：官兵有权管理和监督经济生活，通过经济委员会协助连队首长管理伙食和农副业生产，监督经济开支，维护财经制度，防止贪污浪费、侵占战士利益和违反政策等现象发生，使生活不断获得改善。

军事民主：在军事训练中，实行官兵互教的练兵方法，开展评教评学活动；在作战时，发动干部战士出主意、想办法，解决战术、技术难点，讨论如何执行作战命令、作战计划；战后开展战评活动，总结战斗经验。

（三）人民战争思想

毛泽东把马克思主义的历史唯物主义原理，创造性地运用于中国革命战争实践，创立了一整套具有中国特色的人民战争理论。主要包括：党的正确领导是人民战争取得胜利的根本保证；坚决依靠人民群众进行武装斗争；实行以人民军队为骨干的"三结合"的武装力量体制；建立巩固的革命根据地；以武装斗争为主与其他斗争形式密切结合；实行与人民战争相适应的战略战术。

 扫一扫，涨知识：

如何理解人民战争这一军事思想？

（四）人民战争的战略战术

人民战争的战略战术，是毛泽东坚持一切从中国革命战争的实际情况出发，实事求是地指导战争的方式和方法。其基本特点是：以马克思主义的军事辩证法为指导，在实行彻底的人民战争路线的基础上，以"保存自己，消灭敌人"的战争目的为依据，坚持一切从实际出发，实行灵活机动的作战。战略战术理论的内容极其丰富，主要包括实施积极防御，反对消极防御；适时进行军事战略转变；战略上藐视敌人，战术上重视敌人；集中优势兵力，各个歼灭敌人；充分准备，不打无把握之仗；游击战、运动战、阵地战三种作战形式；战略上持久，战术上速决；以歼灭战为主，辅之以消耗战；慎重初战，执行有利决战，避免不利决战；作战指导上的主动性、灵活性和计划性等。

（五）国防建设思想

中华人民共和国建立后，面对新的形势，在进行社会主义建设和保卫国家主权及领土完整，反对外来侵略的过程中，毛泽东提出建设现代化国防的思想。内容主要包括：第一，加强武装力量建设。这是国防建设的核心内容。第二，建立完整的国防工业和国防科研体系。这是实现国防现代化的关键。第三，加强战略后方建设。这为未来反侵略战争奠定了有利基础。第四，加强全民国防教育。这是巩固和加强国防力量的重要手段。

毛泽东国防建设思想的基本原则主要包括：第一，坚持国防建设与经济建设协调发展。第二，坚持以现代化为中心。第三，坚持"独立自主，自力更生"。第四，坚持"军民结合，平战结合"。这些原则的提出，对国防建设起到了重要的作用。

二、邓小平、江泽民、胡锦涛新时期军队建设思想

在改革开放和社会主义现代化建设事业的伟大历史进程中，我们党运用马克思列宁主义理论和毛泽东思想基本原理，结合新的历史时期的新情况、新问题，根据战争规律和军队建设需要，分别提出有关战争、国防、军队建设等方面的理论认识，体现了新的历史时期中国共产党人的集体智慧，展现了对马克思列宁主义军事理论、毛泽东军事思想的继承、发展和创新。

（一）无产阶级战争观的新拓展

邓小平、江泽民、胡锦涛在领导全党和全国人民努力开辟社会主义改革开放和现代化建设事业的伟大进程中，在领导新时期我军建设的伟大实践中，对国际形势进行了全面而深刻的观察、思考和科学分析，运用马克思列宁主义军事理论和毛泽东军事思想的基本原理，对无产阶级战争观进行了丰富和拓展。

邓小平提出"和平与发展是当今世界的主题""世界大战可以避免""霸权主义是现代战争的主要根源"三大论点，并且阐述了"和平与发展""避免世界大战""霸权主义"三者之间的辩证关系。邓小平认为，维护、促进世界的和平与发展，就必须反对霸权主义，建立合理的国际政治、经济新秩序，避免世界性大战的发生；而避免世界性大战的主要条件，就是要使和平力量不断发展，阻止霸权主义全球战略部署的完成。比如，在解决国际争端问题上，多考虑以和平方式调解，如政治手段、外交手段、经济手段等。这种"以和抑战"的新思路，既是对马克思主义"以战止战""以战灭战"等观点的丰富和发展，也是对毛泽东军事思想实行积极防御战略方针的继承、发扬和延伸。

江泽民指出，和平与发展仍然是世界的主流，战争危险依然存在。我国安全环境总体上是好的，但我们必须居安思危，清醒地认识到新形势下所面临的威胁和挑战，做好高技术条件下的战争准备。

胡锦涛指出，当今世界和平是主流，但安全形势依然严峻。中国面临传统安全威胁和非传统安全威胁，国家安全问题的综合性、复杂性、多变性进一步增强。他强调要不断提高应对多种安全威胁、完成多样化军事任务的能力，确保我军能在各种复杂形势下有效应对危机、维护和平，遏制战争、打赢战争。

（二）新时期军事战略思想

邓小平坚持从新的历史条件出发，继承和发展积极防御的战略思想，其基本精神：一是强调了寓攻于防、攻防结合这个积极防御战略思想的基本精神；二是强调了要充分重视战争准备的基本精神；三是强调了坚持后发制人的基本精神；四是强调了持久作战的基本精神。关于坚持积极防御战略方针，邓小平主要强调三个方面的问题：一是强调在新的历史时期，必须坚持积极防御的战略方针；二是强调坚持积极防御的战略方针，必须立足以劣势装备战胜优势装备之敌；三是强调坚持积极防御的战略方针，在军事上必须适应实际的发展变化，保持战略指导上的灵活性，以适应不同对象、不同方向、不同样式和不同规模的局部战争与武装冲突的需要。

江泽民根据国际形势和军事斗争形势，结合我国国情、军情，指出今后一个时期我军继续坚持实行积极防御的军事战略方针，并强调务必把积极防御战略与当代军事斗争的最新发展趋势结合起来，把军事斗争准备的基点放在打赢现代技术特别是高技术条件下的局部战争上。

胡锦涛指出，中国要坚持奉行积极防御性的国防政策，要继续实施科技强军战略，要着眼国家发展大局，拓宽安全战略和军事战略视野；要加强对现代条件下人民战争战略战术的研究，特别是以劣胜优的战法研究，积极探索"道高一尺，魔高一丈"的制敌办法，努力做到"剑不如人"但"剑法优于人"。

（三）现代条件下的人民战争思想

邓小平强调，在新的历史条件下，在国内外环境发生了很大变化的情况下，要继续坚持现代条件下的人民战争：一是将无产阶级夺取政权为主要目标的人民战争，发展为捍卫国家领土和主权完整的人民战争；二是把阶级和意识形态冲突为主导因素的人民战争，发展成为维护国家利益和地区稳定而进行的人民战争；三是把准备举国迎敌的人民战争，发展为局部方向、局部地区使用局部力量，进行有限目的和规模为主的人民战争；四是将"小米加步枪"对付"飞机、坦克加大炮"的人民战争，发展成为以现代化的武器装备对付现代技术特别是高技术装备之敌的人民战争。

江泽民指出，根据新的情况，积极发展人民战争的思想；要坚持"平战结合，寓军于民，军民团结"；加强民兵和预备役部队建设，完善国防动员体制；要加强国防教育，增强全民国防观念；要深入开展拥政爱民，进一步巩固军民团结。

胡锦涛强调，要创造性地发展人民战争思想，创新人民战争理论；要以信息化条件下的人民战争为背景，努力创新和发展具有时代特色的人民战争思想；要正确认识人和武器装备的辩证关系，实现人与武器的最佳结合；要进一步调整和完善国防动员体制，最大限度地把战争潜力转化为战争实力；要坚持走中国特色军民融合式发展道路。

（四）新时期人民军队建设思想

邓小平在继承毛泽东人民军队建设思想基础上，提出了以下人民军队建设思想：一是强调现代化是我军"四化"建设的中心，即军事人才的现代化、武器装备的现代化、体制编制的现代化和军事理论的现代化。二是建立科学的体制编制。邓小平从提高军队战斗力的目的出发，提出"精兵、合成、平战结合、提高效能、有利于人才成长"的军队体制编制改革指导原则。三是以提高战斗力作为军队建设的根本标准。邓小平指出，提高现代战争条件下的战斗力，主要表现为提高以下五种作战能力：协同作战能力、快速反应能力、电子对抗能力、后勤保障能力、野战生存能力。四是把教育训练提高到战略地位。邓小平指出，军队战斗力的增长，在战时主要通过"从战争中学习战争"的实践达到，在和平时期则主要通过教育训练来实现。五是加强和改进新时期军队思想政治工作。

 国防科普

百万大裁军

20世纪60年代，为应付美、苏两个超级大国可能对中国发动的侵略战争，人民解放军逐步扩大军队规模，到70年代，总员额增加到610万左右，成为世界上最庞大的军队。1981—1984年，根据中央军委的决定，人民解放军精减了200多万员额。1985年6月4日，邓小平在中央军委扩大会议上宣布：人民解放军裁减员额100万。百万大裁军这一重大决策，不仅有利于促进我国的"四化"建设和军队的现代化建设，而且对于维护世界和平也具有十分重要的意义，它以实际行动表明了中国共产党和中国政府对和平的诚意，受到世界舆论的普遍赞扬。

江泽民紧紧围绕我军"打得赢"和"不变质"两大历史性课题，丰富和拓展了毛泽东人民军队建设思想和邓小平新时期军队建设思想：一是坚持和加强党对军队的绝对领导；二是按照"政治合格、军事过硬、作风优良、纪律严明、保障有力"的"五句话"总要求，全面加强军队建设；三是认真贯彻"三个代表"重要思想，把思想政治建设摆在全军各项建设的首位；四是走科技强军和精兵之路；五是努力完成机械化和信息化建设，实现我军现代化的跨越式发展。

胡锦涛坚持以科学发展观指导军队建设：一是推进我军"三化"建设；二是加强科学管理，落实从严治军，不断提高军队建设质量；三是加强军队思想政治建设，提出我军的优良革命传统是"听党指挥、服务人民、英勇善战"；四是加强军队各级党委和部队的先进性建设；五是坚持以人为本，加快转变战斗力生成模式。

（五）新时期国防建设理论

邓小平通过对国际形势的长期观察和深思熟虑，提出了中国特色国防建设理论：国防和军队建设指导思想实行战略性转变，其实质是军队和国防建设从过去立足于"早打、大打、打核战争"的临战总任务状态，转向和平时期加强军队质量建设的正确轨道上来。国防建设必须服从国家经济建设大局；建立精干的常备军与强大的国防后备力量相结合的武装力量体制；发展国防工业要实行"军民兼容，平战结合"的方针；发展国防科技要坚持自力更生与引进技术相结合的原则。

江泽民指出，四个现代化建设是一个整体，建设巩固的国防是我国现代化建设的战略任务，是维护国家统一和全面建设小康社会的重要保障。我们在进行经济建设的同时，切不可忽视国防建设，始终要把国防建设摆在一个重要的位置。国防建设与经济建设协调发展，在经济发展的基础上推进国防和军队现代化建设。江泽民强调，越是在和平时期，越要宣传国防建设的重要意义，全军同志更要居安思危，增强忧患意识，克服和平麻痹思想，同时增强人民的国防观念。

胡锦涛从国家安全形势发展变化和新世纪新阶段国防建设发展的内在要求出发，提出富国和强军是加强国防建设的必由之路，国防建设必须贯彻落实科学发展观；要坚持国防建设与经济建设协调发展，统筹国防资源与经济资源，把国防建设融入现代化建设全局之中，使国防和军队现代化进程与国家现代化进程相一致；要坚持全民办国防的方针，广泛开展全民国防教育，在全社会形成关心国防、热爱国防、建设国防、保卫国防的生动局面。

三、习近平强军思想

党的十八大以来，以习近平同志为核心的党中央，着眼于实现中华民族伟大复兴的中国梦，带领全军深入进行理论探索和实践创造，形成习近平强军思想并不断丰富和发展，引领人民军队在中国特色强军之路上续写新的时代篇章。在党的二十大后军队一次重要会议上，习主席紧密结合新的时代特征和实践发展，对这一思想进一步作出系统阐发，深化了我们党对军事领域一些基本问题的规律性认识，集中反映了新时代建军治军的实践经验和智慧结晶。新时代新征程上，我们必须全面准确学习领会、毫不动摇贯彻落实习近平强军思想，不断汇聚起强军兴军的磅礴力量，把强军事业更好推向前进。

（一）深刻理解习近平强军思想的重大意义

人民军队之所以不断发展壮大，关键在于始终坚持先进军事理论的指导。习近平强军思想，本质上就是新时代党的军事思想。面对世界之变、时代之变、历史之变，这一思想准确把握强国对强军的战略需求，创造性回答了新时代建设一支什么样的强大人民军队、怎样建设强大人民军队的时代课题，实现了马克思主义军事理论中国化时代化的新飞跃，为我军始终在党的旗帜下有效履行使命任务提供了根本遵循、指明了前进方向。

开辟了马克思主义军事理论中国化时代化的新境界。勇于推进军事实践基础上的军事理论创新，是我们党建军治军的重要优势。习近平强军思想一系列新的重大判断、新的理论概括、新的战略安排，阐明了新时代人民军队如何赓续传统、保持本色，锚定什么目标奋进、沿着什么道路前行，如何赢得军事斗争主动、怎样打赢现代战争等带根本性、方向性、全局性的重大问题，揭示了人民军队的强军胜战之道，为指导军事实践提供了锐利思想武器。习近平强军思想以体系性创新，把我们党对国防和军队建设规律、军事斗争准备规律、战争指导规律的认识提升到新高度，使马克思主义军事理论在强军实践中彰显出强大真理力量。

擘画了全面建成世界一流军队的宏伟蓝图。善治者谋局，善谋者致远。习主席把国防和军队建设放在实现中华民族伟大复兴的战略全局下来运筹，提出党在新时代的强军目标，确立新时代军事战略方针，明确国防和军队现代化新"三步走"战略，推进政治建军、改革强军、科技强军、人才强军、依法治军，加快军事理论、军队组织形态、军事人员、武器装备现代化，确定和实施建设强大人民军队的目标图、路线图、施工图；深刻洞察我国发展由大向强的安全挑战，提出新时代人民军队使命任务，与时俱进创新军事战略指导，要求我军坚持边斗争、边备战、边建设，加快提高打赢能力，指明了我军建设的根本指向和能力标准；着眼牢牢把握军事竞争主动权，强调加快机械化信息化智能化融合发展，加强新兴领域军事布局，确保抓住窗口期、跑出加速度、建出高质量，明确了推动我军建设发展的战略路径和着力重点。习近平强军思想立足中国、放眼世界，贯通当前和长远，既有目标上的顶层设计、任务上的战略部署，也有推进中的指导原则、落实上的思路举措，使中国特色强军之路越走越宽广。

引领了新时代人民军队的伟大变革。党的十八大以来，习主席带领全军直面问题、勇于变革、攻坚克难，在新时代挽救、重塑、发展了人民军队，强军事业取得历史性成就、发生历史性变革。这十年，牢牢扭住坚持党对人民军队绝对领导，坚定不移推进政治整训，召开古田全军政治工作会议，把4个带根本性的东西立起来，全面深入贯彻军委主席负责制，坚决查处郭伯雄、徐才厚、房峰辉、张阳等严重违纪违法案件并全面彻底肃清其流毒影响，匡正选人用人风气，持之以恒纠治"四风"，坚定开展反腐败斗争，全面停止军队有偿服务，我军政治生态根本好转，新风正气不断上扬。这十年，全面加强练兵备战，积极主动开辟军事斗争新格局，归正备战打仗工作重心，构建完善联合作战指挥体系，大抓实战化军事训练，坚定灵活开展军事斗争，有效应对外部军事挑衅，震慑"台独"分裂势力，加强边境管控和反蚕食斗争，遂行海上维权、反恐维稳、抗击疫情等重大任务。这十年，大刀阔斧深化国防和军队改革，打好领导指挥体制改革、规模结构和力量编成改革、军事政策制度改革三大战役，形成军委管总、战区主战、军种主建新格局，构建中国特色现代军事力量体系，构建中国特色社会主义军事政策制度体系，统筹加强跨军地改革，我军体制一新、结构一新、格局一新、面貌一新，实现整体性革命性重塑。这十年，创新加强国防和军队现代化建设，推动我军高质量发展，全力抓好规划任务落实，壮大战略力量和新域新质作战力量，建设一切为了打仗的后勤，加快主战武器装备更新换代，全面推进国防科技创新，构建新型军事人才培养体系，我军现代化水平和实战能力上了一个大台阶。正是在习主席坚强领导下，在习近平强军思想科学指引下，我们这支党领导的人民军队守住了根和魂，走开了快速发展的步伐，赢得了迈向世界一流的主动。

强固了全军官兵奋斗强军的精神支柱。唯有精神上站得住、站得稳，一个民族、一支军队才能在历史洪流中挺立潮头。习近平强军思想立起坚定的信仰信念，坚守不忘初心、牢记使命的价值追求，彰显爱党、忧党、护党、兴党的忠诚品格，激励广大官兵向党看齐、向心凝聚，当好红色血脉的时代传人；饱含强烈的历史担当，满怀为人民扛枪、为人民打仗的为民情怀，宣示坚决捍卫国家主权、安全、发展利益的决心意志，激励广大官兵厚植家国情怀、矢志奋斗强军，真抓实干、埋头苦干，不负时代、不负人民；贯穿无畏的斗争精神，彰显越是艰险越向前的坚韧勇毅，激励广大官兵面对风险挑战和强敌对手敢于斗争、敢于胜利。坚持用习近平强军思想铸魂育人，人民军队就能团结成"一块坚硬的钢铁"，战胜一切艰难险阻、打败一切来犯之敌。

（二）全面准确把握习近平强军思想的主要内容

强军实践永不止步，理论创新没有止境。习近平强军思想，立足新时代强军兴军实践，提出一系列标志性引领性的新理念新思想新战略，形成一个内涵丰富、思想深邃、与时俱进的科学军事理论体系。这一思想的主要内容，集中体现在"十一个明确"的新概括，充分彰显了党的军事指导理论的时代性、开放性和创造性。

明确党对人民军队的绝对领导是人民军队建军之本、强军之魂，必须全面加强军队党的领导和党的建设，贯彻党领导军队的一系列根本原则和制度，确保部队绝对忠诚、绝对纯洁、绝对可靠。坚持党指挥枪、建设自己的人民军队，是党在血与火的斗争中得出的颠扑不破的真理，关系我军性质和宗旨、关系社会主义前途命运、关系党和国家长治久安。坚持党对人民军队的绝对领导，首先全军对党要绝对忠诚。必须从思想上政治上建设和掌握部队，全面深入贯彻军委主席负责制，深化党的创新理论武装，锻造坚强有力的党组织，推进政治整训常态化制度化，充分发挥政治工作对强军兴军的生命线作用，培养"四有"新时代革命军人，锻造"四铁"过硬部队，确保枪杆子永远听党指挥。

明确强国必须强军，巩固国防和强大人民军队是新时代坚持和发展中国特色社会主义、实现中华民族伟大复兴的战略支撑，人民军队必须有效履行新时代使命任务。没有一支强大的人民军队，就不可能有强大的祖国。我们捍卫和平、维护安全、慑止战争的手段和选择有多种多样，但军事手段始终是保底手段，必须对战争危险保持清醒头脑。在全面建成社会主义现代化强国、实现第二个百年奋斗目标的历史进程中，必须把国防和军队建设摆在更加重要的位置，加快国防和军队现代化，为巩固中国共产党领导和我国社会主义制度提供战略支撑，为捍卫国家主权、统一、领土完整提供战略支撑，为维护我国海外利益提供战略支撑，为促进世界和平与发展提供战略支撑。

明确党在新时代的强军目标是建设一支听党指挥、能打胜仗、作风优良的人民军队，到2027年实现建军一百年奋斗目标，到2035年基本实现国防和军队现代化，到本世纪中叶把人民军队建成世界一流军队。听党指挥、能打胜仗、作风优良是建军治军的要害，决定着军队发展方向，也决定着军队生死存亡。实现强军目标，必须同国家现代化进程相一致。到2027年实现建军一百年奋斗目标，全面提高捍卫国家主权、安全、发展利益战略能力，是未来5年我军建设的中心任务，必须全力以赴、务期必成；到2035年基本实现国防和军队现代化，机械化高度发达，信息化基本实现，智能化取得重大进展，基于网络信息体系的联合作战能力、全域作战能力全面提高；到本世纪中叶全面实现国防和军队现代化，把人民军队全面建成同我国强国地位相称、能够全面有效维护国家安全、具备强大国际影响力的世界一流军队。

明确军队是要准备打仗的，必须聚焦能打仗、打胜仗，扭住强敌对手，创新军事战略指导，发展人民战争战略战术，全面加强练兵备战，坚定灵活开展军事斗争，有效塑造态势、管控危机、遏制战争、打赢战争。能打胜仗是党和人民对人民军队的根本要求。必须深入贯彻新时代军事战略方针，坚持战斗力这个唯一的根本的标准，全部精力向打仗聚焦，全部工作向打仗用劲。深化战争和作战筹划，研究掌握信息化智能化战争特点规律，打造强大战略威慑力量体系，增加新域新质作战力量比重，优化联合作战指挥体系。深入推进实战化军事训练，大力培育战斗精神，扎实做好军事斗争准备，加强军事力量常态化多样化运用，确保召之即来、来之能战、战之必胜。

明确推进强军事业必须坚持政治建军、改革强军、科技强军、人才强军、依法治军，坚持边斗争、边备战、边建设，更加注重聚焦实战、创新驱动、体系建设、集约高效、军民融合，加强军事治理，推动高质量发展，全面提高革命化现代化正规化水平。国防和军队现代化建设是一项系统工程，必须坚持用全面的观点抓建设。边斗争、边备战、边建设是今后一个时期的突出特点，要坚持以战领建、抓建为战，形成战建备一体推进的良好局面。我军建设进入提质增效的关键阶段，必须牢牢把握军队建设发展战略指导，转变发展理念、创新发展模式、增强发展动能，实现更高质量、更高效益、更可持续的发展；必须全面加强军事治理，着力构建现代军事治理体系，以高水平治理推动我军高质量发展，改进战略管理，提高军事系统运行效能和国防资源使用效益。

明确改革是强军的必由之路，必须推进军队组织形态现代化，构建中国特色现代军事力量体系，完善中国特色社会主义军事制度。深化国防和军队改革是为了设计和塑造军队未来。要坚持改革正确方向这个根本、能打仗打胜仗这个聚焦点、军队组织形态现代化这个指向、积极稳妥这个总要求，着力解决制约国防和军队建设的体制性障碍、结构性矛盾、政策性问题，进一步解放和发展战斗力，进一步解放和增强军队活力。这一轮国防和军队改革任务基本完成，要巩固拓展改革成果，推进改革既定任务落实，搞好后续改革筹划论证，完善军事力量结构编成，体系优化军事政策制度，奋力开创改革强军新局面，为实现建军一百年奋斗目标提供强大动力。

明确科技是核心战斗力，必须坚持自主创新战略基点，推进高水平科技自立自强，统筹推进军事理论、技术、组织、管理、文化等各方面创新，建设创新型人民军队。科技是军事发展中最活跃最具革命性的因素。赢得军事竞争主动，必须充分发挥科技创新对我军建设战略支撑作用，加快关键核心技术攻关，加强科技创新管理机制和运行模式探索，增强科技认知力、创新力、运用力，加速科技向战斗力转化。全面实施创新驱动发展战略，加强军事理论创新，大力弘扬创新文化，推动我军建设发展质量变革、效能变革、动力变革。

明确强军之道要在得人，必须贯彻新时代军事教育方针，推动军事人员能力素质、结构布局、开发管理全面转型升级，锻造德才兼备的高素质、专业化新型军事人才。人才是第一资源，是推动我军高质量发展、赢得军事竞争和未来战争主动的关键因素。要坚持党管干部、党管人才、组织选人，坚持从政治上培养、考察、使用人才。坚持为战争准备人才，把能打仗、打胜仗作为人才工作出发点和落脚点，提高备战打仗人才供给能力和水平。坚持走好人才自主培养之路，落实院校优先发展战略，建强新型军事人才培养体系。创新军事人力资源管理，形成激励担当作为的工作导向、政策导向、舆论导向，充分调动广大官兵积极性、主动性、创造性，把优秀人才集聚到强军事业中来。

明确依法治军是我们党建军治军基本方式，必须构建中国特色军事法治体系，推动治军方式根本性转变，提高国防和军队建设法治化水平。军队越是现代化，越是信息化，越要法治化。要把依法治军着力点放在服务备战打仗上，形成系统完备、严密高效的军事法规制度体系、军事法治实施体系、军事法治监督体系、军事法治保障体系，实现从单纯依靠行政命令的做法向依法行政的根本性转变，从单纯靠习惯和经验开展工作的方式向依靠法规和制度开展工作的根本性转变，从突击式、运动式抓工作的方式向按条令条例办事的根本性转变。强化全军法治信仰和法治思维，突出依法治官、依法治权，依靠官兵共同建设法治、厉行法治、维护法治。

明确军民融合发展是兴国之举、强军之策，必须巩固提高一体化国家战略体系和能力。随着科学技术快速发展，国家战略竞争力、社会生产力、军队战斗力的耦合关联越来越紧，国防和军队现代化必须融入国家现代化。加强军地战略规划统筹、政策制度衔接、资源要素共享，促进国防实力和经济实力同步提升。我们的国防是全民的国防，要深化全民国防教育，加强国防动员和后备力量建设，推进现代边海空防建设。大力弘扬军爱民、民拥军的光荣传统，深入做好双拥工作，巩固发展军政军民团结。

明确作风优良是我军鲜明特色和政治优势，必须全面从严治党、全面从严治军，全面锻造过硬基层，坚定不移正风肃纪反腐，大力弘扬我党我军光荣传统和优良作风，永葆人民军队性质、宗旨、本色。作风优良才能塑造英雄部队，作风松散可以搞垮常胜之师。要自觉弘扬伟大建党精神，牢记初心使命，加强党史军史和光荣传统教育，推进红色基因代代传工程。勇于自我革命，持续深化纠治"四风"特别是形式主义、官僚主义，一体推进不敢腐、不能腐、不想腐，坚决打赢反腐败斗争攻坚战持久战。坚持严的基调不动摇，严字当头、全面从严、一严到底，用铁的纪律凝聚铁的意志、锤炼铁的作风、锻造铁的队伍，全面锻造听党话、跟党走，能打仗、打胜仗，法纪严、风气正的过硬基层。

（三）科学运用习近平强军思想蕴含的当代中国马克思主义军事观和方法论

习近平强军思想，坚持用马克思主义审视当代中国军事问题，敏锐洞察新时代军事领域的矛盾运动，深刻阐发军事与政治、战争与和平、稳局与塑势、威慑与实战、人与武器等重大关系，为强军打赢提供了"伟大的认识工具"。

坚持政治引领。习主席指出，军事服从政治，政治性是军队的本质属性。这一重要论断，深刻阐明了军事力量的政治本质。当今时代，军事和政治联系更加紧密，在战略层面上的相关性和整体性日益增强，政治因素对战争的影响和制约愈发突出，军事斗争的政治性、政策性、敏感性显著增强。我军是执行党的政治任务的武装集团，坚持党指挥枪是人民军队的方向所在、力量所在、优势所在。历史和现实启示我们，抓军队建设首先要从政治上看，筹划和指导战争必须深刻认识战争的政治属性，把战争问题放在实现中华民族伟大复兴这个大目标下来把握，把军事斗争作为进行伟大斗争的重要方面来运筹。新时代人民军队坚持政治引领，就是要毫不动摇坚持党对人民军队的绝对领导，全心全意为人民服务，始终从政治高度思考和处理军事问题，忠实履行党和人民赋予的使命任务，永远听党话、跟党走，永远做人民子弟兵。

坚持以武止戈。习主席通过对古今中外战争与和平规律的总结，特别是近代以后我国遭受列强战争蹂躏的历史教训，深刻指出能战方能止战，准备打才可能不必打，越不能打越可能挨打，这就是战争与和平的辩证法。当前，世界又一次站在历史的十字路口，冷战思维和强权政治阴霾不散，实力政治、丛林法则依然大行其道，我国安全形势不稳定性不确定性增大。天下并不太平，和平需要保卫，面对可能强加到我们头上的战争，必须用敌人听得懂的语言同他们对话，用胜利赢得和平、赢得尊重。新时代人民军队坚持以武止戈，就是要对可能发生的战争风险始终保持战略清醒，随时准备打仗，立足现有条件打仗，不打无准备无把握之仗，有力慑止战争，坚决打赢战争。

坚持积极进取。习主席强调，军事领域是竞争最为激烈的领域，积极进取才能掌握先机和主动。当前，新一轮科技革命和军事革命日新月异，战争制胜观念、制胜要素、制胜方式都在发生重大变化，科技之变、战争之变、对手之变愈发凸显。百舸争流，奋楫者先。这些年，我们增强军事战略指导的进取性和主动性，丰富完善积极防御战略思想的内涵，调整优化军事战略布局，塑造于我有利的战略态势；加快战略性、前沿性、颠覆性技术发展，加大军事智能化发展力度，为赢得发展优势创造良好条件。今后一个时期，是我国国家安全的高风险期，也是我军跨越式发展的关键窗口期，机遇和挑战前所未有，必须准确识变、科学应变、主动求变。新时代人民军队坚持积极进取，就是要坚持以我为主，从实际出发，充分发挥自觉能动性，因势而谋，应势而动，顺势而为，善于下先手棋、打主动仗，善于危中寻机、化危为机，力争主动、力避被动，在稳当可靠基础上争取一切可能的胜利。

坚持统筹兼顾。军事实践充满各种复杂矛盾运动，把握关联性、驾驭复杂性是推动军事发展的基本要求。习主席在领导强军事业中，始终坚持和运用系统观念观察形势、分析问题、推动工作，把国防和军队现代化放在国家现代化进程中来运筹，在强国复兴全局下形成了强军兴军的战略设计。在推进我军现代化建设上，加强全局统筹、系统抓建、体系治理，既注重牵住牛鼻子，又注重全面建设；在深化国防和军队改革上，扭住牵一发而动全身的改革任务紧抓不放，把握好各项改革任务的关联性和耦合性；在军事斗争准备上，整体运筹各方向各领域军事斗争，维护战略全局稳定；等等。这些战略谋划总揽全局、抓纲举要，为我们应对复杂局面、全面推进各项建设提供了科学遵循。新时代人民军队坚持统筹兼顾，就是要贯彻总体国家安全观，统筹经济建设和国防建设，统筹军事斗争和其他方面斗争，统筹战建备重大任务，以重点突破带动整体推进，以协调联动提高综合效能。

坚持敢打必胜。习主席指出，战争是物质的较量，也是精神的比拼。我军素以能征善战、有强大战斗精神闻名于世，以小米加步枪打败了美式装备的国民党军队，在朝鲜战场打败了武装到牙齿的世界头号强敌，演出了一幕幕威武雄壮的战争活剧，创造了一个个惊天地、泣鬼神的英雄壮举。敢于斗争、敢于胜利始终是我军血性胆魄的生动写照，过去我们钢少气多，现在钢多了，气要更多，骨头要更硬。这些年，在一系列重大斗争中，广大官兵坚持有理有利有节，敢于斗争、善于斗争，以赤胆忠诚和铮铮铁骨誓死捍卫国家主权、安全、发展利益，谱写了荡气回肠的英雄壮歌。胜利的信念是在斗争中取得的，强军事业是在斗争中前进的。新时代人民军队坚持敢打必胜，就是要发扬一不怕苦、二不怕死的战斗精神，敢于战胜一切困难，敢于压倒一切敌人，善于根据斗争目的选择合理斗争方式，把握好斗争的时、度、效，依靠顽强斗争打开新天地。

理论创新开辟新境界，理论武装必须达到新高度。在新征程上开创强军事业新局面，要更加牢固确立习近平强军思想这一根本指导，坚持不懈用以武装全军、教育官兵，深刻领悟"两个确立"的决定性意义，增强"四个意识"、坚定"四个自信"、做到"两个维护"，贯彻军委主席负责制，把精神状态激发出来，把奋进力量凝聚起来，实现全军在新的历史条件下的空前团结统一。要深入抓好党的创新理论武装和党的二十大精神学习宣传贯彻，扎实开展"学习强军思想、建功强军事业"教育实践活动，引导官兵读原著、学原文、悟原理，深刻领会核心要义、精神实质、丰富内涵、实践要求，全面把握贯穿其中的立场观点方法，做到学思用贯通、知信行统一。要发扬理论联系实际的优良学风，以正在做的事情为中心，找准贯彻落实的结合点和着力点，真正把学习成效转化为聚焦备战打仗、推动国防和军队现代化建设的思路举措，转化为奋力实现建军一百年奋斗目标的生动实践，用实际行动向党和人民交出新的合格答卷。

乐学好思 ▶▶▶▶▶▶

如何发展好当代中国军事思想？

第四章　革故鼎新，优胜劣败
——现代战争

★ 导语

随着信息技术的迅猛发展和广泛应用，信息化武器装备快速发展，进一步促进了军事理论创新和军队编制体制变革。从20世纪90年代的海湾战争、科索沃战争到21世纪初的阿富汗战争、伊拉克战争，我们可以清楚地看出，信息化战争开始作为一种全新的战争形态登上历史舞台，并将取代工业时代的机械化战争，成为未来战争的基本形态。我们必须提高认识，加速以武器装备和人才队伍为核心的军队信息化建设，改革并完善我国的国防建设体系，努力把我国建设为一个现代化的国防强国，以打赢未来的信息化战争。

学习目标

1. 了解战争内涵、特点、发展历程；
2. 理解新军事革命的内涵和发展演变；
3. 掌握机械化战争、信息化战争的形成、主要形态、特征、代表性战例和发展趋势，树立打赢信息化战争的信心。

第一节　战争概述

认识战争是遏制战争、消灭战争、实现人类和平的前提。要正确认识战争，就离不开对战争内涵、特点以及发展历程的探究。

一、战争的内涵

自从人类有了战争以来，人们就力图解释战争现象，揭示战争本质。在古代，由于生产力水平低下、人们认知水平受限，往往把战争归咎于上帝的恩赐、生存的竞争以及人的本性。这也仅仅只看到了战争的表象——暴烈性，也就有了"战争是一种集体和有组织地互相使用暴力的行为"的描述。

西方资产阶级军事理论家克劳塞维茨指出，"战争是迫使敌人服从我们意志的一种暴力行为"。这是文字记载最早反映战争本质的定义。

马克思、恩格斯在肯定克劳塞维茨关于战争释义的基础上，运用科学的方法从辩证唯物主义和历史唯物主义的角度论证了战争的特性、规律，指出："一切历史冲突都根源于生产力和交往形式之间的矛盾。"战争冲突尤其如此。列宁在继承马克思主义战争学说的基础上，深刻分析了帝国主义时代的各种战争，批判地吸收了克劳塞维茨战争理论的精华，在马克思主义战争学说史上第一次阐明了战争的政治本质，即"战争是政治的继续"。马克思列宁主义认为，战争并不是与人类相伴而生的永恒现象，而是人类社会发展到一定阶段的产物，是随着私有制和阶级的产生而产生的。

毛泽东又在前人的基础上，于 1936 年 12 月撰写的《中国革命战争的战略问题》一文中给出了战争的定义："战争——从有私有财产和有阶级以来就开始了的、用以解决阶级和阶级、民族和民族、国家和国家、政治集团和政治集团之间、在一定发展阶段上的矛盾的一种最高的斗争形式。"毛泽东在马克思列宁主义战争观的基础上，第一次给战争下了一个完整的定义，对战争的起源、本质类型和发展趋势给予了科学的说明。

后来，军事理论界根据毛泽东对战争的定义，对战争概念进行了进一步的规范。2011 年版《中国人民解放军军语》定义战争是"国家或政治集团之间为了一定的政治、经济等目的，使用武装力量进行的大规模激烈交战的军事斗争。是解决国家、政治集团、阶级、民族、宗教之间矛盾冲突的最高形式"。这一表述除继承了毛泽东关于战争的内涵表述之外，还特别提出两点：一是战争的目的是为政治、经济服务的；二是强调战争的主体是武装力量。

 国防科普

战争与和平的辩证法

正确认识和处理好战争与和平的关系，是攸关国家安全和发展战略全局的重大问题，是思考筹划国防和军队建设的逻辑起点。

习近平指出："能战方能止战，准备打才可能不必打，越不能打越可能挨打，这就是战争与和平的辩证法。"这科学揭示了战争与和平相互联系、相互转化的矛盾特征，为我们认识新的时代条件下战争问题提供了方法论指导，是对马克思主义战争观的丰富和发展。

二、战争的特点

人类社会的发展因时代不同而形态各异，战争同样如此，每个时代的战争都不可避免地深深打上了时代的烙印，而呈现出不同的特点。但战争的本质和内在逻辑是不变的，因而战争具有本身所固有的一些特点。

（1）对抗性。战争是交战双方为着一定的目的运用暴力手段进行的对抗活动，它自始至终贯穿着矛盾运动。比如，进攻与防御、机动与停止、内线与外线、正面与翼侧、集中与分散、速决与持久等。这种对抗性使得战争活动和战场态势始终处于动态变化之中，战争对抗因交战双方的互动较量而成为一种"活力对抗"，因而人的能动作用在战争中至关重要。

（2）暴烈性。暴力是战争的特殊本质属性，战争是流血的政治，这里的"流血"是"暴力"的同义词。战争就是迫使敌人服从自己意志的一种暴力行为，交战双方均可能最大限度地使用暴力手段去追求战争的胜利。正因如此，战争具有极大的破坏性，对人员的杀伤、装备的损毁、设施的摧毁、环境的破坏是战争的必然结果。第二次世界大战，先后有61个国家和地区、20亿人口被卷入战争，据不完全统计，战争中军民共伤亡9000余万人，足见战争的暴烈和残酷。

（3）概然性和偶然性。所谓概然性，是指在战争中偶然事件发生的可能性也是有规律的，根据大量现象可以估计偶然事件发生的可能性的大小，这样的可能性称为概然性。所谓偶然性，是指战争中常常出现出乎意料的非规定特性，即主观与客观的一些因素常常使战争的发展过程出现意想不到的变化和意想不到的转机。以上两种性质中，前者主要就战争的客观特点而言，后者则主要就战争的主观特点而言。正是因为战争具有主、客观特性，使人们可以通过概然性的计算或主观能动性作用的发挥而把握战争规律并驾驭战争的发生发展与结局。

（4）从属性。战争具有"作为政治工具的从属性"。战争是政治的继续，战争不是单纯暴力行为，而是和政治有着本质上的一致性。战争是政治发展到一定阶段的一种表现，它服从、服务于政治目的，因而这种从属性也在一定程度上制约着战争的暴烈性。

三、战争的发展历程

战争是人类发展到一定阶段的特殊产物，不同的历史阶段会呈现不同的战争形

态。战争形态随着科学技术的发展和在军事上的应用而发生变化，而科学技术在军事上的主要表现，就是武器装备的发展更新，这些武器装备影响和改变了战争的形态。因此，通常用武器装备的特征来区分战争的形态。按战争形态可将战争划分为冷兵器战争、热兵器战争、机械化战争和信息化战争四个阶段。

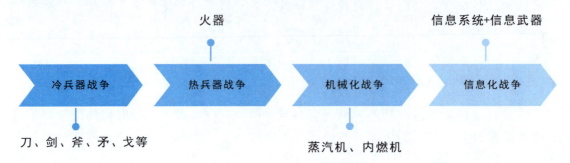

（一）冷兵器战争

冷兵器时代覆盖了人类社会的石器和铁器两个时代。石器时代的生产力水平极低，石器作为武器的杀伤力极为有限，这就制约了战争规模，双方没有攻防形式的区别，战场上仅凭个人的勇气和体魄进行拼杀，也没有什么作战方法可言。随着春秋时期冶炼技术的发展和广泛应用，金属兵器逐渐取代了石器，尤其是铁器出现和广泛使用后，开始出现了不同功效的"十八般"兵器，并出现了车兵、步兵、骑兵和水军等军兵种，战争规模不断扩大，人们认识到不同的组合会产生不同的战斗力，开始出现列阵作战，相应的作战方式和战术也得以产生，并得到发展。

（二）热兵器战争

火药的发明和在军事领域的广泛应用，给军事带来了巨大的冲击，也带来了一场军事革命，战争形态发生了一次质的飞跃，战争由此进入热兵器时代。

火药发明于中国，但在军事上得到全面发展和应用，则是在欧洲。13 至 14 世纪，火药通过战争，经由蒙古、阿拉伯传到欧洲。欧洲的资产阶级工业革命和科学技术的发展及其在军事领域的广泛应用，尤其是与火药的结合，导致一系列武器的出现，小到火枪、手枪，大到火炮，武器的杀伤力得到极大的提高。与之相适应，出现了炮兵、工程兵等新的兵种，近代化的海军也得以建立。作战已不再是双方集中在一起的大会战，而是通过一系列战役、战斗来决定战争的胜负。战争中相继产生了以线式和散兵作战为主的作战方式。战争规模进一步扩大，原有的军队组织体制已无法适应作战的需要，导致近代化军事组织体制的产生。

 扫一扫，涨知识：
火药的诞生改变了战争的面貌

（三）机械化战争

19世纪末，科学技术得到全面、迅猛的发展，促进了军事技术的全面进步，出现了许多新的兵器和军兵种，出现了新的作战方式和作战理论，也出现了一种全新的战争形态——机械化战争。

电力、内燃机和电子通信技术等在军事领域的广泛应用，使军事装备产生了质的飞跃，出现了集当时最新科学技术成就于一身的飞机、坦克，并产生了一系列相应的武器装备，如高射炮、反坦克炮、雷达等。陆军出现了坦克兵、防化兵、防空兵，以及伴随坦克作战的机步兵和针对坦克的反坦克炮兵等。海军发展成为由潜艇、航空母舰以及舰载机等构成的水下、水面和空中的立体化的现代海军，并诞生了一个新军种——空军，制空权成为战场上争夺的新的制高点。各军兵种的出现和广泛运用于战场，使传统的线式作战和单一军兵种的作战已无法适应现代作战的需要，各兵种的合同作战以及各军种的联合作战发展成为主要的作战形式。第二次世界大战中，陆、海、空军的协同作战，充分显示了机械化条件下联合作战的整体威力。

（四）信息化战争

随着以信息技术为核心的高新技术的迅猛发展和在军事上的广泛应用，战争形态由机械化战争向信息化战争转变。通常认为，1991年初爆发的海湾战争是第一场带有信息化特征的局部战争。

信息时代，信息技术物化为信息化武器装备。大量信息化武器装备、单兵数字化装备和 C^4ISR 系统等层出不穷，使情报侦察、指挥控制、战场机动、火力打击、全维防护、综合保障等作战要素的效能得到极大提升。战场空间拓展、作战节奏加快、信息作用突出、作战行动多样、体系对抗激烈，呈现出不同于以往战争形态的鲜明特点。

乐学好思 ▶▶▶▶▶

为什么会发生战争？

◀◀◀◀◀

第二节　新军事革命

20世纪70年代以来，以信息技术为核心的新技术浪潮，以锐不可当之势推动信息化时代的到来，正深刻改变着军事斗争的面貌，引发了军事领域一系列革命性的变化。这场新军事革命首先发生发展于美国等西方发达国家，可以从英阿马岛战争或海湾战争算起，以大量高技术兵器用于实战为标志，以信息化建设与发展为核心，其速度之快、范围之广、程度之深、影响之大，是人类文明有史以来影响最广泛、最深刻的一次军事革命。

一、新军事革命的内涵

所谓新军事革命，就是在人类社会从工业时代走向信息时代的变革过程中，在以信息技术为核心的高技术迅猛发展推动下，将信息化武器系统、创新的军事理论和变革的体制编制有机地结合在一起而形成的，能彻底改变旧作战方式，极大地提高军事效能的军事革命。简单地说，新军事革命是指世界军事由工业时代的机械化军事形态向信息时代的信息化军事形态的全面转型。

其基本内容包括：军事技术革命、武器装备革命、军事组织体制革命、军事理论革命和军队建设思想革命。其基本目标为建立小型、高能量的信息化作战力量，实施有区别的精确的作战。其中，建立小型、高能量的信息化作战力量，是现代科学技术高度发展的物化的结果，也是人类具有划时代意义的主观要求；实施有区别的精确的作战，既是新技术革命的最终成果的表现形式，又是新军事革命追求的根本目标。新军事革命已成为塑造信息时代的新式装备、新型军队、新型战争等新的战争机器和新的战争机制，以及各国谋求未来战争主动权和维护世界和平的时代命题。

二、新军事革命的发展演变

新军事革命的发展经历了从概念提出，到广泛讨论被军方高层接受，再到蓬勃兴起、深入发展几个阶段。

（一）新军事革命的提出

世界上第一台电子计算机

1946 年，美国研制出世界上第一台电子计算机，标志着人类社会生活面貌由此发生深刻的变化，从而拉开了数字计算机和数字化新时代的帷幕。正如任何一种新的科学技术往往首先应用于军事领域一样，电子数字计算机及其技术同样首先使用于军事领域。美军从 1947 年开始，不断将电子数字计算机技术应用于军队指挥、控制及情报系统，逐步研制出第一套 C^3I 系统。20 世纪 70 年代，美、苏等军事强国基于战略需求，基本都实现了军队指挥自动化。

在越南战争后期，美军在战争中率先使用了精确制导炸弹并产生巨大的作战效能。在这场战争中，美军采用"地毯式"轰炸方式，企图截断被称为"胡志明小道"的交通运输线。位于河内附近的清化大桥，是重点轰炸目标。为此，美军曾出动飞机 600 余架次，投弹 5000 余吨，并损失飞机 18 架，始终未能将大桥摧毁。直到 1972 年 5 月，美军首次使用"宝石路"激光制导炸弹，一次攻击即达到目的，发挥了出人意料的作用。此后，各军事大国纷纷投入巨资开始研制并生产精确制导武器，精确制导武器的研制和生产逐步进入高潮。

扫一扫，涨知识：

百步穿杨宝石路，清化首秀打破"龙之颚"传奇

指挥自动化系统与精确制导武器的研制与发展，为新军事革命的孕育和形成提供了最基本的物质技术条件。1979年，苏军总参谋长奥加尔科夫元帅提出了"新军事技术革命"这一概念。他认为：新兴技术将使军事学说、作战概念、训练、兵力结构、国防工业和研制重点发生革命性变化，即出现新的军事技术革命。

20世纪80年代初，美国未来学家托夫勒发表了著名的《第三次浪潮》。他认为，人类发展进程中共发生过3次军事革命，即由农业革命引发的第一次浪潮战争革命、由工业革命引发的第二次浪潮战争革命，以及当前正在进行的由信息革命引发的第三次浪潮战争革命。而第三次浪潮革命必将对人类社会各个领域引发根本性变革，从而给军事领域带来一场深刻的革命。

在上述观点的影响下，美国军方高层指示组成专门班子研究和评估奥加尔科夫提出的新军事技术革命问题。美国前国防部长佩里、前参联会副主席欧文和前国防部基本评估办公室主任马歇尔等人，对美国进行新军事革命的必要性和可能性进行了较为系统的研究。在深入广泛的理论研究和信息技术进一步发展的大背景下，美军于1982年提出了"空地一体战"理论，同时开始着手重点发展精确制导武器，调整军队体制编制，以适应第三次浪潮战争形态的变化。一些主要国家也先后掀起新技术革命研究的热潮，产生了一大批研究成果，一系列高技术发展战略决策相继问世。1983年美国提出"星球大战"计划、日本制定"科技振兴基本对策"、西欧确立"尤里卡"计划等，中国也于1984年制定了《迎接新技术革命挑战和机遇的对策》，并于1986年11月推出了"863"计划，这些都是对新技术革命作出的积极应对。

（二）新军事革命的蓬勃兴起

20世纪90年代初，海湾战争爆发，美国在战场上全面检验了十多年军事理论革命和军事技术革命的成果，从而明确了进一步推动新军事革命的方向和步骤。受海湾战争的冲击，世界各国也纷纷加大推进本国新军事革命的力度，使得世界范围新军事革命进入蓬勃兴起时期。

扫一扫，涨知识：

美军在"海湾战争"期间动用的高尖端武器装备

1993年，美国战略和国际问题研究中心出版了第一部研究军事革命的理论著作——《军事技术革命》。同年8月，时任美国国防部基本评估办公室主任马歇尔以更深邃的目光对"新军事技术革命"概念提出异议，他认为："对军事革命的含义常

有误解，我们打算不用早些时候的军事技术革命这一术语，因为它把重点放在了技术上，技术使得革命有可能出现，但只有制定了新的作战概念，在许多情况下，建立了新的军事组织的时候才会发生革命。"为此，美军正式提出了"新军事革命"的概念。1994年1月，美国国防部正式组建"军事革命高级指导委员会"，进行官方研究。1995年底，美军在深化理论研究的基础上开始采取实际步骤，来推动军事革命的全面展开。

1999年的科索沃战争和2001年的阿富汗战争，充分展示了美国新军事革命的成果，特别是信息化武器装备的作战能力突显、信息化进入实战，以及高效的一体化作战体系使人们对新型战争、新型军队有了进一步认识，极大地加快了世界新军事革命的进程。2003年3月，美军在伊拉克战争中全面检验了近年来新军事革命的重大成果，军事上取得巨大成功。美军在3个星期的作战中投下了750枚"战斧"巡航导弹，1.5万枚精确制导炸弹，精确制导弹药所占比例为历次战争之最。大量精确制导武器的使用，使作战向更加精确的方向发展，从而将作战效能提高到一个新的水平。

"战斧"巡航导弹

通过大力推进新军事革命，美军获得了超强的作战能力，这使世界各主要大国在震惊的同时，更增强了紧迫感和危机感，围绕如何缩小与美国的"时代差"和"技术差"而纷纷制定措施，竞相加快军事革命的步伐。目前，世界主要发达国家和发展中国家都已先后启动了新军事革命。

（三）新一轮世界军事科技革命风起云涌

近年来，随着全球科技水平的不断进步，大量尖端技术被运用到军事领域，新一轮世界军事科技革命风起云涌，战争形态正在悄然向智能化演变。

高超声速武器主要是指以高超声速飞行技术为基础、飞行速度超过5倍声速的武器，包括导弹、轰炸机、侦察机等。近年来，美俄等世界军事大国在高超声速武器领域展开激烈角逐，启动了多个高超声速武器研发项目，一些项目取得重大突破。此外，日本、韩国、印度等国亦有各自的高超声速武器发展计划与项目。

人工智能是引领新一轮军事变革的核心技术之一。近年来，为抢占军事科技制高点，各主要国家在把人工智能研发上升为国家战略的同时，也在不断推进人工智能技术在军事领域的应用。美国是最早研发人工智能技术并将其运用于军事领域的国家。俄罗斯军用人工智能技术已经历了实战检验。在协助叙利亚政府军打击反政府武装的战斗中，俄军就使用了战斗机器人、无人机和自动化指挥系统等。英国、德国、以色列等国也纷纷将人工智能技术研究作为国防建设的重点。英国宣称已经研制出一种名为"智人"的军用机器人。德国的"台风"战机已成功实现与遥控载具的相互联通。

以色列军方正在进行智能坦克的研发，该型坦克可实现自主规划任务、自动驾驶、自动使用武器。

为了打赢未来战争，各大国纷纷加速发展无人作战武器，积极探索人机协同战法。按照俄罗斯国防部的计划，俄军正在组建首支由攻击型机器人组成的无人作战部队。目前，俄罗斯陆军、海军和空军都列装了无人作战平台。俄陆军每个师旅级单位均编有无人机连，俄北方舰队编有无人机团。美国陆军各级作战单位大都编有无人机分队。根据美海军 2022 年 1 月初发布的一份指导文件，中大型无人水面作战舰艇及其编队将是其今后发展的重点。法国、英国等国也都努力在无人作战武器研发领域寻求突破。

三、新军事革命的主要内容

新军事革命的实质是机械化基础上的信息化，其基本内容可以概括为"四个创新一个转变"，即创新军事技术、创新体制编制、创新军事思想、创新作战方式，推动战争形态从机械化战争向信息化战争的方向转变。

（一）创新军事技术，推进武器装备的信息化

创新军事技术是为实现武器装备的信息化。利用信息技术提高武器装备的作战性能、指挥系统的效能，实现单一武器装备的各子系统间、各类型武器系统之间、各作战部队之间的信息流动和无缝链接，提高武器装备的信息化水平和智能化程度，从而提高整体作战效能。

从美军的建设看，武器装备的信息化一是对机械化武器装备进行数字化改造，实现对武器装备的数字化控制；二是将武器系统和各作战部队之间通过网络进行链接，发挥武器系统的最大效能，实现各部队实时的信息情报资源共享；三是发展智能化武器装备，如自动化指挥决策系统、无人机、机器人战士等。从最近的几场战争实践看，要想掌握先机，获得主动权，就要创新侦察与监视技术，实现侦察立体化、监视实时化；创新精确制导技术，实现打击精巧化；创新夜视技术，实现夜幕单项透明化；创新计算机技术和传感技术，实现反应高速化；创新隐身技术，实现防护综合化；创新指挥控制技术，实现指挥控制一体化、智能化等。

（二）创新体制编制，重组军队的结构

创新体制编制，就是要重组军队组织结构，不仅是军队数量、规模的扩大与缩小，而且是军队编成方式的改变，把机械化部队的体制编制向适应信息化战争要求的方向转变。

1. 军队总体规模小型化

现代战争的作战效能主要取决于高技术的武器系统和高素质的作战人员，质高于量。军队的规模将通过裁减员额、裁减建制单位、裁减部队指挥层级等方式进行压缩。

2. 优化军队结构

军兵种的比例将发生变化，空军、天军等高技术兵种比例将增大，陆军比例将缩减；军兵种之间将出现新的划分，机器人部队、网络部队等新军兵种将出现。

3. 部队内部构成的一体化

一是多军种一体化，即建立由两个军种以上的部队组成的一体化作战部队，如美军计划建立的"天军"将包括飞机、导弹、载人飞船、卫星、空间站、地面发射系统及测控系统组成的一体化部队。二是多兵种一体化，军、师以上基本完成诸兵种合成编组，正向基层分队合成编组发展。三是指挥控制一体化，如 C^4ISR 系统 [指挥（command）、控制（control）、通信（communication）、计算机（computer）、情报（intelligence）、监视（surveillance）、侦察（reconnaissance）的简称] 将使指挥系统一体化程度提高，指挥系统由以往的树状向扁平状发展。

扫一扫，涨知识：

C^4ISR 系统

（三）创新军事思想，以新的理念谋划作战与军队建设

创新军事思想理论，是军事革命的灵魂和核心，实质是把机械化战争的观念转变到打信息化战争的思维方式上，以新的战争理念谋划未来战争、谋划军队建设与训练。军事思想理论的创新主要包括国家安全战略与军事战略理论的创新、战争理论的创新以及作战理论的创新。如美军在伊拉克战争中，提出了"快速决定性作战"理论，采用"远程精确打击 + 小规模地面快速突击"的新战法，此外还提出了震慑理论、特种作战理论、空天（海）一体战理论等。

 国防视野

空前繁荣的军事理论创新

"冷战"结束后，美军每遂行一次战争，几乎都采取不同的作战理论。1991年的海湾战争突出反映了美军以空中打击为主的"非线式机动战"的联合作战理论，1999年的科索沃战争突出反映了美军以空中打击为主的"非对称、非接触"联合作战理论，阿富汗战争则反映了美军"全频谱支援"的特种作战的联合作战理论，伊拉克战争又实践了以"直击要害、快速主宰"为主的空地一体联合作战理论。这说明，及时发展和创新作战理论对夺取战争胜利有着重要的指导作用。军事理论的新观点、新学说层出不穷、空前繁荣，其中影响较大和具有代表性的主要有信息战理论、联合作战理论、非对称作战理论、全纵深立体作战理论、网络中心战理论、震慑理论和智能化军队理论等。

（四）创新作战方式，以发挥信息化装备的优势

新作战方式建立在新技术基础上。由于一系列新技术的出现与应用，作战方式正由机械化战争时代的接触式、线式等作战方式转变为非接触式、非线式等作战方式，此外还出现了信息战、计算机病毒战、网络中心战、太空攻防战、指挥控制战、虚拟现实战、精确打击战等新作战方式。如精确制导技术运用到战争中后，利用精确制导武器，作战方式逐步向精确化方向发展，情报侦察、目标定位、指挥控制与效果评估等都实现精确化。

（五）战争形态从机械化战争转变为信息化战争

当前，战争形态正从机械化战争转变为信息化战争，这种转变主要体现在六个方面：一是信息优势将成为决定战争胜败的基本条件，制信息权成为战场争夺的焦点；二是战场空间由陆、海、空三维空间拓展到陆、海、空、天、电磁、网络、认知七维空间；三是战争节奏加快，从传统战争以年、月为单位计时发展到以天、小时、分钟为单位计时，战争开始走进"读秒"时代；四是战略、战役、战术行动融为一体，三者之间的分界更加模糊；五是军队作战一体化程度提高；六是战争的前方与后方界限日趋模糊，甚至将不存在前后方的分别。

▶▶ **乐学好思** ▶▶▶▶▶

新军事革命从哪来？要到哪去？

◀◀◀◀◀

第三节　机械化战争

1803 年，年轻的美国发明家富尔顿在塞纳河上成功地试验了一艘蒸汽船，拿破仑很欣赏它的价值，感慨地说："这个事实可能会使世界的面貌为之一变。"事实证明拿破仑的预感是十分正确的，19 世纪初，蒸汽动力在军事领域的运用确实揭开了一场新的军事变革的序幕，机械化战争形态的幼芽开始在热兵器战争形态的胚胎中悄然孕育，到第二次世界大战时发展成熟。

一、机械化战争的基本内涵

19 世纪末 20 世纪初，人类社会开始了以电力能源和内燃机发明并广泛应用为主要标志的第二次工业革命，工场手工业发展为机器大工业生产或称为机械化大生产。其中，动力机械等科学技术的发明和运用为机械化军事变革提供了直接的技术条件，开启了从热兵器战争形态到机械化战争形态的军事变革。随着速射机枪、坦克、飞机、潜艇、航空母舰、无线电设备等一大批自动化、机械化武器装备相继问世，战场面貌发生了重大变化，机械力逐渐取代人力、畜力，车辆、舰船、飞机等成为社会生产力和军队战斗力的主要载体，人类战争至此进入机械化战争时代。

机械化战争是指运用大量机械化武器装备，采取相应的作战方法进行的战争。机械化战争是工业时代的主导性战争形态。其基本内涵主要有五点：一是以机械化兵器为主导；二是以机械化军队为主体；三是以大规模兵力突击和火力战为主要作战方式；四是以消灭对方有生力量为主要目标；五是以相应作战理论为指导。

二、机械化战争的主要形态和特征

从战争实践角度看，机械化战争在目前的战争实践中仍占有一定地位，在多种因素的共同作用下，机械化战争呈现出许多不同于以往战争的显著特征。

（一）在制胜机理上，主要依靠大规模毁伤

在机械化战争中，对军队作战能力的衡量以兵力、兵器的数量为主要指标，以武器平台为中心，除了参战人数以外，更看重有多少门火炮、多少辆坦克、多少架飞机、多少艘舰船等。达成作战目的主要取决于能否大量歼灭对方有生力量。例如，第二次世界大战历时 6 年，先后有 61 个国家、逾 20 亿人口卷入战争旋涡，交战双方动员了 1.1 亿多人的庞大军队，战中死亡 5120 多万人，军费消耗约 1.17 万亿美元，经济损失超过 4 万亿美元，造成了前所未有的损失。

（二）在作战力量上，主要是诸军兵种合成战役军团

第一次世界大战前，随着新的技术兵种的出现和数量的增加，各国战役军团已经由单一军兵种发展成为诸军兵种合成战役军团。诸军兵种合成战役军团主要由步兵、骑兵和炮兵组成，还有部分工程兵、通信兵、铁道兵等。虽然步兵仍是主要兵种，但战役兵团的结构已大大改变，其他兵种的数量虽然不多，但对战役军团作战能力的提高却有重要作用。第二次世界大战中，战役军团的合成化程度进一步提高，装甲坦克和机械化军团成为主要突击力量，炮兵群、高射炮兵群、反坦克预备队、快速障碍设置队和诸兵种预备队已经成为固定的作战编成。

（三）在战场结构上，首次出现了立体战场，空间范围继续扩大

随着空中力量开始运用于战场，第一次世界大战的战场范围扩展到三维空间。在第一次世界大战后期，航空兵已成为一支重要的战役力量，战役的立体性十分明显。第二次世界大战中，航空兵不仅被广泛应用于争夺制空权和实施控制火力突击，而且首次用于实施独立的空降作战，如 1941 年德军空降克里特岛的战役，创造了史无前例的独立空降作战战例。空中作战力量不仅广泛应用于支援地面、海上作战，而且开始实施独立的空中进攻战役，如 1940 年 8 月至 1941 年 5 月，德国对英国本土进行了长时间、高强度的空袭。

在战场空间逐步立体化的同时，平面战场范围也在急剧扩大。其主要原因有四点：一是战役军团编成规模的增大。二是战役军团机动能力的提高。三是通信器材的发展。它极大地提高了战役军团的指挥控制能力。四是指挥机构的完善。

（四）在作战方式上，主要是接触式、线式攻防作战

机械化时期的作战与热兵器战争时期的作战相比，不论是火力、机动力、突击力，还是指挥控制力、保障力，都有一个质的飞跃。但作为主要打击手段的火炮，射程也只有几千米到几十千米，坦克的射程只有几百米到几千米，航空兵虽然实现了立体突击，但这种立体突击只能以临空轰炸的方式进行。因而，机械化作战仍然是接触式作战，只不过接触的范围较过去扩大了许多。

在接触式作战的大背景下，机械化作战仍是以阵地（城市）攻防的线式作战为主。其突出特点是大规模的突破作战、合围作战、反击作战。突破作战主要体现在进攻方采取逐层突破的方法突破防御方建立的大纵深多梯次的防御体系；合围作战通常与突破作战联系在一起，通过对敌重兵集团实施割裂和包围，而后歼灭各个被围之敌；反击作战是为了阻止对方突破和合围而实施的大规模反击，通常达到战役规模。

（五）在战役保障上，物资消耗巨大，作战效益相对低下

随着武器装备的发展和战役力量编成规模的不断扩大，战役规模持续扩大。战役规模扩大所带来的直接后果就是战役物资消耗和武器装备损失巨大。往往一场大规模战役就要损失飞机数千架、坦克数千辆、火炮数千门、舰艇十几艘，弹药、油料等作战保障物资不计其数。如此高的作战消耗，既让战役保障不堪重负，又使国家经济难以承受，导致作战消耗与作战效益反差巨大。在第二次世界大战结束后发生的几场较大规模的局部战争中，高消耗、低效益的状况仍在持续。

三、机械化战争的代表性战例

机械化战争伴随着自动化武器装备的出现和战争规模的扩大不断发展，在两次世界大战期间达到顶峰，其间的代表性战例展现出机械化战争所具备的典型特征。

（一）凡尔登战役

1916 年初，德意志帝国统帅部决定把战略重点西移，德军总参谋长将打击目标定在法国境内著名要塞凡尔登。凡尔登是英法军队战线的突出部位，它像一颗伸出的利牙，对深入法国北部的德军侧翼形成严重威胁，德、法军队在这里曾有过多次交手，但德军皆未能夺取要塞。如果德军能一举夺取凡尔登，必将沉重打击法军士气。同时，德国想通过占领凡尔登，打通德军迈向巴黎的通道，进一步占领巴黎，让法国不攻自灭。因此，德军决心拿下凡尔登，扬言要让凡尔登成为"碾碎法军的磨盘"。

凡尔登战役是典型的机械化阵地战、消耗战，双方参战兵力众多、伤亡惨重。在10 个月交战中，双方共投入 200 万兵力，发射了 400 万发炮弹，伤亡人数近百万，创造了战争史纪录，使凡尔登成了骇人听闻的"绞肉机"和"人间地狱"。但这次机械化战役中形成的关于如何组织阵地防御的经验，成为大战后各国修建要塞工事的依据。这次战役成为第一次世界大战的转折点，德国从此逐步走向最后的失败。

扫一扫，涨知识：

凡尔登战役简要经过

（二）诺曼底登陆战役

诺曼底登陆战役是第二次世界大战中英、加、法等同盟国军队于 1944 年 6 月至 7 月在法国北部诺曼底地区进行的战略性登陆作战，是盟军进军欧洲"霸王"行动的重要组成部分，目的是夺取集团军群登陆场，开辟欧洲第二战场。

1944 年 6 月 6 日凌晨，"霸王行动"展开。以美国为主的盟军在艾森豪威尔将军的指挥下，以 2 万多空降伞兵为先导，近 1 万部队在空军的掩护下，从朴次茅斯起航，横渡英吉利海峡，一举突破了德军防线——"大西洋壁垒"，置德军于腹背受敌的境地。直至 7 月 24 日战役结束时，盟军共投入 288 万人，5300 多艘战舰和 13700 多架战机。德军投入的兵力达 51 万人。战役中，盟军共消灭德军 11.4 万人，击毁坦克 2117 辆、飞机 245 架，盟军方面有 12.2 万将士献身疆场。此后，盟军向欧洲腹地推进，并相继解放了法国和比利时等国，攻入德国本土。

诺曼底登陆战役的胜利，是机械化战争形态的集中体现，其成功实施主要得益于战前的充分准备和对制空权、制海权的控制，多种机械化作战样式在局部区域集中出现，加速了第二次世界大战的结束进程，也为大规模登陆作战提供了经验。

国防荐读

约翰·基根的《二战史》

约翰·基根以第二次世界大战战事本身为主要关注点，从战争中的技术与人性两个角度进行了结构分明、层次清楚的叙述。在地域上把战争分为东线、西线、太平洋战场，分别按照时间段加以叙述。首先关注领导人所面临的世界政治环境、他们的战略困境及其决策给战争进程带来的影响。进而以不列颠空战、克里特空降战、中途岛航母战、法莱斯装甲战、柏林城战和冲绳两栖战为例，重点分析了六种新式、重要的战争形态，以及双方胜负的关键。

约翰·基根的《二战史》

乐学好思 ▶▶▶▶▶

机械化战争中的"机械"二字从何而来？

第四节　信息化战争

人类社会正在进入信息时代，进行战争的方式发生了重大变化。信息化战争作为一种全新的战争形态，开始登上现代战争的舞台。

一、信息化战争的基本内涵

目前，中外学者对信息化战争有几种不同的说法。例如，美国社会预测学家托夫勒从人类社会文明演进的角度，将信息化战争称为"第三次浪潮战争"；俄罗斯著名军事理论家斯里普琴科从战争所使用的武器装备发展的角度，将信息化战争称为"第六代战争"，即"非接触战争"；美国国防大学校长塞尔姜中将认为，信息化战争是以夺取决定性军事优势为目的，以实施信息管理和使用为中心而进行的武装斗争，具体内容包括夺取信息优势，反信息获取，利用信息优势摧毁、破坏、瘫痪敌信息基础设施等；我军信息战理论研究专家沈伟光认为，信息化战争广义上是指对垒的军事集团抢占信息空间和夺取信息资源的战争，狭义上是指交战双方在信息领域的对抗。

2011年版《中国人民解放军军语》中对信息化战争的定义是：依托网络化信息系统，使用信息化武器装备及相应作战方法，在陆、海、空、天和网络、电磁等空间及认知领域进行的以体系对抗为主要形式的战争。

可从以下六个方面去理解信息化战争的内涵。一是信息化战争作为信息时代的产物，是该时代生产水平和生产方式在战争领域的客观反映。二是信息化战争必然以信息化军队为主体作战力量，战争双方至少有一方拥有信息化军队才能进行的战争，机械化或半机械化军队之间打不了信息化战争。三是信息化战争的主要作战工具是信息、信息化和智能化武器装备平台，诸作战单元实现了网络化、一体化。四是要在七维战场空间进行，其中在航天空间、信息空间、认知空间和心理空间占相当大的比例。五是在物质、能量和信息等作战诸要素中，信息起主导作用，信息能在战争中表现为火力和机动力的物质能量。六是战争的破坏性和附带性伤亡依然存在，但附带破坏将降至最低限度。

 国防科普

最早提出信息战概念的人是中国人沈伟光

沈伟光，1959年7月23日出生，浙江杭州人，未来学家、信息战专家。美国人称他为"信息战之父"。沈伟光从1985年开始研究并提出信息战概念。1987年4月17日《解放军报》以"信息战的崛起"为题报道了他的研究情况。1990年3月浙江大学出版社出版了世界上第一部《信息战》专著，提出信息边疆、信息化战争、信息化军队等新战争概念。

二、信息化战争的形成及主要形态

（一）信息化战争的形成

信息化战争的发展经历了四个阶段。

（1）萌芽阶段。主要有贝卡谷地之战、马岛战争、美军对利比亚"外科手术式"打击。信息化战争发端于1982年的贝卡谷地之战。以色列对黎巴嫩贝卡谷地通过短短6分钟的攻击就彻底毁了叙利亚和苏联苦心经营10年耗资2亿美元的19个"萨姆"导弹阵地，在其后两天的多轮空战中以色列空军利用先进的F-15、F-16战斗机配合预警机和电子干扰机作战。贝卡谷地之战是空战史上具有划时代意义的一个著名战例，此战充分显示了电子战在空战中的巨大作用。马岛战争被视为冷战期间规模最大、战况最激烈的一次海陆空联合作战，战争中英军使用精确制导武器，利用高技术手段，夺回马岛的控制权，被认为是信息化战争的萌芽。1986年美军对利比亚发动了代号为"草原烈火"和"黄金峡谷"的两次军事打击行动，美军采取"外科手术式"打击样式，对推动信息化战争的发展产生了重要而深远的影响。

（2）雏形阶段。1991年的海湾战争，以美国为首的多国部队对伊拉克实行军事制裁，"沙漠风暴"行动中，美军向伊拉克发射巡航导弹，实行大规模的空袭作战。海湾战争使信息化作战初露端倪，信息化武器装备在战争中发挥重大作用。

（3）基本成形阶段。1999年的科索沃战争是美军对军队信息化建设成果的综合展示和实战运用。科索沃战争中首次使用电磁脉冲炸弹、计算机病毒攻击武器，首次使用GPS制导的巡航导弹，心理战、网络战此起彼伏，揭开了信息化战争的面纱。2001年的阿富汗战争，是信息化条件下的特种作战与反特种作战，战争中美军更加重视信息的重要性，首次使用全球信息栅格，验证了网络中心战理论，信息化战争日趋完善。

（4）信息化战争正式来临。2003年的伊拉克战争标志着信息化战争正式来临。伊拉克战争中，美军展开了电子战、心理战、情报战，重视各维领域的协同作战，强调精准打击与实时控制，综合运用信息化建设的各类成果，为信息化作战奠定了理论和实践基础。

（二）信息化战争的主要形态

传统战争的作战样式可以表现为阵地战、运动战、游击战、闪击战、持久战等各种作战样式，但集中到一点，它们都是侧重于以物质力量为中心展开的作战行动。而信息化战争则是以信息的获取权、控制权和使用权为核心进行的争夺，由此，信息化战争的作战形态将更加多种多样。

1. 信息战

信息战包括信息进攻和信息防御。信息进攻就是充分利用各种信息技术手段，通过信息封锁、信息欺骗、信息干扰、信息污染、信息摧毁等方式，影响和削弱对方的信息作战能力；信息防御是采用信息保密、信息防护等方法，保护己方的信息、信息系统、信息作战能力不受对方信息进攻的影响。夺取制信息权是信息化战争的核心，是作战行动的前提，是战斗力的倍增器。

2. 电子战

电子战作为削弱、破坏敌方电子设备的使用效能和保护己方电子设备正常发挥效能而采取的措施和行动，主要有电子侦察、电子进攻和电子防御三部分。

3. 网络战

网络战是利用通信系统和计算机系统组成信息栅格网，把地理上分散部署在陆、海、空、天的各种侦察探测系统、指挥控制系统和打击武器系统有机地、一体化地链接起来，形成快速反应的、统一高效的作战体系，通过信息优势达成先敌行动，作战行动近乎实时，联合作战效能极大提高。

4. 心理战

所谓心理战，是指在战争中应用心理学原理，通过多种手段对人的心理（情绪、情感、意志、观念和信仰）施加刺激和影响，促使战争向着有利于我方而不利于敌方发展的作战样式。信息化战争中的心理战包括三个层次：一是以物质摧毁和消灭有生力量为主的物理层面的作战；二是以控制信息基础设施和电磁频谱为主的信息层面的作战；三是以瓦解人的意志和情感为主的心理层面的作战。

5. 精确战

精确战是指使用精确制导武器打击敌方目标的作战行动。精确战的目的是充分发挥精确制导武器的威力，突然、准确地毁伤敌方目标，增强作战效果。精确战具有机动灵活、隐蔽突然、毁伤力强、效费比高和附带杀伤小等优点。

6. 太空战

太空战是以火力硬摧毁和电磁干扰压制为主要手段，以敌方太空武器装备为主要攻击目标，主要在太空进行的作战行动，其目的是夺取制太空权。未来太空战的样式大致可分为卫星攻防战、空间反导战、空间作战平台攻防战、天基对地攻击战等。

 国防视野

未来战争的战略制高点：认知战

认知原本是心理学的一个概念，泛指主观对客观事物的认识过程。它是由感知、理解、信念和价值观组成的一个范畴，分散存在于每个作战个体的主观世界，由全部作战个体的认知空间叠加而成，通常表现为部队的凝聚力、作战经验、训练水平、战场态势感知程度等。

认知战的基本特征是：在目标选择上，更注重以人为本、直击重心；在作战手段运用上，更注重精神打击、意志摧毁，强调以心理意识形态和生物基因武器为主实施精神意志的破坏打击；在作战行动上，更注重体系支撑、节点破击，强调在多维全网空间，以一体化信息系统为支撑对作战人员的决策能力和抵抗意志等实施精确"点"打击，形成以攻心夺志为根本作战目的的作战样式、战法和手段。

三、信息化战争的特征

随着新兴技术的快速发展及其在军事领域的广泛应用，战争形态呈加速演变趋势。未来战争，是具有智能化特征的信息化战争，是高级阶段的联合作战，其特征具体体现在以下四"高"。

（一）高技术应用改变制胜机理

武器装备的远程精确化、智能化、隐身化、无人化发展，推动战争向更高水平的对抗演进。突出体现在三个方面：

（1）无算不胜。强大的数据、算法、算力，为实现高超的庙算、细算、多算提供了可行条件，大到战略战役全局决策、小到力量运用战术计算，必须占据"算"的优势，积累每一步的胜算，才能增大战胜对手的概率。

（2）无联不胜。未来作战单元呈现小、散、活的典型特点，化大为小、分散部署，多域力量、多个模块、多种组合，联结成自主融合的作战体系，实现结构性功能涌现、作战效能指数级增长。

（3）无快不胜。高新技术向军事体系末端要素延伸拓展，带来的不仅是信息传输速度和行动速度变快，还有决策速度更快、体系运转更快，一旦慢敌一步就很可能陷入"OODA"环被锁死的险境。

（二）高边疆争夺推高安全威胁

未来战争，国家边疆已不再是简单用地理边疆来定义，网络、太空、深海、极地、颠覆性科技等公域、共域也存在着"国家边疆"。要占据高边疆主导权，以下四个方向必须引起关注：

（1）高隐破坏。网络攻击"来无影去无踪"，高隐身武器平台"来去自如"，认知域隐蔽设局"潜移默化"，给对手造成看不见、辨不明、防不住的严峻局面。

（2）高能摧毁。高能武器持续作战时间长、火力转移速度快、火力中断间隔短，颠覆传统火力打击概念，可以搭载至陆基、海基、空基、天基多维平台，对手防御面临极大困难。

（3）高智破袭。智能无人集群作战力量"异军突起"，突防能力强、生存能力强、战场恢复能力强，已成为未来战争的重要力量。

（4）高速打击。空天飞机等打击武器速度已超 20 马赫，一些国家的全球快速打击系统可在一小时内对全球任何目标实施快速精确打击，极大压缩了对手反应时间，传统防御系统面临失效的危险局面。

（三）高水平对手更重计高一筹

计熟事定，举必有功。当前，世界各国纷纷加大军事理论创新力度，谋求未来战争的战略优势和主动，突出体现为四个比拼：

（1）比前瞻。看谁把下一场战争研究得更清楚、更透彻，能够预测未来作战环境，开发新的作战样式，超前设计军事力量建设与运用。

（2）比执行。看谁能够转化吸收、提炼升华更具指导性的作战思想，并且贯通到底，更好地指导军事实践。

（3）比技术。看谁技术感知力、理解力、运用力更强，能够不断提升装备性能，创新战术战法，促进作战理论革新发展。

（4）比自主。看谁掌握更多的"独门暗器"和"撒手锏"，能够形成独特的理论优势，给对手以非对称制衡。

（四）高强度博弈带动全域对抗

未来战争对抗博弈将是高强度的，一般具有三个特性：

（1）全域性。战争将涉及陆地、海洋、空中以及太空、网络、电磁和心理认知等领域，作战系统纵向贯通、横向融合，全域机动一体化作战成为基本样式。

（2）整体性。围绕战略目的，军事行动与政治、经济、外交等斗争紧密配合、协调联动，注重构建一体化国家战略体系和能力。

（3）持久性。尤其是大国间博弈，任何一方都无力在短时间摧毁或改变对方意志，大国战争最终体现的是综合国力的较量。

四、信息化战争的代表性战例

以信息技术为核心的新军事革命兴起后，世界各国加快了信息化武器装备的发展和战场实践运用，海湾战争、科索沃战争等轮番上演，呈现出信息化战争的典型特征。

（一）海湾战争

海湾战争发生在冷战结束，是第二次世界大战后牵涉国家最多、规模空前的一场典型局部战争。与20世纪80年代以来的其他几场高技术局部战争相比，海湾战争投入的信息化武器装备最多、信息化技术水平最高、战争规模最大，成为信息化战争时代真正到来的重要开端。

以美国为首的多国部队依托信息化的武器装备，使得战争胜利的天平一开始就往多国部

"哈姆"反辐射导弹

队的方向倾斜。在"沙漠风暴"行动前5个小时，多国部队就动用了F-111A、EC-130、F4G等各型电子战飞机及其他电子对抗设备，在电磁空间开始了代号为"白雪"的信息对抗行动，大面积、长时间地干扰伊方的电子通信系统和军队 C^4ISR 系统，致使伊方的指挥控制系统完全瘫痪，通信系统失灵，雷达屏幕一片雪花，广播电台也一度失常。空袭准备开始时，多国部队还大量使用反雷达导弹，摧毁伊军部队雷达或使之被迫关机。当多国部队空袭行动开始后，伊军根本不知道空袭来自何方，战机也无法升空迎战，导弹、高炮更找不到打击的目标。战争头一周，多国部队的战机损失率仅为0.15%，大大低于一些国家的飞行训练的事故率，这在世界空战史上堪称奇迹。战争中，多国部队大量使用了精确制导弹药，极大地提高了火力摧毁效果，在某个侧面改变了传统的作战方式。"战斧"巡航导弹、"飞毛腿"地对地导弹、"爱国者"地对空导弹、"哈姆"空对地反辐射导弹、"海尔法"空对地反坦克导弹、"响尾蛇"空对空导弹、"霍克"地对空导弹等，简直将海湾战场变成了导弹格斗。此外，依托强大的信息系统，多国部队利用 C^4ISR 系统有效地将陆、海、空、天、电等多维战场空间的作战行动凝聚为一体，开创了多维空间力量进行一体化联合作战的成功先例。在空袭阶段，多国部队平均每天出动飞机几千架次，这些飞机分别从不同的基地起飞，沿不同的空中层次，袭击不同的目标，但无一因协调控制不周而造成自毁的情况，这不能不归功于信息技术革命带来的战场上强有力的自动化指挥控制系统。

扫一扫，涨知识：

海湾战争简要经过

（二）科索沃战争

　　科索沃战争是美国为首的北约国家为实现自身的政治目的而对南联盟发动的一场战争，是继海湾战争后全球范围内规模最大、投入高新武器最多、持续时间最长、现代化程度最高、纯空中化"非对称性"的一场典型局部战争，在很大程度上反映出当时信息化战争的一些新的特点和规律。

　　科索沃战争以"空中制胜论"为指导，空袭与反空袭成为其基本作战样式，地面部队仅起到一定的威慑作用。战争的非对称性表现突出：一方拥有绝对制空、制天、制海和制信息权，实现"零伤亡"，另一方则完全是被动防御，损失惨重。战争首次对1993年之后军队信息化建设的成果进行了综合展示和实战运用，在 C^4ISR 系统等支持下，联合作战力量实现了网络化、一体化，具备了跨军兵种、跨地域无缝链接和实时指挥控制能力，战争中精确制导武器得到大量使用，初期的精确制导炸弹和导弹使用量甚至达到90%以上，战争中首次使用了GPS制导的巡航导弹、电磁脉冲炸弹、计算机病毒攻击武器、石墨炸弹等，以及心理战、网络战、控制战等信息战武器。信息作战贯穿战争全过程，南联盟在持续遭受打击的同时，使用多种计算机病毒入侵北约的指挥通信网络，一度使北约盟军的通信陷入瘫痪，甚至对英国"天网"卫星系统中的一颗卫星进行了"劫持"。通过战争实践，验证了大规模信息化作战条件下盟军联合作战的基本理论，创新了全纵深精确打击理论、非对称作战理论、非接触作战理论、战略信息战理论、盟军联合作战等新型信息化战争理论。

五、战争形态发展趋势

战争形态是一种特殊的社会历史现象，是对一定社会发展阶段里的战争运动状态的客观描述。科技进步和武器装备发展是推动战争形态演变的根本因素，作战方式方法和军队组织形态创新是促进战争形态演变的直接动因。当前，以智能化技术为核心的高新技术群正加速进入军事领域，必将深刻改变人类认知、作战思维与作战方式，再一次引起战争形态的重大变革。只有把握智能化战争演进脉搏，预判智能化战争的图景特征，透析智能化战争的内在本质，探索智能化战争的制胜机理，才能驾驭正在到来的智能化战争。

（一）战场形态向"智慧感知、智谋决策、智算控制"演进

随着战争形态智能化的演进发展，战场态势正发生巨大变化。一是战场态势智慧感知。态势感知是指在特定的环境中对战场态势要素的察觉、理解和预测。未来智能化战场态势的瞬息万变催生了智慧感知需求，通过对各类侦察手段的智能组网，全方位、多维度捕获战场态势信息，进而构建战场态势大数据库；运用人工智能手段分析比对数据进行战场态势融合，实时响应指挥员决策"关键信息需求"，从而获取更快、更全、更准、更深的战场态势认知结果。二是作战筹划智谋决策。人工智能系统深度介入作战筹划全程，制智权成为战场综合控制权的核心，作战筹划方式由指挥系统辅助决策向人机混合决策演进。智谋决策是通过多维同步战场态势信息，将战略、战役及战术三级战场态势关联，利用网络化智能辅助决策系统，实现战略、战役及战术决策三级之间的指令传递及决策效果反馈，精准锁定战机优势窗口，果断有效决策，快速传递作战指令，调控战局发展。三是作战行动智算控制。当前人工智能呈现出群智开放、深度学习、人机协同、跨界融合、自主操控等新特征，具备开放性、自学习进化能力的人工智能系统，可辅助甚至部分替代人指挥控制战术级甚至战役级作战力量，形成"人在回路"的新型智算控制模式，确保有效应对复杂多变的战场情况，确保指挥员决心意图得以贯彻和实现。

（二）作战体系向"智能自主、跨域聚能、灵活制胜"升级

随着战争形态智能化的演进发展，作战体系正发生深刻变化。一是作战平台智能自主。无人作战平台大量运用，无人与有人作战单元混合编组，无人作战平台将成建制规模化运用。风靡网络的人工智能杀人蜂视频，在一定程度上展现了未来智能化、自主化作战的某些特点，预示了作战平台"战场态势感知自主精准、作战设计自主高效、任务规划自主科学、作战行动自主灵活、效果评估自主快捷"等智能自主趋势。二是作战要素跨域聚能。智能化系统、数据链、作战云的支撑，使作战体系由以往的相对固定性向

快速重构性转变，各作战要素根据作战需要进行自适应组合，实现广域精确聚能释能。体系分布多域拓展，在广阔的空间进行非线式、不规则、广域疏散部署；体系运行跨域聚能，能够根据作战需要，快速灵活调整，实现在物理域、信息域、认知域深度跨域聚能；体系作战效能向非线式、涌现性、自适应、自组织性等各系统效应融合转变。三是作战运用灵活高效。随着智能化技术的不断成熟，作战平台的构建成本越来越低，低风险、低成本、低门槛交战成为作战运用的主要特征。作战手段更加多样，交战方法更加灵活，各种作战力量能力末端实现精细化融合，在多个领域和整个战场纵深创造临时性的优势窗口，通过链式反应累积，形成更多的临机相对优势窗口，进而形成蝴蝶效应，通过更快的作战速度、更高的作战效能，快速达成作战目的。

（三）力量编成向"小型新质、集群自主、军地一体"转型

随着战争形态智能化的演进发展，军队组织形态将重构，根据战场需要临机组合生成不同的功能实体，增强作战灵活性和适应性，迅速适应战场情况的变化。一是军队规模结构"小型联合、新质主导"。未来军、师的编制将可能最终消亡，旅、营或更低级别的战术单位将成为主要的作战单元，并可能出现按作战职能编成的小型联合体。太空、网络、电磁和智能弹药等新质无人作战力量将直接参与未来战争，实现从战略战役到战术的无缝链接，形成多维一体、全域攻防、快速突击的整体合力。二是军队编成模式"联合集群、自主适应"。智能化军队的编成模式将高度联合集群化，构建成群结队的智能机器人联合集群，编组更加灵活、富有弹性，具备自主适应能力。基于特定环境、特定任务或特定威胁采取灵活的编组方式，以"小而精、小而全、小而强"的联合特遣部队遂行各类作战任务。智能化无人作战系统是未来战争装备发展新趋势。其核心在于瞄准未来战争"零伤亡""全覆盖""快响应"等要求，规模化打造新型智能无人之师，实现无人作战系统的体系化协同作战。三是智能化军队力量构成"军民兼融、军地一体"。战争制胜机理和武器装备内涵的深刻变化，催生了军民技术兼容、产品互通、标准共用时代的到来，经济建设和国防建设已经成为相互依存、相互促进的命运共同体。

（四）作战方式向"分散部署、广域机动、精准释能"转化

随着战争形态智能化的演进发展，参战力量的部署更加分散，机动更加快捷，反应更加灵敏，联系更加紧密，如美军强调采取网络化分布式作战方式，将分散部署于不同作战方向、不同作战领域、不同空间位置的力量实体，实时组合，科学编配，共同发力。分散部署、广域机动、动态协调、精准释能，成为显著特征，即：依托先进的网络化信息系统，将分散部署在广阔空间、各个领域的作战力量和手段联结为一个有机整体，采取广域机动、动态协调的方式，实现各部队作战效能的有效集中，以实现联合作战整体效能的统一释放。特别是武器装备将通过"自主协同、跨域多能、模块灵巧"式发展，实现自主跨域快速精准释能。一是自主协同。即武器不依赖于庞大、复杂的保障，实现自主感知、自主发射、自主飞行、自主打击、自主完成作战使

命，也就是导弹具备智能化能力，可以从不同方向不同层次攻击目标，提高对目标打击的成功概率。二是跨域多能。即武器可跨越不同介质，如水下、低空稠密大气层、高空稀薄大气层等，具有良好飞行品质，能在不同域实施作战，并且能对多类多域目标实施打击毁伤、适应多样化使命任务，"一弹多能""一弹多用"。三是模块灵巧。即武器系统均模块化，可适应于装载不同的发射平台、执行不同的作战使命，能根据实际作战需求，灵活、有针对性地随机选取模块、组装武器，实现特定作战目的。

（五）制胜机理向"算法主导、流程重塑、智能决策"转变

随着战争形态智能化的演进发展，战争制胜机理出现深刻变化，将呈现出具有典型时代特征的制胜机理。一是智能算法是主导智能化战争的关键。智能化战争的对抗方式将从"体系对抗"向"算法博弈"转变，算法优势主导战争优势。算法是求解问题的策略机制、是战争效能跃升的核心，未来战争掌握算法优势的一方，能快速准确预测战场态势，创新最优作战方法，形成认知优势、速度优势、决策优势，实现"未战而先胜"的战争目的。二是智能武器重塑作战流程。智能化战争的作战要素将从"信息主导"向"机器主战"转变，机器主战重塑作战流程。智能化武器装备将重塑"从传感器到射手"的作战流程，进行智能化"侦、控、打"的作战行动。"侦"，即智能化情报侦察，智慧感知战场态势；"控"，即智能化指挥控制，人机混编智谋决策；"打"，即智能化自主地协同攻防作战。三是智能决策优化作战行动。智能化战争的决策方式将从"人脑决策"向"智能决策"转变，智能决策优化作战行动。随着智能辅助决策技术和"云端大脑""数字参谋""虚拟仓储"的出现，战争决策由单纯的人脑决策发展为：人机混合决策中的人与机器的合理分工与交互，这是探索解决问题的最优方案；云脑智能决策在未来智能化战争中，将有一个"大脑"的隐喻中心，分布式的作战单元将通过云大脑链接；未来的神经网络决策具有超强自我进化和战略决策能力，将实现"人在回路外"的作战循环。作战样式从"断链破体"向"极限作战"转变，极限作战颠覆传统作战手段。

 国防视野

智能化战争的全新战法

1. 算法战

即以大数据和人工智能技术为依托，充分发挥作战网络、人机协作以及自主和半自主武器的强大潜能，使己方"观察-调整-决策-行动"的循环周期始终领先对手，进而破坏敌作战计划，实现先发制人。2015年12月，俄军依托无人侦察与智能化指挥信息系统，引导地面无人作战平台与叙利亚政府军配合，以4人轻伤代价，迅速消灭了目标范围内的77名武装分子。2021年，美空军进行了首架智能无人机"空中博格人"的试飞，标志着美军算法战进一步向实战化迈进。

2. 无人战

以饱和数量攻击、体系攻防作战的低成本消耗战为指导，力求通过人机协同、群体作战模式，实现对敌防御体系全方位的态势跟踪、动态威慑和战术压制。2021年5月，以色列军方在同哈马斯武装组织的冲突中使用人工智能辅助的无人机蜂群，在确定敌人位置、摧毁敌方目标、监视敌方动态等方面发挥了重要作用。2021年10月和2022年7月，美军在叙利亚西北部发起无人机定点空袭，分别击毙"基地"组织高级别领导人阿卜杜勒·哈米德·马塔尔和极端组织"伊斯兰国"领导人阿盖尔。

3. 分布战

以人工智能无限指挥控制能力和全新电子战手段为依托，利用特种部队等浅脚印、低特征、快节奏的兵力，形成小股多群机动编队，以多向多域方式分散渗入作战区域，持续破击敌体系短板和链式依赖，增大其火力饱和攻击的难度。在这个过程中，实现"人在指挥、机器在控制"。近年来，美军相继启动"金色部落""弹性网络分布式马赛克通信"等多个"分布式作战"科研立项。

4. 融合战

依托网络量子通信等手段，构建抗干扰、高速率的"作战云"，以消除军兵种数据链互通、互联和互操作技术障碍，实现作战力量的深度融合。2021年，美联合人工智能中心研发的联合通用基础平台正式具备初始操作能力，将帮助美军打破数据壁垒，大幅提升数据共享能力。2021年在爱沙尼亚举行的北约"春季风暴"演习期间，英军运用人工智能技术，对各军种战场信息进行智能分析与自动化处理，提升了军种间的融合度，增强了联合指挥控制效能。

乐学好思 ▶▶▶▶▶▶

当今时代，我国怎样做才能打好信息化战争？

第五章　杀敌无形，决胜千里
——信息化装备

导语

高技术是处于当代科学技术最前沿，对提高生产力、促进社会文明、增强国防实力起先导作用的技术群。当前高科技信息技术在军事上的应用越来越广泛，发挥的作用也越来越重要，信息技术的崛起和发展正在军事领域引发深刻的变革，使战争正进入崭新的信息时代。20世纪末和21世纪初爆发的几场局部战争证明：谁掌握了制信息权，谁就掌握了现代战争的主动权。因此，高度重视发展信息化装备，已成为当今世界许多国家在21世纪的重要国策。我们必须把信息化武器装备的发展置于重要的战略地位，为打赢信息化局部战争打下坚实的基础。

学习目标

1. 了解信息化装备的内涵、分类、发展及对现代作战的影响；

2. 熟悉世界主要国家信息化装备的发展情况，激发学生学习高科技的积极性，为国防科研奠定人才基础。

第一节 信息化装备概述

20世纪70年代以来，随着以信息技术为核心的高新技术群的崛起和迅猛发展，人类社会技术形态逐步由机械时代向信息时代转变。以科学技术为重要推动力的武器装备发展，也逐步开始了由机械化向信息化的跨越。信息化装备的发展与运用，对现代战争产生了深刻的影响。

一、信息化装备的内涵

信息化装备是指采用现代信息技术，有单一或者多种信息功能的装备。如精确制导武器、综合电子信息系统及加装数据链和相关系统的飞机、舰艇等。信息化装备是信息时代军队作战的物质基础，信息化装备的大量使用将使军队战斗力产生质的飞跃，并导致军队作战理论、编制体制发生变革。

歼-20战斗机

信息化装备的发展，有两种基本模式：一种是研新模式，一种是改现模式。研新，就是根据信息化战争的要求，按照预先研究型号研制、试验定型、批量生产到装备部队的流程，制造出全新的武器装备。比如F-35联合攻击机、我国的歼-20战斗机等就属于这种情形。改现，就是采用"集成改造"的办法，把以信息技术为核心的高技术装备"嵌入"传统武器装备之中，使其性能提升，更加适应信息化战争的要求。比如美国的"联合直接攻击弹药"（JDAM），就是利用库存的常规装药炸弹经过改装，加装惯性制导和GPS卫星制导装置而成的。相比之下，前一种办法的优点是更彻底、更先进，但周期长、费用高；后一种办法的优点是投入少、见效快，但是装备革新不彻底，功能受限。

二、信息化装备的分类

信息化装备有多种分类方法。按信息化装备的性质，可分为进攻类信息化装备、防御类信息化装备和支援类信息化装备；按信息化装备的杀伤效应，可分为"硬杀伤"类信息化装备和"软杀伤"类信息化装备；按信息化装备的功能，可分为军事信息系统、信息化作战平台、信息化弹药、新概念武器和单兵数字化装备等。

三、信息化装备对现代作战的影响

信息技术的飞速发展和广泛应用，已经并正在军事领域引起一系列革命性的变化，其中最直接、最突出的变化，便是大量信息化装备登上现代战争舞台，对作战行动产生了巨大的影响。概括起来，主要表现在五个方面。

（一）使战场侦察更加立体

侦察是打击的前提。从一定意义上讲，高水平的侦察监视技术本身就是一种威慑力。侦察能力的差异性，决定了交战双方的不平等性。在传统战争中，由于受科技与装备发展水平的限制，眼观六路观不远，耳听八方听不全。随着信息技术的飞速发展和广泛应用，情况发生了质的变化。现在，从大洋深处到茫茫太空，布满了天罗地网式的侦察监视系统：水下的声呐，能够偷偷地寻觅军舰和潜艇的踪迹；地面的传感器，能够警惕地注视人员与车辆的动静；空中的侦察机、间谍卫星，能够同时监视高空、低空地面、海上的各种活动目标。

（二）使战场打击更加精确

传统的武器装备，由于对能量的释放缺乏有效的控制，准确度不高。信息化装备，强调在"精"字上做文章。"精"，就是要能够"攻其一点，不及其余"，尽量不引起不必要的附带毁伤。

（三）使作战反应更加迅速

"兵贵神速"是基本作战法则，但因为受技术条件的限制，传统武器装备常常"欲速不达"。在现代战争中，由于充分利用了信息技术的成果，大部分武器装备真正做到了机动快、反应快、打击快、转移快。在部队机动速度大大加快的同时，现代武器从发现目标到攻击目标的反应时间也大为缩短。当前，计算机控制的火控系统，能在2分钟内操纵多门火炮摧毁几十个目标，而在数年前，摧毁这些目标需要2小时。在信息战争中，"被发现就意味着被命中"已经不是神话，而逐渐变为现实。现代防空系统的反应时间更是以秒计时。比如美制"罗兰特"地空导弹的反应时间为8秒，英制"长剑"地空导弹的反应时间为6秒，法制"西北风"地空导弹的反应时间为5秒。

（四）使战场防护更加综合

"保存自己，消灭敌人"是一切战争的共同原则。由于现代侦察、监视和探测手段具有全方位、全频谱、全天候、全时辰的特点，进攻一方如果不能有效地保护自己，就可能出现"发难者先遭难"的结局。

在信息化战争中，交战双方将在陆、海、空、天、电、网，以及认知和心理等多维有形和无形空间展开较量，战场将呈现全维一体的态势，形成全维并举、整体联动的新型立体化战场。哪里是战场，哪里就有进攻；哪里有进攻，哪里就必须有防护。因此信息化条件下的防护将不再局限于对地面进攻的防护，对空中、海上袭击的防护，也不再仅仅是对有形战场进攻的防护，而是在全空域、全疆域、全频域实施安全可靠的全维防护。

（五）使指挥控制更加智能

现代技术特别是信息技术的发展，使武器装备的射程、威力、精度都极速提高。交战双方的差别，在很大程度上取决于对部队指挥和武器控制的水平上。因此，驾驭信息化战争，单靠传统的指挥手段已经远远不够，必须借助于信息技术。

近年来，美军不惜耗费巨资，加紧建设"全球信息栅格"，其根本目的就是要把世界各地的武器装备系统链接起来，在未来的信息化战争中，及时提供联合作战所必需的数据、应用软件和通信能力，以获取信息优势和决策优势。

国防科普

全球信息栅格

全球信息栅格（Global Information Grid，GIG），是美国国防部于20世纪90年代末提出并开始建设的一种集成的信息基础设施。从字面上看，它是一种在全球范围内传递的"栅格状"的纵横交错的系统，有别于过去点对点的"线性"系统和孤立的"树状"系统。美军提出"全球信息栅格"概念主要是为了解决各种现有综合电子信息系统之间"信息共享能力差、难以融合集成"的问题，以满足未来作战从"以平台为中心"向"以网络为中心"转变的要求。"全球信息栅格"同时具备四种基本功能：计算能力、通信能力、信息表示能力和网络操作能力，实现在全球范围内，把涉及信息收集、处理、存储、分发的各种军用信息系统，联结成一个公共的"诸网之网"，使信息得以畅通、及时地流向任何需要它的用户，以至一名野战士兵通过全球信息栅格就可以获得以前连高级指挥官都难以获得的态势信息，从而实现指挥的近乎实时化、智能化。

四、信息化装备的发展趋势

（一）研制重点向新空间、新领域发展

信息化装备目前是在陆、海、空、天、电磁、网络空间及心理认知领域中运用，今后装备研制将向新空间发展。这里所说的新空间指的是微型空间，要制造由纳米级的零部件组装成的信息化装备。如"纳米卫星"，这种卫星比麻雀略大一些，重量不足 0.1 千克，各种部件全部用纳米材料制造，采用最先进的微机电一体化集成技术整合，成本低，质量好，可靠性强。"蚊子导弹"就是利用纳米技术制造的形如蚊子的微型导弹，可以神不知鬼不觉地潜入目标内部，但威力巨大，足以炸毁敌方的火炮、坦克或飞机。还有如同苍蝇般大小的"袖珍飞机"，

纳米卫星"Asgardia-1"号

可以携带各种探测设备，具有信息处理、导航和通信能力，可以被秘密部署到敌方信息系统和武器系统的内部或附近，监视敌人获取信息。更有通过声波控制的微型机器人"蚂蚁兵"，虽然比蚂蚁还小，但有惊人的破坏力，它们可以通过各种途径钻入敌方武器系统内部潜伏下来，然后根据指令破坏其武器系统。

新领域指的是向新概念武器装备方向发展。一是发展太空信息化装备，主要是使太空武器装备实战化，如太空激光武器、太空微波武器、太空动能武器等；二是发展空间环境武器并使其实战化；三是发展非致命武器，如声波武器、反装备武器（超级黏合剂、超级润滑剂、发动机窒息武器等）、基因武器等。

（二）系统结构向模块化、标准化发展

系统结构的模块化、标准化最主要的目的是为了减少辅助设备、零部件配件及增加互换性。如对精确制导武器来说，它的模块化是就制导技术的结构而言，它不但使导弹能迅速地适应不同目标，而且减少了后勤支援设备，便于维护和技术改进。目前，用于导弹武器系统的模块，已有结构模块、助推模块、惯性制导及其他制导模块、控制模块、导引头模块、有效载荷模块、引信模块等。今后，用于导弹武器系统的模块化将越来越多，越来越广。例如"爱国者"地对空导弹系统的相控阵雷达的数字、模拟组件，AD转换器和电源、存储器等，均采用了标准组件，其电子备件仅用了239种标准组件，与"霍克"地对空导弹相比较，仅相当于其十分之一。

（三）作战性能向远程化、精确化发展

由于信息化战争的作战方式越来越向"非接触"方向发展，战斗将在地平线以外打响，这就要求信息化装备要大力增加射（航）程。过去地面火炮的射程为几千米、十几千米或几十千米，今后要求信息化作战平台的射程要在一百千米、几百千米或上千千米。

随着探测技术、高速信号处理技术和控制技术等信息技术的发展，未来信息化装备，特别是精确制导武器将广泛采用先进的毫米波、红外成像、全球卫星导航定位系统等单一或复合制导技术，命中精度将进一步提高，并逐步向多功能、自主化、灵巧化、轻小型和智能化方向发展，精确制导武器将得到不断提高。

目前，一种全新的作战样式——"精确战"，正在登上战争舞台。它要求在整个作战过程中要做到"精确探测、精确定位、精确指挥、精确打击、精确评估、精确保障"，要达到这些要求，就需要大量使用信息化装备。

（四）指挥系统向一体化、智能化发展

一体化是未来军队指挥自动化的重要发展趋势，也是指导军队指挥自动化建设的重要原则。海湾战争的一个重要启示是：现代战场上取胜的关键不仅在于拥有技术先进的武器装备和投送系统，还在于是否具有在战场上将这些武器装备有效地加以控制和使用的一体化能力。所谓智能化，也就是具有分析问题、处理问题的能力。信息化

战争的战场上，各种信息瞬息万变，如果仅仅依靠指挥员的大脑来处理这些信息进而作出正确的决策几乎是不可能的，必须借助于"智能化"的指挥信息系统来指挥作战行动。指挥信息系统中有一个辅助决策的"专家系统"，可以帮助指挥员确定战场上出现的目标的重要程度、适合打击重要目标的武器装备及所处的位置和打击能力以及指挥员需要及时处理的情况等，为指挥员作出正确决策提供帮助。

（五）平台设计向隐身化、无人化发展

信息化战争将向"三无"方向发展，即"无人、无形、无声"，为了适应战争需求，信息化装备平台就要向隐身化、智能化方向发展。一是发展新型隐身技术和隐身材料。在隐身技术方面，包括扩展隐身波段，向毫米波、亚毫米波、红外、激光和米波波段扩展，将仿生学应用于隐身技术。在隐身材料方面，发展反雷达和反红外侦察兼容的材料和发展用超细粉末、纳米材料制成的雷达吸波材料以便制作武器平台的涂层。二是大力发展无人化作战平台。如无人侦察机、无人作战飞机、无人飞艇、无人战车、反潜无人舰艇以及无人作战潜航器等。与有人平台相比，无人化平台具有独特的优势：军事行动中无人员伤亡顾虑，风险小，代价低；在设计与应用过程中无须考虑"人员安全"问题，可实现长时间的无缝侦察和打击能力，并可实现隐身、机动等关键性能的跃升。无人化平台将极大扩展有人平台的作战能力，改变传统战争模式，成为信息化战争的重要节点和作战要素。

乐学好思 ▶▶▶▶▶▶

如何判断一种装备是否属于信息化装备？

◀◀◀◀◀◀

第二节　信息化作战平台

作战平台是武器装备系统的重要组成部分，对赢得信息化战争的胜利具有重要作用，特别是信息化作战平台的发展越来越受到世界各国尤其是军事大国的青睐和重视。

一、信息化作战平台概述

作战平台是特指各种武器装备系统中，具有运载功能并可作为负载系统所依托的载体部分。作战平台作为打击兵器以及其他作战辅助设备（如电子设备）的运载工具，主要包括坦克、装甲战车、航空母舰、潜艇、各种战斗机、轰炸机和卫星、航天飞机等。

信息化作战平台是指装有多种侦察和信息传感设备，与综合电信息系统联网，及时而有效地获得敌方目标信息，控制各种武器系统实施快速、精确火力打击的装备系统，如装有先进电子信息系统和数据链的飞机、舰艇、装甲车辆等。与传统的作战平台相比，信息化作战平台有三大优势：一是信息技术的含量高。例如，在现代飞机中

电子信息技术成本已达 50%，而在 B-2 飞机中则已高达 60%，舰艇中的电子信息技术成本已达 25% ～ 30%，坦克中的电子信息技术成本达到 30%，空间平台中的电子信息技术成本则更高，已达 65% ～ 70%。 二是作用机理和设计观念有重大突破，有些甚至是质的跃升，如采用计算机技术、隐身技术，具有非常规机动能力等。三是使用观念上，由以平台为中心转向以网络为中心。

信息化作战平台主要包括陆上信息化作战平台、海上（水下）信息化作战平台、空中信息化作战平台和太空信息化作战平台。

（一）陆上信息化作战平台

陆上信息化作战平台主要是指大量采用信息技术的各类坦克、步兵战车、自行火炮导弹发射装置等陆上作战平台。它是在原有机械化作战平台的基础上，嵌入了指挥控制、通信、侦察监视、敌我识别、导航定位和威胁预警与对抗等信息系统，实现了作战效能的大幅提升。它主要包括坦克、步兵战车、自行火炮和无人地面车辆等。

1. 坦克

坦克是由武器系统、防护系统、信息系统和越野机动平台组成的。坦克具有强大的直射火力、高度的越野机动性、良好的装甲防护力，是主要用于遂行地面突击或两栖突击任务的装甲战斗车辆。装备有数字式火控系统、定位导航系统、综合电子战系统、指挥控制系统、通信系统、威胁预警与对抗系统等信息系统。如美国 M1A2 主战坦克装备有 "21 世纪部队旅及旅以下作战指挥（FBCB）数字化系统" 和数字化坦克火控系统，信息化程度得到较大提高。

国防科普

99A 主战坦克

99A 主战坦克，是中国在前型 99 式主战坦克基础上，研制的一种火力、防护、机动、信息化程度更高的新型坦克。该坦克保留原 "主、被动" 近程防御系统，增加了新的对抗防护系统，并且在火力打击、导航定位、昼夜观瞄、动力传动等系统上，采用新技术、新材料进一步提升了战车的综合作战效能。99A 坦克奠定了我国第一代陆军装备信息采集、传输、处理、显示与综合的基础，实现了战场态势共享、协同攻防、状态监测、系统重构等功能，而且软件、元器件全部自主可控，是我国陆军最先进且完全信息化的主战坦克。

2. 步兵战车

步兵战车是装有武器系统、防护系统、信息系统等，具有较强的火力和较好的装甲防护力，主要用于承载步兵以乘车作战的方式遂行地面突击或两栖突击任务的装甲战斗车辆。装备有数字式火控系统、定位导航系统、联合电子战系统、指挥控制系统、战场管理系统、威胁预警与对抗系统等信息系统。如美国 M2A3SEP 步兵战车装有数字式火控系统、改进型目标捕获系统、一体化导航系统，以及车长、驾驶员、班长用数字显示器等先进数字化设备，具有较强的识别能力和较高的命中率。

3. 自行火炮

自行火炮是同车辆底盘构成一体，靠自身动力运动的火炮，其上装备有专用火控计算机、定位定向系统、数字通信装备和自动瞄准系统等信息系统。如美国陆军的 M109A6 "帕拉丁" 155 毫米自行榴弹炮，装备了由炮载弹道计算机与定位导航系统、火炮自动瞄准装置组成的自动化火控系统，以及单信道地面与机载无线电系统，可与先进野战炮兵战术数据系统（"阿法兹" 系统）及其他的目标探测和武器系统连接，具有较强的快速反应能力。

4. 无人地面车辆

无人地面车辆主要用于未爆弹药处理、简易爆炸装置探测、预警侦察、安全巡逻、战场救护、扫雷和后勤保障等。美、英等国军队在阿富汗战争和伊拉克战争中部署的无人地面车辆达 1 万辆左右，在实战中发挥了重要作用。2007 年 6 月，美军配备有遥控武器系统的 3 辆武装型无人地面车辆在伊拉克战场投入实战试用，标志着无人地面车辆开始向武装型发展。

（二）海上（水下）信息化作战平台

海上（水下）信息化作战平台主要是指大量采用信息技术的各类水面舰艇和潜艇等海上（水下）作战平台。海上（水下）信息化作战平台嵌入的信息系统主要包括情报采集与处理系统、作战支持系统、舰载武器控制系统、舰载通信系统、舰载作战指挥控制系统和电子战系统等。它主要包括航空母舰、驱逐舰、护卫舰、导弹快艇、登陆舰、潜艇和水下无人航行器等。

扫一扫，涨知识：
亮 "舰"：人民海军 8 型 36 艘主战舰艇集中亮相

1. 航空母舰

航空母舰是以舰载机为主要武器，并作为其海上活动基地的大型水面战斗舰艇。航空母舰装备有作战指挥、电子对抗、雷达、导航设备和综合通信系统等信息系统。它主要用于攻击敌舰船，袭击基地、港口设施和陆上目标，夺取作战海区的制空权和制海权，支援作战等。美国福特级航母首舰 "福特" 号，在舰岛前后安装双波段雷达，创造性地采用电磁弹射系统、涡轮电力拦阻系统、新型核反应堆、电磁轨道炮等 10 余项先进技术，成为美国航母战斗群整体作战能力的标杆。

2. 驱逐舰

驱逐舰是装有导弹、舰炮、鱼雷、深水炸弹和直升机等武器系统，具有多种作战能力，能在中、远海机动作战的中型水面战斗舰艇。驱逐舰装备有作战指挥系统、电子对抗、雷达、导航设施系统和武器射击指挥控制系统、声呐探测系统等信息系统。如美国"阿利·伯克"级驱逐舰装备有 SPY-1D 型相控阵雷达、NTDS-5 作战数据系统和 SLQ-32（V）2 型电子战系统等舰载电子装备。其中，SPY-1D 相控阵雷达天线由四块固定式辐射阵面构成，一部雷达就可完成探测、跟踪、制导等多种任务。

 国防科普

海军三型主战舰艇集中入列

2021 年 4 月 23 日是人民海军成立 72 周年，这一天，海南三亚某军港气氛隆重热烈，海军三型主战舰艇——长征 18 号战略核潜艇、055 型万吨驱逐舰"大连舰"、075 型两栖攻击舰"海南舰"在军港内一字排开，集中交接入列南海舰队。

这三艘主力战舰代表了我国海军装备信息化、数字化的最高水平，达到了世界一流水平，反映出我国国防科技技术已经走在世界前列。

1. 长征 18 号艇（舷号 421）——最新型的战略核潜艇

战略核潜艇隐蔽性强，活动范围比较大，是国家战略核力量的重要组成部分。最新型战略核潜艇入列，使得解放军的三位一体战略核力量、海基核力量有了质的飞跃，二次核反击能力也随之大大增强。

2. 大连舰（舷号 105）——055 大型驱逐舰

大连舰是在南海舰队入列的首艘 055 型大型驱逐舰，055 型大型驱逐舰首舰南昌舰和 2 号舰拉萨舰此前已经入列北海舰队。作为我国自主研制的万吨级驱逐舰，055 既能作为航母编队的"带刀侍卫长"，也可作为驱逐舰编队的核心舰使用。装备有新型防空、反导、反舰、反潜及对地攻击等武器。

3. 海南舰（舷号 31）——首艘 075 型两栖攻击舰

该舰是我国自主研制的首型两栖攻击舰，具有较强的两栖作战和执行多样化任务能力，是海上两栖突击力量的重要搭载工具和投送平台，适合岛礁攻防作战。两栖攻击舰既可以和航母配合作战，也是执行非战争军事行动任务的一把好手。

海南舰

3.护卫舰

护卫舰是装有导弹、舰炮、鱼雷、深水炸弹和直升机等武器系统，能在近、中海机动作战的中小型水面战斗舰艇。护卫舰装备有作战指挥系统、电子对抗、导航设施系统和武器射击指挥控制系统、声呐探测系统等信息系统。例如，2020年11月19日，日本海上自卫队新型护卫舰"FFM"首次命名及举行下水仪式。新型护卫舰"FFM"，大量采用了先进的隐身技术，配备了一体式综合桅杆系统，能将相控阵雷达、火控雷达、数据链等舰载电子系统进行有效整合，提高了对空对海的探测距离和探测精度。同时也整合有反潜直升机数据天线，提高了载舰的对潜搜索和攻击能力。

4.登陆舰

登陆舰是输送登陆兵及其武器装备、物资到敌方岸滩实施直接登陆的作战舰艇。它包括坦克登陆舰、步兵登陆舰，以及人员登陆艇、车辆登陆艇、坦克登陆艇等。登陆舰装备有搜索探测雷达、通信导航系统和武器射击指控系统等信息系统。目前较先进的登陆舰有美军的"圣安东尼奥"级船坞登陆舰。

5.潜艇

潜艇是用于水下活动和作战的战斗舰艇。其上装备有作战指挥系统、声呐探测系统和武器射击指挥控制系统等信息系统。俄罗斯"955型战略核潜艇"装备了6具533毫米鱼雷发射管，可发射16枚鱼雷和SS-N-15型反潜导弹，自身防卫作战能力相当强悍。同时还安装了"公共马车"型作战控制指挥系统和一套"斯卡特"综合声呐系统，设备自动化、数字化程度大幅提升，自主巡航时间扩大到100个昼夜，可实现对目标发动突袭。

6.水下无人航行器

水下无人航行器是一种依附于水面舰艇和潜艇，能从舰艇上布放（有的还可以从飞机或岸上布放）和回收的智能化装备。它能够携带多种传感器、专用机械设备或武器，遥控或自主航行，完成风险性较大的作战任务。例如，澳大利亚的"塞拉菲娜"是世界上体积最小的水下无人航行器，长40厘米，能潜到5千米的海洋深处执行任务，还可在敌方海岸附近进行间谍活动，探测敌方水雷布设区域并根据指令，用自爆的方式将水雷摧毁。

（三）空中信息化作战平台

空中信息化作战平台是指大量采用信息技术的各类作战飞机和直升机等空中作战平台。其上通常装备有综合显示控制管理、目标探测、通信导航识别、电子战、精确制导武器管理等综合航空电子信息系统。它主要包括战斗机、轰炸机、军用运输机、武装直升机和无人机等。

1. 战斗机

战斗机是指主要用于拦截和摧毁敌空中目标、进行空战以夺取制空权的飞机。我国习惯上称为歼击机。战斗机多装备有飞行控制系统、通信导航系统、火控系统和电子对抗系统等信息系统。例如，俄罗斯的苏-35战斗机装备的前视雷达，有12种不同的波形，可达到抗干扰及一定的隐身目的。机尾装备的NO14后视雷达可发现尾追目标并引导火力攻击。该机还可挂装"游隼"光电瞄准吊舱，吊舱内装有红外摄像机、激光测距仪、目标跟踪部件等设备。

 国防科普

歼-20 战斗机

歼-20（英文：J-20，北约代号"威龙"）是中国成都飞机工业（集团）有限责任公司为中国人民解放军研制的一款第五代双发重型隐形战斗机，用于接替歼10、歼11等第四代空中优势战机，首架工程验证机于2011年1月11日在成都实现首飞。

歼-20战斗机具备高隐身性、高态势感知和高机动性，采用了单座双发、全动双垂尾、DSI鼓包进气道以及上反鸭翼带尖拱边条的鸭式气动布局。其头部和机身呈现菱形，垂直尾翼向外侧倾斜，起落架的舱门为锯齿边设计，最原版的机身是深黑色，现在的机身则更改为高亮银灰色的涂装。侧弹舱采用创新结构，可将导弹发射挂架预先封闭于外侧，同时配备中国国内最先进的新型格斗导弹。2018年2月9日开始列装空军作战部队。

2. 轰炸机

轰炸机是以空地导弹、航空炸弹、航空鱼雷为基本武器，具有轰炸能力的作战飞机。轰炸机装备有飞行控制系统、通信导航系统、火控系统和电子对抗系统等信息系统，具有突击力强、载弹量大、航程远等特点。如美国B-2隐形轰炸机装备有NSS导航系统、APQ50型电子对抗系统、AN/APQ-181型雷达以及通信管理系统和各种显示系统，可提供自动导航和星座对位导航、雷达预警、侦测定位、干扰压制等功能。

3. 军用运输机

军用运输机，是用于运送军事人员、武器装备和其他军用物资的飞机。它具有较大的载重量和续航能力，能实施空运、空降、空投，保障地面部队从空中实施快速机动。军用运输机根据其载重量可以分为重型运输机、中型运输机和轻型运输机；根据其作战使用可以分为战略运输机和战术运输机。例如美国的C-5"银河"重型战略运输机、俄罗斯的安-124重型战略运输机等。

国防科普

运-20运输机

运-20大型运输机，代号"鲲鹏"，是我国自主研制的一种大型、多用途运输机，2016年7月6日正式列装。运-20运输机具有航程远、载重大、飞行速度快、巡航高度高、低速性能佳等特点，可在复杂气象条件下执行各种物资和人员的长距离航空运输任务，是空军战略性、标志性、引领性装备。

4. 武装直升机

武装直升机是装有机载武器系统，主要用于攻击空中、地面、水面及水下目标的直升机。该类直升机装备有夜视系统、目标截获/标识系统、通信导航系统、火控系统和电子对抗系统等信息系统。例如美国AH-64"阿帕奇"武装直升机装备有飞行员夜视系统和目标截获/标识系统，以及被动式雷达、防红外探测装置和GPS导航定位系统等，可在夜间和恶劣天气条件下作战。

国防科普

直-20通用直升机

直-20通用直升机是一款战术型武器装备，采用单旋翼尾桨、低位后置平尾构型，采用低阻气动外形、高性能旋翼气动布局总体设计；其首次装备我国自主研制的旋翼防除冰系统，一举打破美欧俄等国的技术封锁，解决直升机飞上青藏高原的最大难题；它也是我国首次应用电传飞控系统等多项先进技术的国产直升机，填补了我国直升机的多项空白，完成了从第三代到第四代的跨越，使得中国直升机首次迈入国际一流行列。此外，直-20不仅有陆航版，还进一步发展出海军航空兵版本，有效增强海军反潜能力。

5. 无人机

攻击-11隐身无人机

无人机是由遥控设备或自备程序控制装置操纵的不载人的飞机。无人机主要包括机体、机上飞行控制系统、动力装置、有效载荷与数据链路，以及用于起飞和回收的装置，可分为侦察无人机、攻击无人机、反辐射无人机和运输无人机等。例如美国"全球鹰"无人侦察机是一种高空长航时无人侦察机，具有雷达、电视、红外三种侦察方式。"鸬鹚"无人运输机是以色列研制的出口型垂直起降无人机，在 50 公里飞行半径内每架次能够运送 500 公斤货物，一个 10 至 12 架"鸬鹚"无人机编队每日可运送约 3000 名作战人员。在 2019 年国庆阅兵无人作战方队中，我国攻击 -11 隐身无人机正式亮相，可遂行制空突击、压制防空等作战任务，其采用了无尾飞翼布局，具有隐身性能好，续航时间长，攻击精度高等特点，堪称战场上的"隐身杀手"。"猎犬"无人侦察机于 2020 年开始装备俄军，主要用于发现敌防空系统的电磁辐射，其搭载的新型智能化侦察系统，可确定辐射源的方向、范围和坐标，从而为俄飞机或直升机提供有效保护。

扫一扫，涨知识：

中国隐身无人机亮相令外媒惊叹

（四）太空信息化作战平台

太空信息化作战平台主要是指能对敌方卫星和空中、海上、陆地目标实施攻击的太空作战平台。它主要包括两类装置：一是可用于攻击敌方航天器的拦截歼击卫星系统，以及可实施对地、对海、对空攻击的卫星等；二是各类军用载人航天器，如载人飞船、航天飞机、空间站等。

1. 拦截歼击卫星系统

拦截歼击卫星系统主要包括武器载体型卫星、自爆摧毁型卫星和捕获型卫星。武器载体型卫星是指配置有导弹、火箭、激光武器、粒子束武器和微波武器等杀伤性武器，以损伤或摧毁目标卫星的卫星。自爆摧毁型卫星就是移动到目标卫星附近，利用自身爆炸产生的动能摧毁目标卫星的卫星。捕获型卫星就是可以捕获目标卫星的卫星。据媒体报道，俄罗斯发展的"反卫星"卫星，可进行多次变轨接近目标卫星，然后采用定向爆炸战斗部或者用激光、微波等手段将目标卫星摧毁或使其失效。按照美国《太空体系能力 2030 年发展规划》，美将在 2030 年后建成以"雄鸡"航天母舰为基地的高轨太空舰队，平时常态化部署，战时采取"狼群"战术，释放"泰特拉"攻防小卫星，执行抵近、抓捕、操控对方航天器等太空作战任务。此外，美国"星链"计划，虽然打着民用的名义，但在战时也可以成为轨道战武器。

2. 军用载人航天器

军用载人航天器包括载人飞船、空天飞机、空间站等。载人飞船可以向空间站运送各种军事物资和人员，进行空间人员救护，对特定目标实施侦察与监视等。空天飞机是"航空航天飞机"的简称，是一种载人航天器与飞机结合成一体的飞行器，能够以极快的速度往返于地球表面与太空运送有效负荷。空间站又称

中国天宫空间站

太空站、航天站或轨道站，是一种具备一定的试验或生产条件、可供航天员在固定轨道上居住和工作的、能够长期运行的大型空间平台。它平时作为载人空间基地、空间工厂、空间试验中心，战时则可以作为空间指挥所、空间基地和空间武器发射平台。2022 年，中国空间站在轨完成三舱"T"字基本构型。12 月 31 日，习近平总书记在新年贺词中庄严宣告：中国空间站全面建成。当前，我国载人空间站工程已进入应用与发展阶段，空间站转入常态化运营模式。

二、信息化作战平台的战例应用

从近年来发生的几场局部战争可以看出，先进的作战平台，特别是信息化作战平台在战争中的使用非常广泛，并表现出不同的使用特点，使近几场局部战争以不同的面貌展现在世人面前。

（一）信息化作战平台在海湾战争中的使用

（1）空中平台是作战平台的主体力量，隐身作战平台在现代局部战争中的作用凸显。海湾战争是以多国部队的航空武器平台为主体、实施大规模空袭为主要特征的一场战争，在这场战争中，空中作战平台的使用贯穿战争全过程，对战争的胜利起到了至关重要的作用。在这场战争中，美国空军首次使用 F-117 隐形战斗机对伊拉克进行了空袭作战，并利用其隐身性有效地保护自身毫发无损，创造了世界航空作战史上的新纪录。

（2）空间平台第一次被广泛地应用于战争之中并发挥了重要作用。海湾战争的另一个突出特点就是历史上第一次广泛使用空间平台对战争进行全面的支援保障。战争期间，美军动用了 10 类共计 72 颗军用卫星，同时还征用部分在轨商用卫星，在盟军空间系统的配合下，构成了空间卫星侦察、空间卫星通信、空间卫星导航定位和空间卫星气象服务四大空间作战支援保障系统。

（二）信息化作战平台在阿富汗战争中的使用

（1）空中无人平台首次实现集侦察打击于一体。在阿富汗战争中，一个值得注意的重要动向就是无人平台的任务性质已经由传统的侦察保障扩展到侦察打击一体化。为了扩大情报侦察范围、提高精确打击效果，美军还实现了侦察系统与作战平台的结合。一方面，将侦察系统直接安装在作战飞机上；另一方面美军还首次将导弹装备在 RQ-1"捕食者"无人侦察机上，使其既可以长时间执行侦察监视任务，又可以在第一时间向可疑目标发起攻击。

（2）多种侦察平台全方位结合，使战场更加单向透明。在阿富汗战争中，为了将信息优势迅速转换为战斗行动，美军认识到必须加快建立从传感器到射手的直接连接，缩短"发现—定位瞄准—跟踪和打击"目标的整个过程。因此，美国将陆、海、空、天各种侦察平台进行全方位结合，使整个战场变成单向透明的战场，从而为美军控制作战节奏、赢得整个战争的胜利奠定了基础。

（三）信息化作战平台在伊拉克战争中的使用

（1）地面信息化作战平台发挥了重要作用。海湾战争以后，美国加强了对现役作战平台的信息化改进，重点提高陆战平台的信息化程度。这些信息化程度大大提高的地面作战平台在伊拉克战争中又被派上用场，成为美军地面进攻的急先锋。正是利用地面与空中平台之间、地面各平台之间这种有效的信息联通能力，美陆军才敢于置被包围、分割的危险于不顾，大胆向伊拉克首都巴格达进行突进，并在最短的时间完成包围伊拉克首都的任务。

（2）C^4IKSR 平台系统与火力打击实现高度融合。战场情报信息共享打破了传统的陆海空军的空间界限，作战力量分布和运用逐渐向"侦察—打击"一体化作战模式发展。美军提出要将预警、侦察、监视、指挥、控制、通信、计算机和情报系统与精确打击系统联成一体，形成以网络为中心的 C^4IKSR 系统。在伊拉克战争中，美军就对这一庞大武器装备系统进行了实战检验，并验证了这一系统具有极强的作战效能。

三、信息化作战平台的发展趋势

近几十年来，以信息技术为核心的现代高新技术大量地应用于武器装备发展之中，使得现代作战平台日新月异、层出不穷，并呈现出向信息化作战平台发展的趋势。

（一）作战平台的信息化程度不断提高

在信息时代，作战平台的信息化是实现作战指挥自动化和战场数字化、争夺"制信息权"、实施精确打击的重要保障，对于提高武器装备系统的战斗力具有倍增器的作用。信息化作战平台效能的提高主要是依靠电子信息技术对目标的识别和精确制导，而不再完全依赖战斗部威力的增大。计算表明，爆炸威力提高一倍，杀伤力仅提高 40%，但是命中率提高一倍，杀伤力则提高 400%。因此，世界各国都把提高作战平台的信息化程度作为平台的发展目标，加速发展信息化作战平台。当今，以信息感知、信息传输和信息处理为主要内容的信息技术综合化，使得作战平台的发展重点已经由以提高平台的时速、航程、距离等物理性能为中心转向以提高作战平台的信息能力为中心。

（二）作战平台日趋多功能一体化

随着作战平台的信息化程度不断提高，世界各国在发展作战平台上，不再追求平台型号品种的多样性，而是追求平台的一专多能，追求集发现、识别、跟踪、打击等多种能力于一身，从而最大限度地提高平台的作战效能。在空中作战平台的发展上，信息技术使得作战飞机越来越向着集歼击、轰炸、侦察和电子对抗于一体的方向发展。在海上作战平台的发展上，也特别强调多功能一体化。航母作为海上大型机动平台，不仅可以作为作战飞机起落场，本身还具有较强的攻击和防护能力。核动力潜艇，不仅能发射潜对地弹道导弹，还能发射潜对舰、潜对空和潜对潜导弹及潜对地巡航导弹，成为武器携载数量大、种类多的水下发射平台。此外，空间平台和地面作战平台也都向多功能一体化方向发展。

（三）空中作战平台向高隐身性和高机动性的双优性发展

在现代战争中，大量使用精确制导武器，使得作战平台的战场损伤大为增加。为了提高作战平台的战场生存能力，现在的各种作战平台正在向具有高隐身性和高机动性的双优品质方向发展。所谓高隐身性就是大量采用隐身技术研制和改装的作战平台。主要是通过降低作战平台的目标信号特征，与敌方的雷达、红外电子、可见光、声波等侦察探测手段相对抗，使敌方难以发现、识别、跟踪和攻击，从而提高作战平台的战场生存能力。在提高平台隐身性的同时，各国并未放松发展高机动性作战平台。美国、俄罗斯、英国、法国和德国等先进国家都已拥有一批先进的高机动作战平台。美陆军的"未来作战系统"，空军的F-22、F-35，海军的"弗吉尼亚"级核潜艇及军用空天飞机等都在发展之中。这些作战平台除具有良好的隐身性外，优异的机动性和敏捷性是这一代作战平台的主要特点。

（四）无人平台向侦攻合一方向发展

RQ-1B"捕食者"无人攻击机

在阿富汗战争中，一个值得注意的重要变化就是无人平台的任务已经由传统的侦察保障扩展到侦察打击一体化。战争中，美军使用"捕食者"无人机开创了无人平台对地实施攻击作战的先河。美军利用配备"海尔法"反坦克导弹的"捕食者"无人机多次成功地打击稍纵即逝的塔利班撤退中的移动目标。基于无人作战平台在近年来的出色表现，世界各国特别是军事强国越来越重视发展这种作战平台。目前，无人作战平台正在从遥控、半自主式向全自主、智能化方向发展，执行的任务也由执行单纯的侦察任务向执行侦察、监视、指挥、控制、毁伤评估和火力打击等综合任务方向发展。

扫一扫，涨知识：
"捕食者"无人机

（五）空间平台的军事功能日趋完善

空间作为聚集大量信息并以无国界限制的有利条件，正在成为提高武器系统作战效能的一个新的制高点。如今，空间平台已成为现代战争获取战略情报和战术情报的重要手段，能够为部队提供全天时、全天候、近实时的战场信息，是现代战场通信、导航和侦察监视系统的重要支援保障装备。随着航天技术的发展和应用，今后太空将出现攻防兼备的新型作战平台，如隐身卫星、抗毁加固卫星、诱饵卫星和杀手卫星等，另外还可能出现反太空平台武器，如动能和定向能武器、空间作战飞行器和军用空天飞机等空间武器平台。未来，以空间控制与反控制为焦点的空间作战平台的攻防对抗将不可避免。

乐学好思 ▶▶▶▶▶▶

我国有哪些信息化作战平台？

第三节　综合电子信息系统

综合电子信息系统是指在信息化局部战争环境中，为诸军兵种联合作战提供信息作战能力与优势的系统。信息化局部战争中，信息化为制胜的关键，综合电子信息系统则为信息化的关键，它是双方必争的制高点，不仅是武器也是战斗力的倍增器。

一、指挥控制系统

（一）基本概念

指挥控制系统是保障指挥员和指挥机关对作战人员和武器系统实施指挥和控制的信息系统，是指挥信息系统的核心。

指挥控制系统在作战过程中帮助指挥人员实施指挥所的各项作战任务，辅助指挥人员对部队和武器装备实施指挥控制，使指挥员能够及时、全面、准确地掌握战场态势，制定科学正确的作战方案，快速准确地向部队下达作战命令，对于战场的控制起着至关重要的作用。

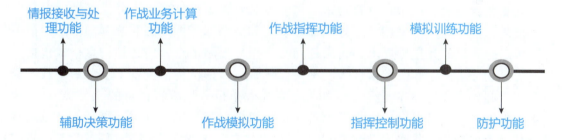

（二）发展趋势

目前，指挥控制系统主要是以网络中心战为主线，向一体化、网格化、智能化的方向发展。

1.指挥控制系统一体化

主要是指战略、战役和战术信息系统一体化，以战役、战术为主，全军指挥自动化系统一体化，建设信息栅格服务；指控系统与武器平台一体化，实现从传感器到射手的快速摧毁或打击。美国空军以空天一体化及信息优势为目标，强调攻防兼备，注重系统集成，重点发展航天航空指控系统和空间武器、精确制导武器及隐身作战平台，逐步形成以卫星为核心，以无人机为主力，空天一体化的指挥控制系统。

2. 指挥控制系统网格化

美军充分利用信息栅格技术、计算机网络技术和数据库技术的最新成果，逐步把所有的武器装备系统、部队和指挥机关整合进全球信息栅格，使所有的作战单元都集成为一个具有一体化互通能力的网络化有机整体，整合成为一个覆盖全球物理空间的巨型系统，实现由以武器平台为中心向以网络为中心的转变。

3. 指挥控制系统智能化

随着新型高性能计算机、专家系统、人工智能技术、智能结构技术、智能材料技术等的出现和广泛应用，指挥控制系统智能化将成为现实。表现在：态势感知快速、透明，增强对战场态势的感知能力；指挥决策智能化，提高决策的正确性和指挥控制的准确性、灵活性；作战协同网络化，提高兵力协同和武器装备协同作战能力。

（三）战例应用

阿富汗战争初期，美军仍沿用"烟囱式"的传统指挥控制程序，层层上报情报和下达指令，从发现目标到发动攻击需要层层审批，反应时间过长，贻误战机。如美军"捕食者"无人机曾发现了正在撤退的奥马尔车队，但层层上报后却没有了下文。为了将信息优势转化为作战优势，美军中央总部启用了新的空中作战指挥中心，配备了最先进的新型指挥系统"协同空战中心第10单元"。采用最新的信息处理技术，成功地缩短了战场信息处理的时间。过去，要用人工对来自不同计算机系统的信号情报和图像情报等进行相关处理后，才能确定目标的位置，需要耗费大量的人力和时间；而该系统能够自动给出目标的精确坐标，完全实现了信息处理的自动化。

此外，美军还广泛采用"全球广播系统"和"全球指挥控制系统"。"全球广播系统"可以把大量的数据按要求传送给任何一个指挥控制节点，传送的信息格式包括互联网协议业务、视频和图像信息等。中央总部各级指挥机构都配备了这种新型数字通信系统，并作为美军从本土向前线的最基层作战单位分配战场信息的主要渠道。"全球指挥控制系统"可以保证中央总部各级指挥机构之间实现无缝隙网络链接，以同时获得战场上的数据、图像、视频等情报，并直接传送 E-mail 和战场态势图等作战信息。同时，中央总部还采取了一系列措施，缩短目标发现、定位、瞄准、跟踪和打击的作战过程。空中侦察平台发现目标后，迅速进行定位和跟踪，空战指挥官根据上报的情报进行决策，下达命令对目标发起攻击。正是由于作战指挥系统进一步网络化、扁平化，精确打击的实时化程度明显提高。

扫一扫，涨知识：
我国联合防御指挥信息系统

二、预警探测系统

（一）基本概念

预警探测系统是一种用于信息获取的军事信息系统，也是指挥自动化系统的重要组成部分。预警，就是采用一系列传感、遥控探测手段，发现、定位和识别目标，发出警报信号，为打击敌方目标提供相应情报和反应时间。预警探测系统是指挥自动化系统中最重要的实时信息源，直接影响到探测、判断决策、行动和整个军事行动的全过程。不论是和平时期，还是战争时期，预警探测系统都需要保持常备不懈，全天候监视，在尽可能远的警戒距离内，对目标精确定位，测定有关参数，并识别性质，为国家决策和军事指挥系统提供尽可能长的准备时间，以有效应对敌方的突然袭击。

（二）发展趋势

为了适应未来战争大纵深、立体化、变化快、高机动等需要，预警系统将进一步向以下方向发展。

1.发展机载与星载大空域监视、多功能相控阵雷达预警探测系统

根据军事需求，只有多功能的相控阵雷达才能集搜索、跟踪、武器控制于一体，也只有与升空平台结合，才有监视全空域的能力，对来袭的超低空目标提供必要的预警距离、反应时间和引导拦截的能力。

2.发展对抗隐身目标挑战的预警探测系统

隐身技术的成功引起了世界各国军事界和科技界的密切关注，使得传统的单基地、窄频带信号、常规体制的微波雷达的探测距离缩短为原来的1/5，导致大部分防空预警系统失效。雷达技术必须进行革命性飞跃，才能克服隐形飞机的威胁。

3.发展无源探测的预警探测系统

无源探测有很多优点，可以被动地对目标进行探测，隐蔽性强，目前已得到广泛应用。今后趋势是把有源探测网与无源探测网结合和互补，用以提高预警探测系统的探测功能和适应威胁环境的能力。

4.发展功能综合化的预警探测系统

在作战过程中，与预警探测系统关系密切的还有通信、导航、电子对抗与指挥控制中心等信息系统。各功能部分一体化方案，是未来提高整个系统效率、可靠性、快速反应能力、生存能力等的关键。

（三）战例应用

阿富汗战争中，为了获取作战所需的情报，美军动用了一切可以动用的手段，在战区建立了一体化的综合情报侦察及预警探测系统，包括太空的侦察卫星、空中的有人和无人侦察机、地面的特种部队人力侦察等。同时，美军把各种情报侦察系统与作战飞机、直升机等有机地融合起来，提供了高质量、各种形式的战场情报，大大提高

了从传感器到攻击平台的作战效率，较好地满足了作战的需要。目前，美国的战略预警系统可以在 1 分钟内判明敌方发射的弹道导弹性质，在 3 分钟内报告发射点和弹着点坐标以及飞行轨迹，对战役战术导弹可以提供 5 ～ 6 分钟的预警时间，对战略导弹可以提供 20 ～ 30 分钟的预警时间，对战略轰炸机可以提供 30 ～ 60 分钟的预警时间。

三、导航定位系统

（一）基本概念

导航是引导飞机、舰船、车辆或人员等运载体沿事先规定的路线准时到达目的地的过程，实现导航功能的系统称为导航系统。定位是在规定的坐标系中确定运载体位置的过程，实现定位功能的系统称为定位系统。现在，导航系统和定位系统逐渐融为一体，变成了具有导航和定位双重功能的导航定位系统，使导航系统除了为运载体提供实时位置信息之外，还提供速度、航向、姿态与时间等信息。导航定位系统是指通过测定运载体的位置、速度、方向和时间等参数进行导航的系统。从技术上可以分为无线电导航技术、卫星导航技术、惯性导航技术、天文导航技术、组合导航技术、水下导航技术和相对导航技术等。

 国防科普

北斗卫星导航系统

2022 年 11 月，国务院发布了《新时代的中国北斗》白皮书。白皮书指出北斗卫星导航系统（以下简称北斗系统）是中国着眼于国家安全和经济社会发展需要，自主建设、独立运行的卫星导航系统。经过多年发展，北斗系统已成为面向全球用户提供全天候、全天时、高精度定位、导航与授时服务的重要新型基础设施。

党的十八大以来，北斗系统进入快速发展的新时代。2020 年 7 月 31 日，习近平总书记向世界宣布北斗三号全球卫星导航系统正式开通，标志着北斗系统进入全球化发展新阶段。从改革开放新时期到中国发展进入新时代，从北斗一号到北斗三号，从双星定位到全球组网，从覆盖亚太到服务全球，北斗系统与国家发展同频共振，与民族复兴同向同行。

北斗系统服务性能优异、功能强大，可提供多种服务，满足用户多样化需求。其中，向全球用户提供定位导航授时、国际搜救、全球短报文通信等三种全球服务；向亚太地区提供区域短报文通信、星基增强、精密单点定位、地基增强等四种区域服务。

扫一扫，涨知识：

点亮北斗　走向世界

（二）发展趋势

从近年来的情况推断，全球卫星导航系统有如下发展趋势。

1. 向多系统组合式导航方向发展

世界各国、各地区和组织纷纷建立自己的卫星导航定位系统，未来几年将出现多种系统同时并存的局面，这为组合导航技术的发展提供了条件。通过对美国全球定位系统（GPS）、中国"北斗"、俄罗斯"格洛纳斯"、欧盟"伽利略"信号的组合利用，不但可以提高定位精度，还可使用户摆脱对一个特定导航系统的依赖，可用性将大大增强。

2. 向差分导航方向发展

使用差分导航技术，既可降低或消除那些影响用户和基准站观测量的系统误差，包括信号传播延迟和导航卫星本身的误差，还可消除人为因素造成的误差。随着全球定位技术的发展，差分导航将得到越来越广泛的应用。

（三）战例应用

从海湾战争、波黑战争、科索沃战争到伊拉克战争，美军都大规模地应用 GPS 技术，主要是为车、船、飞机等机动作战平台和野战机动部队提供导航定位信息，为精确制导武器进行制导，为特种部队和救援人员指引方向。

在精确制导方面，美军在科索沃战争中使用的巡航导弹、战术导弹和制导炸弹大多采用了 GPS 制导。海湾战争中，"战斧"巡航导弹采用 GPS 加地形匹配和数字景象相关匹配制导，圆概率误差达到 10 米左右。科索沃战争中，中段加装了 GPS，在 1600 千米射程上圆概率误差可达 3 ~ 6 米。除精度明显提高外，还大大简化了发射前的准备，任务规划时间由过去的 22 小时缩短到 2 小时。制导炸弹采用 GPS 制导后，与传统的激光制导方式相比，最大的优势就是不再受恶劣天气的影响，同时也减少了战机凌空照射目标的危险性。

此外，GPS 还可用于作战部队定位和紧急救援。GPS 接收机已经做到小型化、手持式，因而携带方便；它还可与其他手持式通信设备组合在一起，是野战部队和机动作战部队不可缺少的装备。科索沃战争中，被击落的 F-117 飞行员配备了装有 GPS 的救生装置，飞行员一落地即进行定位，并发出带有位置信息的紧急呼救信号，美军立即组织营救。EA-6B 电子战飞机一边干扰敌方通信和雷达，一边搜索无线电定位呼救信号，同时引导飞机和直升机接近目标区，7 小时之后便成功救出飞行员。

乐学好思 ▶▶▶▶▶▶

综合电子信息系统在现代战争中有哪些应用价值？

第四节 信息化杀伤武器

随着信息技术的迅猛发展和广泛应用，世界强国都企图加快军事技术的创新发展，进一步拉大与其他国家在军事信息技术方面的差距。因此，加速发展信息化杀伤武器，也成为各大强国确立军事信息技术优势的重要手段之一。

一、新概念武器及其发展趋势

军事高技术的迅猛发展，为研制新一代攻防武器开辟了广阔的前景，新概念武器应运而生。

（一）新概念武器的概念

新概念武器

新概念武器是指与传统武器相比，在设计思想、系统构造、材料应用、工艺制造、部署方式、作战样式、毁伤效果等方面都有本质区别，是常处于研制或探索之中的新型武器。新概念武器的出现和陆续实用化，必将对未来的军事理论、作战方式、军队体制编制等产生一系列革命性的影响。

目前，新概念武器的主要类型包括定向能武器、动能武器、次声武器、环境武器、人工智能武器、基因武器、非致命武器等。

1. 定向能武器

定向能武器，又叫束能武器，是利用定向发射的电磁波束、高能激光束、高能粒子束直接攻击目标的武器。包括激光武器、粒子束武器、射频武器等。

2. 动能武器

动能武器是指利用具有巨大动能的非爆炸性战斗部，直接碰撞并摧毁目标的武器。动能武器因获得动能来源的不同而形成多种类型，主要有动能拦截弹、电磁炮和群射火箭等。

3. 次声武器

次声武器指以频率低于 20 赫兹的次声波杀伤有生力量的武器。频率低于 20 赫兹的声波，人的耳朵听不见，称为次声波。由于次声波的频率和人体各主要器官的固有频率十分接近，所以当次声波作用于人体时，固有频率与次声波频率接近的器官会不由自主地产生共振，造成损害。次声武器大体分两类，一类是"神经摧毁型"次声武器；另一类是"器官杀伤型"次声武器。

4. 环境武器

环境武器是指通过积极控制和利用环境，即通过控制和改变地壳固体层、液体层及大气层内的物理过程，有意识地将自然力用于军事目的。环境武器主要分为气象武器、地震武器和生态武器。

 国防视野

环境武器的早期应用

美军在越南战争期间曾利用东南亚地区西南季风盛行季节多雨的有利条件，秘密在老挝、越南和柬埔寨的毗邻地区进行人工降雨，出动大批飞机、投掷催化弹47400多枚，造成局部地区洪水泛滥，桥断坝毁，道路泥泞难行，使得"胡志明小道"每周车辆通行量锐减90%，破坏了越军的运输生命线。

5. 人工智能武器

人工智能武器是指利用人工智能技术研制的具有某种智能特征的武器系统，主要有智能弹药和智能机器人两大类。

6. 基因武器

基因武器，又称遗传工程武器或DNA武器，也称"人种炸弹"，是指通过基因重组在一些致病的细菌或病菌中接入能对抗普通疫苗或药物的基因，或者在一些本来不致病的微生物体内插入致病基因而制造出来的武器。它是针对某一特定民族或种族群体的武器，是现代新概念武器的又一发展方向。

7. 非致命武器

非致命武器，又称非杀伤性武器。即利用声、光、电磁及化学、生物等技术手段，使人员暂时或部分丧失作战能力的武器。非致命性武器按用途可分为反装备非致命性武器和反人员非致命性武器两大类。

 扫一扫，涨知识：
常见的新概念武器

（二）新概念武器的发展趋势

由于新概念武器的重要作用和地位，世界各国尤其是美国投入了巨额资金，制订了宏大的计划，组织了庞大的科技队伍来从事新概念武器的开发工作，未来新概念武器将得到较快发展，其发展趋势主要表现在如下几个方面。

1. 创新性

与传统武器相比，新概念武器采用现代高新技术和全新概念的设计思想、制作材料和结构原理等。因此，武器的性能与传统武器相比有很大的突破和提高，具有很高的作战效能。它是创新思维和高新技术相结合的产物。

2. 高效精确性

许多软杀伤武器是靠能量来杀伤破坏目标，只要战前将能量储备好，战时就能实施连续攻击，不受"弹药"数量的限制。大多数软杀伤武器属于无惯性武器，射击时无后坐力，操作使用灵便，可快速变换射向，一个武器可同时攻击多个目标。那些使用光束、电波攻击目标的新概念软杀伤武器攻击运动目标无提前量，只要瞄准目标发射即可，命中精度极高。

3. 时代探索性

新概念武器是一个相对的、动态的概念。随着时代发展和科技进步，某一时代的新概念武器将日趋成熟并得到广泛应用，继而也就转化为传统武器。但探索性新概念武器的高科技含量远比传统武器多，探索性强，技术难度大，资金投入大，其发展在技术、经济、需求及时间等方面具有诸多不确定因素，因此，也具有较高的风险。

4. 非致命性

新概念武器的非致命性是其又一个重要特点，随着人类社会的进步，其"弱致命性"迎合了人类生存与和平发展的需要，在道义上易于被爱好和平的人接受。

（三）战例应用

新概念武器目前尚未形成完整的作战能力，要全面进入实战运用还需要一个较长的研究试验阶段。但由于其具有作战行动隐蔽、作战领域广泛、作战效能独特等特点，一直是各国争先研究的对象。

米格-31K搭载"匕首"高超音速导弹

"先进高超音速武器"是由美军率先提出的一种新概念武器，主要是指飞行速度可达5倍音速以上的高超音速导弹或平台。"匕首"高超音速导弹是俄罗斯在2018年才装备测试的一款高超音速导弹，由米格-31战斗机搭载发射，采用固体燃料火箭发动机，最大速度10马赫以上，最大射程2000公里，采用格洛纳斯导航系统和惯性导航结合的方式，命中精度30米以内，根据需要配备包括高爆、钻地、燃烧、子母、云爆等多类常规战斗部和核战斗部，可以打击多种不同类型的陆面目标和海面上的舰艇类目标。据俄罗斯称，目前没有任何防空系统可以拦截"匕首"高超音速导弹。2022年3月18日，俄军使用"匕首"高超音速导弹，摧毁了乌军位于伊万诺-弗兰科夫斯克州的一个大型地下导弹和航空弹药库，这是人类首次在实战中运用高超音速武器。

二、精确制导武器及其发展趋势

精确制导技术催生出的精确制导武器是第二次世界大战后军事技术最引人注目的进展之一。1991年海湾战争中，多国部队使用的精确制导武器为9%，而在2003年伊拉克战争中已达到70%左右。各种精确制导武器的迅速发展和广泛应用，对现代作战产生了巨大的影响。

（一）精确制导武器的概念

精确制导技术是指利用目标辐射或反射的特征信号，发现、识别与跟踪目标，精确导引和控制武器命中目标的技术。精确制导技术是在制导技术基础上延伸和发展的，用于支持精确制导武器的远距离高精度作战、夜间作战、全天候作战、复杂战场环境下作战。

精确制导武器有两大基本特征：一是采用了精确制导技术；二是直接命中概率高（50%以上）。制导武器最早诞生于第二次世界大战，20世纪50年代出现了防空导弹、空空导弹等。越南战争中，精确制导武器真正崭露头角。70年代，在战争中开始越来越多地使用这一类武器。

 国防视野

精确制导武器的早期应用

1972年初，美军出动12架战斗机，使用激光制导炸弹，毫发未损，就将越南河内附近的战略枢纽清化铁路公路两用桥摧毁了。在此之前，美军先后出动600多架次飞机，投放普通炸弹5000余吨，不仅未能炸毁这座大桥，反而被击落18架飞机，击伤39架。当年5月，美空军又出动数架战斗机，将另一座"眼中钉"杜美大桥摧毁。这次作战行动引起了各国军界的高度关注，一场空袭作战的革命悄然到来。

 扫一扫，涨知识：

精确制导武器的制导方式

（二）精确制导武器的发展趋势

当前，研制新一代精确制导武器、改进现有精确制导武器的性能是世界主要国家在军事技术领域角逐的焦点。现代精确制导武器将朝着以下几个方向发展。

一是进一步增大火力毁伤距离，提高弹药投送精确度和弹药威力；二是弹药引导系统由自动化向全自主过渡，以实现"发射、不用管、摧毁"的目的；三是实现战斗

准备过程的自动化，扩大电子计算机和自动化控制设备在武器控制方面的使用范围；四是实现不同作战平台、不同兵种和军种间精确制导弹药的配套和标准化。

（三）战例应用

从海湾战争开始，精确制导武器就大显身手，充当战场的主角。多国部队使用了20多种精确制导武器，如"战斧"巡航导弹、"爱国者"防空导弹、"斯拉姆"空对地导弹、"哈姆"反辐射导弹、"海尔法"反坦克导弹、"响尾蛇"和"麻雀"空空导弹及激光制导炸弹等，并在战争中显示了超常的作战能力。但精确制导武器的使用量仅占总弹药量的9%左右。在科索沃战争中，精确制导炸弹占全部投弹量的35%。在阿富汗战争中，精确制导炸弹占全部投弹量的56%。在伊拉克战争中，美英联军在空袭中使用的精确制导武器占总弹药量的68%。因此，精确制导武器在战争中使用比例的大幅度上升已成为时代的必然。

三、核生化武器及其发展趋势

（一）核武器

1. 基本概念

核武器标志

核武器是利用原子核裂变或裂变—聚变反应，瞬间释放出巨大能量，造成大规模杀伤破坏效应的武器。包括原子弹、氢弹和特殊性能核弹等。核武器的威力取决于爆炸时所释放出的能量，以 TNT 当量表示。核武器按爆炸威力可分为百吨级、千吨级、万吨级、十万吨级、百万吨级和千万吨级。核武器按战斗使用和当量又可分为战略核武器（当量大致在 5 千吨级以上）和战术核武器（当量大致在 5 千吨级以下）。

一般认为，自 1945 年问世以来，核武器已经经历了三代，第一代是通过核裂变实现的原子弹；第二代是通过核聚变实现的氢弹，也称热核武器；第三代是效应经过裁剪或增强的小型氢弹，具有代表性的有四种：一是以高能中子为主要杀伤因素的中子弹或增强辐射弹；二是以冲击波为主要杀伤因素、放射性污染小的冲击波弹；三是增强核射线能量的核电磁脉冲弹；四是钻入地下爆炸，利用巨大冲击波效应破坏地下物体的核钻地弹，它主要用来摧毁加固的导弹发射井、地下指挥中心等重要目标。前三代核武器在爆炸过程中都要产生放射性裂变物质，出现剩余核辐射，从而存在放射性污染。

第四代核武器，一般是指利用超激光、强 X 射线、磁压缩、反物质等前沿技术对核弹的触发装置进行改进，并激发核聚变的新一代核武器。由此，第四代核武器具备了三大特点：一是没有剩余核辐射，不产生放射性污染危害环境；二是可对核聚变过程进行某种程度的干预和控制，小型化更易实现和彻底；三是不必进行核爆炸试验，只需利用前期核武器的经验和成果，通过计算机模拟即可研制。目前公开报道的在研第四代核武器中，最具代表性的有两种，即反物质武器和核同质异能素武器。

2.发展趋势

（1）战略核力量将进一步调整。未来一定时期，战略核武器作为核大国的战略威慑力量将继续存在，品种和数量将进一步减少，同时质量在提高。在确保核威慑作用的前提下，按照削减战略武器条约的有关规定，美国和俄罗斯战略武器的核弹数均将继续减少，结构也有变化。两国将继续保持"三位一体"战略核力量的格局，但洲际弹道导弹和潜射击道导弹型号将减少。通过改进，其可靠性、可维性、命中精度和突防能力等将有所提高。

（2）核武器技术将进一步发展。目前，美、俄的核弹头及其运载工具的技术已相当成熟，但核心技术和关键技术今后仍将不断发展。核武器设计技术的目标是小型化、提高比威力，加强某一特性和效应；核武器材料技术涉及裂变和聚变核材料生产，高能量密度炸药和推进剂，弹头壳体材料，发动机壳体和喷管的新型复合材料；核武器引爆控制和安全技术目标是起爆更准确、可靠，控制更安全，抗辐射和抗干扰能力强。

（3）核武器性能将进一步提高。未来核武器的爆炸威力多数仍将保持在数十万吨当量范围，但作战性能将进一步提高，主要表现在：增强灵活使用能力；增强精确打击能力；增强突防能力；增强快速反应能力；增强生存能力。

（4）第四代核武器将进一步成熟。第四代核武器是以原子武器和核武器的原理为基础，所用的关键研究设施是惯性约束聚变装置，因此，它的发展不受全面禁止试验条约的限制。在军事上，由于这类武器不产生剩余核辐射，可作为常规武器使用。

3.核武器的战例应用

1945年7月16日，世界上第一颗原子弹在美国爆炸成功。1945年8月6日和9日，美国在日本广岛和长崎投掷两颗原子弹，造成大量平民和军人伤亡。长崎全城27万人，当日便死去6万余人。原子弹的巨大威力，促使日本无条件投降，加速了第二次世界大战的结束。

（二）生物武器

1.基本概念

生物武器是利用生物战剂的致病作用杀伤有生力量和毁伤动植物的武器，包括生物战剂、生物弹药和施放装置等，是大规模杀伤性武器。生物战剂有多种分类方法。按对人员的危害程度划分，可分为失能性战剂和致死性战剂两种。前者使人员暂时丧失战斗力，死亡率低于10%；后者可使人患严重疾病，死亡率高于10%。按所致疾病有无传染性划分，可分为传染性战剂和非传染性战剂两类。

生物武器标志

扫一扫，涨知识：

最可怕的武器——生物武器！

2. 发展趋势

未来生物武器的发展，主要取决于信息化条件下局部战争的需求和新技术的发展，特别是生物工程技术的发展，将使生物武器的研制进入一个全新的历史阶段。未来生物武器的发展趋势如下：

（1）寻找新型生物战剂。近年来，国外都很注意研制新的致病微生物。其要求是毒性强或有特定效应，传染发病快，便于大量生产、储存、使用，难以发现防护、救治。在致病的所有微生物中，病毒占 3/4。随着病毒生产技术和安全防护措施的改进，病毒类生物战剂将呈现出逐渐增多的趋势。人类发现了许多新的病毒，其中有些病毒已经引起军事微生物家的重视。

（2）研制基因武器。基因武器就是运用遗传工程技术，用类似工程设计的方法通过 DNA 重组，在某些致病细菌或病毒中植入能对抗普通疫苗或药物的基因，或者在一些本来不会致病的微生物体内导入致病基因，以培育出新的抗药性很强的致病菌，使之对特定遗传型的人种有致病作用的新型生物武器。由于基因武器使用的是难以制服的微生物，会给人类带来灾难性的后果，因而被称作"世界末日武器"。基因武器由于其致病力强，对侦检器材、预防疫苗不敏感，从而给侦检、防护和治疗造成极大困难。美国生物技术研究人员已用现代生物技术繁殖成功一些毒素的基因，他们还在研制用生物技术生产更具毒性的同种细菌和病毒，甚至用加入基因的方法使本来不引起疾病的细菌转变为病菌。基因武器与其他现代化武器相比，除具有不易防御和被伤害后难治疗的特点以外，还有成本低、易制造、使用方便、杀伤力大等优势。

（3）降低微生物气溶胶衰变。生物武器施放方法对生物战剂的杀伤效果影响很大。研究表明，以气溶胶形式施放生物战剂是使用生物武器的一种有效手段。一些国家很重视提高气溶胶的发生率、稳定性、感染力及控制气溶胶粒度的研究。如控制液体或团体微粒的大小，使之均匀分散，寻求适当使用的气溶胶状态，并尽可能减少生物战剂的损耗；采用生物战剂气溶胶的保护剂和微包衣技术，使气溶胶微生物免遭日光辐射的杀灭，增加生物战剂气溶胶的稳定性，减少微生物在空气传播过程中的死亡。

（4）混合使用和混合感染。为了提高生物战剂的杀伤效能，国外正在研究两种以上病菌或病毒的混合使用和混合感染。这种使用方法能使人畜发病快，病情重，不易诊断，不易预防和救治，加速人畜死亡，使死亡率增高。

3. 生物武器的战例应用

1937 年至 1945 年，日本帝国主义在侵华战争中大规模研制生物武器，并在中国东北建立研制细菌武器的工厂，在中国 10 余个省的广大地区施放鼠疫、霍乱、伤寒和炭疽杆菌等 10 余种生物战剂，致使大量无辜平民死亡。

（三）化学武器

1. 基本概念

化学武器是以毒剂的毒害作用杀伤有生力量的武器，包括毒剂和毒剂前体，化学弹药和施放装置等。是大规模杀伤性武器。按装备的兵种，可分为步兵化学武器、炮兵化学武器和航空兵化学武器等；按化学武器的基本构成，主要分为化学毒剂和化学弹药。化学毒剂又称毒剂、化学战剂、军用化学毒剂，是军事行动中以毒害作用杀伤人畜以及植物的化学物质。化学弹药可分为爆炸型、热分散型和布撒型三类。

化学武器标志

扫一扫，涨知识：

战场上的无声杀手——化学武器！

2. 发展趋势

由于化学毒剂的生产在原料、工艺过程及安全条件上与民用化工生产相近，因此，随着高科技在生命科学、分子生物学等方面的广泛应用，科研人员从民用研究中得到突破，不断促进化学武器质量的提高和完善。未来化学武器的发展趋势如下：

（1）研制新型化学毒剂。国外新型化学毒剂研制的重点是致死剂和失能剂。对新型致死剂的要求有三个方面：一是毒性更高、作用更快，可使遭袭者来不及防护，只要吸一口气即可致死，其毒性可能比现有毒剂的毒性高 1 ～ 2 个数量级以上；二是中毒途径更广，既能通过呼吸道中毒，又能通过皮肤渗透中毒；三是毒害作用特殊，不同于现有毒剂的毒理机制，在尚未掌握其毒理机制前很难进行急救与治疗。此外，国外对毒素战剂和能穿透面具的毒剂的研究也很重视。

（2）发展二元化学武器。二元化学武器，是指将两种相对无毒或低毒的化学物质分装在带有隔膜隔开的同弹体内，在投射过程中经化学反应生成新毒剂的化学武器。二元化技术的化学武器具有许多突出的优点：一是易于生产。二是便于储存、运输。三是可以广辟毒剂来源。目前，美、俄均已装备二元沙林和二元维埃克斯化学弹药。今后，仍将一方面研制新二元化学武器，另一方面对其现有二元化学弹药进行改造，提高性能和使用效果，使防护更加困难。

（3）完善化学毒剂微包胶技术。微包胶技术，就是在毒剂微粒表面包一层薄膜，形成微小胶囊。其直径一般为一至几十微米。微包胶技术的采用，可大大提高毒剂的使用效能。如为了减少毒剂在分散时的损失，可制成稳定性胶囊；要求碰到物体后再释放出毒剂，可制成渗透性胶囊；要求承受压力而后再破裂，可制成压裂性胶囊等。

（4）化学毒剂配伍使用。化学毒剂配伍使用，就是将两种以上的毒剂，或将某种毒剂与某种配剂按一定比例混合使用。毒剂配伍使用可提高毒害效能，增大战术使用价值。将某些不同毒害作用、不同中毒途径的毒剂混合使用，可提高毒性，使人员中毒后产生复合效应，从而给防护、救治增大难度。

3. 化学武器的战例应用

第一次世界大战初期，德军于 1915 年 4 月 22 日在比利时伊珀尔战线前沿，预先布设约 6000 罐装有氯气的钢瓶，利用有利气象条件向英法联军阵地吹放。由于对方毫无戒备，约 15000 人中毒，其中近 5000 人死亡，阵地被突破 8 ～ 9 千米，开了化学战的先例。

乐学好思 ▶▶▶▶▶▶

还有哪些可行的新概念武器研究方向？

下 篇

军事技能

第六章　师出以律，令行禁止
——共同条令教育与训练

良好的秩序，勇敢的精神，完好的武器，是战争中克敌制胜的保证。

——[俄罗斯] 彼得大帝

军人的勇敢必须摆脱个人勇敢所固有的那种不受控制和随心所欲地显示力量的倾向，它必须服从更高的要求：服从命令、遵守纪律、遵循规则和方法。

——[普鲁士] 克劳塞维茨

一支能胜任未来战争的队伍要经过无数的实践和训练才能培养出来，绝非一声令下或者匆匆投入金钱所能造就。

——[美国] 泰勒

★ 导语

　　在日常生活中，同学们经常会在车站、机场、广场以及其他场合看到军人，他们无论是单独或者集体出行，无论是执行任务还是回家探亲，都是军容严整、纪律严明、穿着得体、英姿挺拔。他们会主动给别人让座，帮助身边的人，只要身边有军人在，人们似乎就有一种天然的安全感。

学习目标

　　1. 了解中国人民解放军三大条令的主要内容；
　　2. 掌握队列动作的基本要领，养成良好的军事素养；
　　3. 增强组织纪律观念，培养学生令行禁止、团结奋进、顽强拼搏的过硬作风。

第一节　共同条令教育

条令，是指每个军人在平时的工作、学习、训练和生活中都必须遵守的有关条文及法规，是中央军委以简明条文的形式发布给军队的命令，是军队正规化建设的依据，是军队行为规范的准则。

新三大条令

我军从创建之日起就十分重视条令建设，红军时期颁布过《内务条例》和《纪律条令》。1951年，正式颁布三大条令，形成共同条令完整体系，之后历经10多次修订，在实践中不断充实完善。现行的共同条令包括《中国人民解放军内务条令（试行）》（以下简称《内务条令（试行）》）、《中国人民解放军纪律条令（试行）》（以下简称《纪律条令（试行）》）、《中国人民解放军队列条令（试行）》（以下简称《队列条令（试行）》），经中央军委主席习近平签署命令发布，自2018年5月1日起在全军施行。

扫一扫，涨知识：

我军共同条令的发展历程

在新的共同条令中，牢固确立了习近平强军思想的指导地位，把习近平强军思想作为我军内务建设、纪律建设、队列建设的根本遵循。新的共同条令，坚持以党在新时代的强军目标为引领，突出问题导向，聚焦备战打仗，体现全面从严，注重创新发展，总结升华体制改革的新要求、部队管理的新经验、制度建设的新成果，在保持条令稳定性、连续性的前提下，对不适应形势发展变化的内容进行了创新性修订，作出了具体明确规范。新共同条令发布施行，体现了我军对新时代强军兴军特点规律的新认识、新探索，具有较强的时代性、规范性和操作性，必将全面提升国防和军队建设的法治化水平。

一、《内务条令（试行）》教育

（一）《内务条令（试行）》概述

《内务条令（试行）》是中国人民解放军内务建设的基本依据，是关于军人职责及其相互关系、军容礼节、生活制度和管理规则的法规，是部队行政管理工作的基本依据和军队生活的准则。制定内务条令的目的在于建立及维护部队良好的内部关系、正规的生活秩序，培养严整的军容、优良的作风、自觉而严格的组织纪律，巩固和提高部队战斗力。

（二）《内务条令（试行）》的主要内容

1.总则

总则主要阐述了制定本条例的目的和依据，明确了军队的性质及其内务建设的思想、基本任务、强军目标、贯彻的原则及要求，以及各级首长和机关在军队内务中的责任与义务。

2.军人的职责及内部关系

该部分主要讲述了士兵职责、军官职责、首长职责、各级主管的职责，以及军人之间的相互关系。这部分内容主要明确任务的分配，增强军人的责任感和使命感，对于保证军人政治上平等、确保军队的内部团结具有重要的作用。

 国防科普

军人宣誓

军人宣誓，是军人对自己肩负的神圣职责和光荣使命的承诺和保证。《内务条令》规定，公民入伍后，必须进行军人宣誓；同时规定了宣誓的基本要求和军人宣誓大会的程序。

军人誓词——我是中国人民解放军军人，我宣誓：服从中国共产党的领导，全心全意为人民服务，服从命令，忠于职守，严守纪律，保守秘密，英勇顽强，不怕牺牲，苦练杀敌本领，时刻准备战斗，绝不叛离军队，誓死保卫祖国。

军人宣誓

3.军人的日常规范

（1）行政会议。这里讲的会议是以连队为基本单位，在服役期间所要参加的会议，主要有班务会、排务会、连务会和军人大会。各种会议的时间、任务和内容是不同的。

（2）军容风纪。军人必须严格按照规定着装，保持军容严整。本部分主要针对军人的着装、仪容和举止作出了详细的规定。

（3）作息和请销假制度。军队通常保持 8 小时操课和 8 小时睡眠，并详细规定起床、早操、洗漱、开饭、业余活动、点名和就寝时间。

（4）礼节要求。尊干爱兵是我军一贯的原则，条令在礼节方面也有严格的规定。

士兵要尊重干部，服从领导和管理；干部要以身作则，公道正派，对士兵不仅要严格管理，还要关心士兵的生活、安全和健康。

（5）对外交往和安全工作。军人在对外交往中必须遵纪守法，坚决维护国家和军队的利益，不得与地方人员进行不正当、不必要的交往。在交往过程中要注意军队的保密条例。安全工作是军队工作的重中之重，从上级到下级必须把安全工作放在首位，注意解决实际问题，增强安全工作的科学性和有效性。

4. 国旗、军旗、军徽的使用和国歌、军歌的奏唱

国旗、军旗、军徽的使用和国歌、军歌的奏唱的内容包括国旗、军旗、军徽使用的目的、时机、程序和要求，国歌、军歌奏唱的时机、场合和要求。部分内容对于增强军人的国家意识和爱国主义精神具有重要作用。

5. 新增与调整的内容

（1）新增军事训练管理与野营管理内容。《内务条令（试行）》着眼于适应实战化训练对管理工作的新要求，重点明确了坚持依法治训、按纲施训，正风、演风和考风严格落实军事训练基本制度，强化作风养成。

（2）增加军旗规范内容。火箭军成为独立军种，为适应军种建设发展的需要，《内务条令（试行）》新增了火箭军军旗式样的规范。

（3）调整了相应规范。《内务条令（试行）》调整了军人职责规范模式。原条是按照士兵职责、军官职责、首长职责和主管人员四类职责进行分类规划的；体制编制调整后，各军兵种岗位进一步多样化、差异化，《内务条令（试行）》对其职责进行了授权性规范。

（4）预留了相关制度规范。关于军队文职人员的管理制度规范，按照有关规定执行。《内务条令（试行）》针对机构改革和政策制度的新变化作了相应的调整与修改。

扫一扫，涨知识：

新版《内务条令》热点解答

二、《纪律条令（试行）》教育

（一）《纪律条令（试行）》概述

纪律是各种组织要求其成员共同遵守的行为准则。我军纪律贯彻了从严治军的思想，与时俱进地反映了军队在新时期的特点和广大官兵的愿望与要求，是建立在政治自觉基础上的严格纪律，是关系军队战斗力的重要因素，是坚持人民军队的性质、宗旨，团结自己、战胜敌人和完成一切任务的保证，是军队的法规。

《纪律条令（试行）》着眼于确保军队绝对忠诚、绝对可靠、绝对纯洁，保证军队

高度集中统一，全面规范了军队纪律内容，重点解决奖惩条件老、少、缺等问题，补齐了短板缺项，规范了行为边界，突出了纪律规定的刚性、严肃性和约束力。《纪律条令（试行）》是我军关于军队的纪律及其奖惩的军事法规，是维护和巩固纪律、正确实施奖惩的依据。

（二）《纪律条令（试行）》的主要内容

1. 总则

总则主要规定了我军纪律的目的和依据，纪律在军队建设和奖惩工作中的使用范围，军队纪律的基本内容、性质和作用，维护和巩固纪律的原则与要求，以及军人在维护纪律中应尽的责任及义务。

2. 奖励与处分

实施奖励是为了维护纪律，鼓励先进，调动军人的积极性、创造性，保证作战、训练和其他各项工作任务的圆满完成。军人如违反纪律，将视情节轻重受到相应的处分。实施奖励与处分的目的是教育本人和部队，维护纪律的严肃性，保持部队的集中和统一，巩固和提高部队战斗力。

奖励的项目有：嘉奖、三等功、二等功、一等功、荣誉称号和八一勋章。依次以嘉奖为最低奖励，八一勋章为最高奖励。处分项目从轻到重依次是：警告、严重警告、记过、记大过、降职或者除名、开除军籍。

3. 维护纪律的其他措施

维护纪律的其他措施主要包括三个方面的内容：特殊性措施、控告和申诉、首长责任和纪律监察。

特殊性措施适用于军人在特殊情况下采取的特殊方式，控告和申诉是军人的民主权利，其目的在于充分发挥群众的监督作用，保护军人的合法权益，维护军队严格的纪律。控告和申诉应当忠于事实，通常是按级提出，有时也可越级提出，但应当以书面的形式提出。各级首长都有维护纪律的直接责任，必须按照条令规定的条件和程序，正确地实施奖惩。

4. 新增与调整的内容

（1）第一次规范纪律内容。为充分体现新时代新特点新要求，立起新时代全面从严治军新标准，更好地发挥外树我军形象、内塑官兵品格的功能作用，围绕听党指挥、备战打仗和全面从严治军要求，《纪律条令（试行）》从政治纪律、组织纪律、作战纪律、训练纪律、工作纪律、保密纪律、廉洁纪律、财经纪律、群众纪律、生活纪律十个方面进行了规范。

（2）新增了"八一勋章"奖励项目。《纪律条令（试行）》着眼于国家奖励制度相衔接，新增"八一勋章"奖励项目作为军队最高奖励项目，主要授予在维护国家主权、安全、发展利益，推进国防和军队现代化建设中作出巨大贡献，建立卓越功勋的军队人员。

国防服役银质纪念章

（3）重新规范表彰和纪念章。为了与党和国家的功勋荣誉表彰制度接轨，继承军队奖励表彰工作优良传统，《纪律条令（试行）》将表彰进行单独列章，重新规范考虑到纪念章是对个人经历资历的证明和肯定，其性质主要为荣誉性纪念，《纪律条令（试行）》对纪念章也进行了单独列章，重新规范。

（4）修订调整明确奖惩权限和承办部门。《纪律条令（试行）》按照新的体制编制重新明确了各级的奖惩权限。

扫一扫，涨知识：

《纪律条令》修订的最大亮点

三、《队列条令（试行）》教育

（一）《队列条令（试行）》概述

《队列条令（试行）》是全军官兵必须共同遵循的行为规范。从适应我军优良作风培养和技术、战术训练的需要出发，对军队的队列训练和队列生活作了具体规范，指出"本条令是中国人民解放军队列生活的准则和队列训练的基本依据。全体军人必须严格执行本条令，加强队列训练，培养良好的军姿、严整的军容、过硬的作风、严格的纪律性和协调一致的动作，落实全面从严治军要求，促进军队正规化建设，巩固和提高战斗力"。

（二）《队列条令（试行）》的主要内容

1.总则

总则包括制定本条令的目的、本条令的适用范围、本条令的作用与意义、首长机关的责任、队列纪律。

2.队列指挥

队列指挥包括队列指挥的位置、队列指挥的方法、队列指挥的要求。

3.队列队形

队列队形包括队列的基本队形，队列的间距，班、排、连、营、团各级的队形及军兵种分队、部队的队形要求。

4.单个军人的队列动作

单个军人的队列动作包括立正、稍息、跨立、停止间转法、行进、立定、步法变换和武器的操持等。

5. 分队、部队的队列动作

分队、部队的队列动作包括集合、离散、整齐、报数、出入列、行进、停止、队形变换、方向变换和指挥员列队位置变换等。

6. 分队乘坐交通工具

该部分为分队乘坐运输车、客车、火车、舰（船）艇和飞机（直升机）等交通工具时的程序与方法以及调整的规范。

7. 国旗的掌持、升降和军旗的掌持、授予与迎送

该部分分别对国旗的掌持、国旗的升降，军旗的掌持、军旗的授予和迎送进行了规范。

8. 阅兵

对阅兵的时机和权限、阅兵的形式、阅兵的指挥、阅兵的程序和院校阅兵的组织与实施等进行了规范说明。

9. 新增与调整的内容

（1）增加完善仪式规范。《队列条令（试行）》着眼于建设世界一流军队目标要求，进一步树立我军良好形象，结合军队有关法规要求，按照聚焦实战、立足实际、注重实效的原则，既突出通用性，又体现军兵种特色，明确了仪式的基本规范，增设了14种仪式规范。

（2）增设鸣枪礼规范。《队列条令（试行）》中设置鸣枪礼是一次重要创新。鸣枪礼是一种礼仪，通常用于牺牲军人的葬礼、重大纪念活动等，是军队仪式的重要组成部分。

（3）增加分队乘坐客车规范。《队列条令（试行）》针对部队乘坐客车机动、执勤等不断增多的实际情况，增加了分队乘坐客车规范的内容。

（4）调整完善有关武器操持规范。《队列条令（试行）》新增03式自动步枪操枪、120反坦克火箭操持和双手持枪。

扫一扫，涨知识：

权威解读｜新一代《队列条令》为何增设"鸣枪礼"

乐学好思 ▶▶▶▶▶▶

为什么要颁布三大条令？

第二节　分队的队列动作

一、队列队形

（一）基本队形和列队的间距

队列的基本队形为横队、纵队、并列纵队；需要时，可以调整为其他队形。队列人员之间的间隔（两两之间）通常约 10 厘米，距离（前一名脚跟至后一名脚尖）约 75 厘米；需要时，可以调整队列人员之间的间隔和距离。

（二）分队的队形

1. 班的队形

班的基本队形分为横队和纵队。需要时，可以成二列横队或者二路纵队。

2. 排的队形

排的基本队形分为横队和纵队。排横队，由各班的班横队依次向后排列组成；排纵队，由各班的班纵队依次向右并列组成。

排长的列队位置：横队时，在第一列基准兵右侧；纵队时，在队列中央前。

3. 连的队形

连的基本队形分为横队、纵队和并列纵队。连横队，由各排的排横队依次向左并列组成；连纵队，由各排的排纵队依次向后排列组成；连并列纵队，由各排的排纵队依次向左并列组成。

连指挥员的列队位置：横队、并列纵队时，位于一排长右侧，前列为连长、副连长，后列为政治指导员、副政治指导员；纵队时，位于一排长前，前列为连长、政治指导员，后列为副连长、副政治指导员（未编有副政治指导员时，后列中央为副连长）。

4. 营的队形

营的基本队形分为横队、纵队和并列纵队。营横队，由各连的并列纵队依次向左并列组成；营纵队，由各连的连纵队依次向后排列组成；营并列纵队，由各连的连纵队依次向左并列组成。营部所属人员编为三列（路）队形，按照编制序列列队。

营属其他分队，采用同连相应的队形，按照编制序列列队，位于本营队尾。营指挥员的列队位置：横队、并列纵队时，位于营部右侧，前列为营长、副营长，后列为政治教导员（编有副政治教导员时，为政治教导员、副政治教导员）；纵队时，位于营部前，前列为营长、政治教导员，后列中央为副营长（编有副政治教导员时，后列为副营长、副政治教导员）。

二、集合、离散

（一）集合

集合，是使单个军人、分队、部队按照规范队形聚集起来的一种队列动作。

集合时，指挥员应当先发出预告或者信号，如"全连注意"或者"×排注意"，然后，站在预定队形的中央前，面向预定队形成立正姿势，下达"成××队——集合"的口令。所属人员听到预告或者信号，原地面向指挥员成立正姿势；听到

集合

口令，跑步到指定位置面向指挥员集合（在指挥员后侧的人员，应当从指挥员右侧绕过），自行对正、看齐，成立正姿势。

1. 班集合

口令："成班横队（二列横队）——集合"。

要领：基准兵迅速到班长左前方适当位置，成立正姿势；其他士兵以基准兵为准，依次向左排列，自行看齐。

成班二列横队时，单数士兵在前，双数士兵在后。

口令："成班纵队（二路纵队）——集合"。

要领：基准兵迅速到班长前方适当位置，成立正姿势；其他士兵以基准兵为准，依次向后排列，自行对正。

成班二路纵队时，单数士兵在左，双数士兵在右。

2. 排集合

口令："成排横队——集合"。

要领：基准班在指挥员前方适当位置，成班横队迅速站好；其他班成班横队，以基准班为准，依次向后排列，自行对正、看齐。

口令："成排纵队——集合"。

要领：基准班在指挥员右前方适当位置，成班纵队迅速站好；其他班成班纵队，以基准班为准，依次向右排列，自行对正、看齐。

3. 连集合

口令："成连横队——集合"。

要领：队列内的连指挥员或者基准排，在指挥员左前方适当位置，成横队迅速站好；各排和连部成横队，以连指挥员或者基准排为准，依次向左排列，自行对正、看齐。

口令："成连纵队——集合"。

连横队集合

要领：队列内的连指挥员或者基准排，在指挥员前方适当位置，成纵队迅速站好；各排和连部成纵队，以连指挥员或者基准排为准，依次向后排列，自行对正、看齐。

口令："成连并列纵队——集合"。

要领：队列内的连指挥员或者基准排，在指挥员左前方适当位置，成纵队迅速站好；各排和连部成纵队，以连指挥员或者基准排为准，依次向左排列，自行对正、看齐。

4. 营集合

营集合，通常规定集合的时间、地点、方向、队形、基准分队以及应当携带的武器、器材和装具等事项。

各连按照规定，由连队值班员整队带往营的集合地点，随即向基准分队取齐，然后，跑步到距主持集合的营值班员 5 ～ 7 步处报告人数，营值班员整队后，向营首长报告人数；也可以由连首长整队带往集合地点，直接向营首长报告。例如："营长同志，× 连应到 ×× 名，实到 ×× 名，请指示"。

营长以口令指挥集合时，参照集合的有关规定实施。

5. 旅集合

旅集合，参照营集合的规定实施。

（二）离散

离散，是使列队的单个军人、分队、部队各自离开原队列位置的一种队列动作。

1. 离开

口令："各营（连、排、班）带开（带回）"。

要领：队列中的各营（连、排、班）指挥员带领本队迅速离开原列队位置。

2. 解散

口令："解散"。

要领：队列人员迅速离开原列队位置。

三、整齐、报数

（一）整齐

向右看齐

整齐，是使列队人员按照规定的间隔、距离，保持行、列平齐的一种队列动作。整齐分为向右（左）看齐和向中看齐。

口令："向右（左）看——齐"。

"向前——看"。

要领：基准兵不动，其他士兵向右（左）转头（持枪时，听到预令，迅速将枪稍提起，看齐后自行放下；持 120 反坦克火箭筒时，听到预令，左手握提把，右手握握把，提起发射筒，看齐后自行放下），眼睛看右（左）邻士兵腮部，前四名能通视基准兵，自第五名起，以能通视到本人以右（左）第三人为度；后列人员，先向前对正，后向右（左）看齐；听到"向前——看"的口令，迅速将头转正，恢复立正姿势。

口令："以 ××× 为准，向中看——齐"。

"向前——看"。

要领：当指挥员指定"以 ××× 为准（或者以第 × 名为准）"时，基准兵答"到"，同时左手握拳高举，大臂前伸与肩略平，小臂垂直举起，拳心向右；听到"向中看——齐"的口令后，其他士兵按照向左（右）看齐的要领实施；听到"向前——看"的口令后，基准兵迅速将手放下，其他士兵迅速将头转正，恢复立正姿势。

一路纵队看齐时，可以下达"向前——对正"的口令。

（二）报数

口令："报数"。

要领：横队从右至左（纵队由前向后）依次以短促洪亮的声音转头（纵队向左转头）报数，最后一名不转头；数列横队时，后列最后一名报"满伍"或者"缺 ×名"；连集合时，由指挥员下达"各排报数"的口令，各排长在队列内向指挥员报告人数，如"第 × 排到齐"或者"第 × 排实到 ×× 名"。

必要时，连也可以统一报数。

要领：连实施统一报数时，各排不留间隔，要补齐，成临时编组的横队队形。报数前，连指挥员先发出"看齐时，以一排长为准，全连补齐"的预告，尔后下达"向右看——齐"口令，待全连看齐后，再下达"向前——看"和"报数"的口令，报数从一排长开始，后列最后一名报"满伍"或者"缺 × 名"。

四、出列、入列

单个军人和分队出列、入列，通常用跑步，5 步以内用齐步，1 步用正步，或者按照指挥员指定的步法执行；然后，进到指挥员右前侧适当位置或者指定位置，面向指挥员成立正姿势。

（一）单个军人出列、入列

1. 出列

口令："×××（或者第 × 名），出列"。

要领：出列军人听到呼点自己姓名或者序号后应当答"到"，听到"出列"的口令后，应当答"是"。

（1）位于第一列（左路）的军人，按照本条上述规定，取捷径出列。

（2）位于中列（路）的军人，向后（左）转，待后列（左路）同序号的军人向右后退1步（左后退1步）让出缺口后，按照本条的上述规定从队尾（纵队时从左侧）出列；位于"缺口"位置的军人，待出列军人出列后，即复原位。

（3）位于最后一列（右路）的军人出列，先退1步（右跨1步），然后，按照本条有关规定从队尾出列。

2. 入列

口令："入列"。

要领：听到"入列"口令后，应当答"是"，然后，按照出列的相反顺序入列。

（二）班（排）出列、入列

1. 出列

口令："第 × 班（排），出列"。

要领：听到"第 × 班（排）"的口令后，由出列班（排）的指挥员答"到"，听到"出列"的口令后，由出列班（排）的指挥员答"是"，并用口令指挥本班（排），按照本条的有关规定，以纵队形式从队尾（位于第一列的班取捷径）出列。

2. 入列

口令："入列"。

要领：听到"入列"的口令后，由入列班（排）指挥员答"是"，并用口令指挥本班（排），以纵队形式从队尾（位于第一列的班取捷径）入列。

五、行进、停止

横队和并列纵队行进以右翼为基准，纵队行进以左翼为基准（一路纵队行进以先头为基准）。

（一）行进

齐步走

指挥员应当下达"× 步——走"的口令。听到口令，基准兵向正前方前进，其他士兵向基准翼标齐，保持规定的间隔、距离行进。纵队行进时，排、连通常成三路纵队，也可以成一、二路纵队。行进中，需要时，用"一二一"（调整步伐的口令）、"一二三四"（呼号）或者唱队列歌曲，以保持步伐的整齐和振奋士气。

（二）停止

指挥员应当下达"立——定"的口令。听到口令，按照立定的要领实施，分队的动作要整齐一致；停止后，听到"稍息"的口令，先自行对正、看齐，再稍息。

六、方向变换

方向变换，是改变队列面对的方向的一种队列动作。

（一）横队和并列纵队方向变换

停止间，通常是左（右）转弯或者左（右）后转弯，必要时可以向后转。

停止间口令："左（右）转弯，齐（跑）步——走"，或者"左（右）后转弯，齐（跑）步——走"，或者"向后——转，齐（跑）步——走"（当需要向后转走时，应当先下"向后——转"的口令，待方向变换后，再下"齐步——走"或者"跑步——走"的口令）。

行进间口令："左（右）转弯——走"，或者"左（右）后转弯——走"。

要领：一列横队方向变换时，轴翼士兵踏步，并逐渐向左（右）转动；外翼第一名士兵用大步行进并同相邻士兵动作协调，逐步变换方向（愈接近轴翼者，其步幅愈小），其他士兵用眼睛的余光向外翼取齐，并保持规定的间隔和排面整齐，转到90度或者180度时踏步并取齐，听口令前进或者停止。

数列横队和并列纵队方向变换时，第一列轴翼士兵停止间用踏步、行进间用小步，外翼士兵用大步行进，保持排面整齐，边行进边变换方向，转到90度或者180度后，听口令前进或者停止；后续各列按照上述要领，保持间隔、距离，取捷径进到前一列转弯处，转向新方向跟进。

（二）纵队方向变换

停止间，通常是左（右）转弯，或者左（右）后转弯，必要时可以向后转。

停止间口令："左（右）转弯，齐（跑）步——走"，或者"左（右）后转弯，齐（跑）步——走"，或者"向后——转，齐（跑）步——走"（按照横队和并列纵队向后转走的方法实施）。

行进间口令："左（右）转弯——走"，或者"左（右）后转弯——走"。

要领：一路纵队方向变换，基准兵在左（右）转弯时，按照单个军人行进间转法（停止间，左转弯走时，左脚先向前1步）的要领实施，在左（右）后转弯时，用小步边行进边变换方向，转到90度或者180度后，照直前进；其他士兵逐次进到基准兵的转弯处，转向新方向跟进。

数路纵队方向变换时，按照数列横队和并列纵队方向变换的要领实施。

扫一扫，涨知识：

教科书式队列示范

乐学好思 ▶▶▶▶▶▶

参加军训时，你是否准确掌握了相应队列动作的动作要领？

第三节　现地教学

国防教育是增强民族凝聚力、提高全民素质的重要途径，是建设巩固国防和强大军队的基础性工程。习近平总书记对普及和加强全民国防教育高度重视，多次强调要增强全民国防观念，使关心国防、热爱国防、建设国防、保卫国防成为全社会的思想共识和自觉行动。现地教学是加强全民国防教育的重要途径，主要包括走进军营、学唱军歌、走进爱国主义教育基地。

一、走进军营

我们的军队是人民军队。《国防法》第七章第四十五条规定："军事机关应当支持有关机关和组织开展国防教育工作，依法提供有关便利条件。"2022 年 9 月，中共中央、国务院、中央军委印发了《关于加强和改进新时代全民国防教育工作的意见》（以下简称《意见》）。《意见》指出，充分发挥军队重要作用，明确要按照规定组织军营向社会开放，做好宣讲培训，协调开展军事实践活动，为地方开展全民国防教育提供有力支持保障。

2017 年 10 月，经中央军委批准，军委办公厅印发了《中国人民解放军军营开放办法》，这是军队深入贯彻落实习近平系列重要讲话精神，是新时代发挥军队资源优势推动全民国防教育普及深入的实际举措，标志着我军军营向社会开放工作步入规范化、法治化轨道。对于引导广大干部群众强化国家安全意识、增进军政军民团结，进一步汇聚形成强国兴军的强大正能量，具有重要意义。

 国防热点

临沂大学生零距离体验军营生活

军营生活体验

2019 年 5 月 17 日，临沂大学体育与健康学院 50 多名有入伍意向的大学生走进"时代楷模"张楠烈士生前所在部队——武警临沂支队执勤一大队机动中队，近距离地观摩了武警战士的训练生活，参观了张楠烈士的英雄事迹，上了一堂真实生动、意义深远的国防教育课。大学生们纷纷表示要携笔从戎，报效祖国，在绿色军营中绽放青春，书写美丽的人生华章。

战士们为大学生们作了枪械讲解，并进行了特战技能展示，单双杠练习、400 米障碍跑、攀岩索降等，一项项精彩的表演，高超的技能，让大学生们叹为观止，不时爆发出一阵阵喝彩尖叫声。几位大学生还在战士们的指导下体验了障碍跑等项目。

二、学唱军营歌曲

军营歌曲即军歌，是反映部队官兵战争时期的战斗生活、和平时期的训练生活，反映官兵精神面貌、激发战斗精神的军队生活歌曲或队列歌曲。毛泽东曾这样高度评价抗日歌曲在抗战中发挥的作用："一首抗日歌曲抵得上两个师的兵力！"优秀的军营歌曲，总是能将我军特有的战斗精神中所包含的政治信念和职责使命、思想情感和作风气节、意志斗志和决心信心，以优美动听的音乐和朗朗上口的唱词为载体，准确而充分地表达出来。从这个意义上讲，高唱军歌，已不再是纯粹的娱乐行为，也不再仅仅属于个人喜好的范畴，它已经被赋予了凝聚军心、鼓舞斗志、激发士气的特殊功能。

学唱军歌作为学生军训的一项重要内容，有着十分重要的意义：①学唱军歌有利于继承和发扬我军优良传统；②学唱军歌有利于培养和激发奋斗精神；③学唱军歌有利于陶冶情操和提升审美能力。

军营生活离不开军歌，不管是铿锵有力的进行曲，还是饱含深情的军旅抒情歌曲，抑或是体现军人内心情思的军营民谣，都是军人情感的寄托和日常文化生活的重要组成部分。大学生在军训期间，组织学唱军歌，不但能够激发训练热情，而且能够受到军事文化熏陶。如《义勇军进行曲》《中国人民解放军军歌》《强军战歌》《团结就是力量》《打靶归来》《咱当兵的人》《严守纪律歌》《驼铃》《我是一个兵》《一二三四歌》等，都是影响甚广、流传至今的脍炙人口的军旅歌曲。

扫一扫，涨知识：

《强军战歌》

三、走进爱国主义教育基地

爱国主义是一种崇高的思想境界和道德情操，是中华民族赖以生存和发展的一种凝聚力，是各族人民共同的精神支柱，是社会主义精神文明建设主旋律的重要组成部分，同时也是我国培养"四有"新人的基本要求。

爱国主义教育是提高全民族整体素质的基础性工程，是引导人们特别是广大青少年树立正确理想、信念、人生观、价值观，促进中华民族振兴的一项重要工作。2019年，中共中央、国务院印发《新时代爱国主义教育实施纲要》（以下简称《纲要》）。《纲要》指出，建好用好爱国主义教育基地和国防教育基地。各级各类爱国主义教育基地，是激发爱国热情、凝聚人民力量、培育民族精神的重要场所。要加强内容建设，改进展陈方式，着力打造主题突出、导向鲜明、内涵丰富的精品陈列，强化爱国主义教育和红色教育功能，为社会各界群众参观学习提供更好服务。

2021年，在庆祝中国共产党成立100周年之际，中央宣传部新命名111个全国爱国主义教育示范基地。此次命名后，全国爱国主义教育示范基地总数达到585个。

中宣部要求，要进一步发挥全国爱国主义教育示范基地的作用，改进展览陈列，优化参观线路，进一步发挥宣传教育功能，着力讲好中国故事，讲好中国共产党故事，讲好新时代中国特色社会主义故事，激励动员广大党员干部群众特别是青少年，更加紧密地团结在以习近平同志为核心的党中央周围，继续为全面建设社会主义现代化国家、夺取新时代中国特色社会主义伟大胜利、实现中华民族伟大复兴而奋斗。

在军训期间，组织大学生走进爱国主义教育基地开展爱国主义教育，可以使青年学生从基地的每一件历史文物、每一位爱国先烈、每一个真实故事中，感受中华民族的传统美德、中华儿女的崇高理想和价值追求，领悟做人做事的基本道理。因此，利用爱国主义教育基地开展爱国主义教育，这种将学习和调查研究有机结合起来的实践性教学活动，具有很强的吸引力和感染力。

国防热点

凝望南湖红船　感悟使命初心

小小红船，承载了一个政党的艰难缔造，泱泱秀水，见证了中华民族的复兴之路。当课堂上、书本里那艘中国共产党的"母亲船"近在咫尺，呈现在师生们面前时，大家内心的激动犹如激荡的湖水，迅速从胸腔中蔓延开来。

红船，是我们党梦想起航的地方，是共产党人的精神圣殿，是一座信仰的丰碑。在嘉兴南湖革命纪念馆宣誓广场上，面对中国共产党党旗，院领导和全体师生一起，拳心向党，誓言铿锵。纪念馆里，苦难辉煌，细细闻听，初心使命，久久凝视。一幕幕生动的场景，一个个动人的故事仿佛把大家带回了革命先辈为民主民生、主权独立，为国家兴盛、民族复兴奋斗不息的光辉岁月。

瞻仰红船

看一次展览，听一次党课，学一次党章，观看一次专题片，瞻仰一次红船，重温一次入党誓词，在南湖，这"六个一"构成了一堂生动的"红船精神"现地教学课。离开嘉兴，红船远去，但"红船精神"已经在师生们的心中扎下根来。

乐学好思 ▶▶▶▶▶▶

相比于以往的国防教育形式，现地教学有什么不同？你认为哪种方式更有效？

第七章　百步穿杨，砥兵砺伍
——射击与战术训练

★ ★ ★ ★ ★

★ 导语

战争的首要目的是保存自己，消灭敌人。要想赢得战争的胜利，必须苦练杀敌本领，熟练运用手中武器。在这里，我们将学到射击的基本原理、轻武器的战斗性能，了解班组攻防的基本动作和战术原则，培养良好的战斗素养。

学习目标

1. 了解轻武器的战斗性能，掌握射击动作要领，进行体会射击；
2. 学会单兵战术基础动作，了解战斗班组攻防的基本动作和战术原则，培养学生良好的战斗素养。

第一节　轻武器射击

　　轻武器，亦称轻兵器，通常指由单兵或班（组）携行战斗的武器的统称。它包括各种枪械，单兵地面杀伤武器、便携式反坦克武器和单兵防空导弹等。其基本作战用途是在近距离内杀伤活动目标，毁伤轻型装甲目标、低空飞行目标，破坏敌方设施和军事器材。

　　轻武器的种类很多，其分类方法多种多样。轻武器按口径可分为大口径武器和小口径武器，按自动方式可分为半自动武器和自动武器。按武器的用途，可分为手枪、步枪、冲锋枪、机枪、火箭筒和榴弹发射器等。

一、轻武器性能、构造与保养

（一）轻武器性能和构造（以95式自动步枪为例）

95式自动步枪

　　95式自动步枪由我国自主研发，首批装备驻港部队，具有口径小、初速高、火力猛、杀伤力大等特点，是我军主要装备的轻武器之一。95式5.8毫米自动步枪与95式5.8毫米班用轻机枪组成班用枪族，活动机件和弹匣、弹鼓可以互换，并能用实弹直接从枪管发射40毫米系列枪榴弹，具有点面杀伤和反装甲的能力，是近战中消灭敌人有生力量的自动武器和步兵分队反装甲目标的辅助武器。

1.性能

　　95式自动步枪对单个目标在400米内射击效果最好，集中火力可射击500米内的敌机、伞兵以及集团目标。

　　供弹方式：弹匣供弹，每支枪配有5个弹匣。也可使用弹鼓供弹。

　　射击方法：可实施单发射、短点射（2～5发）和长点射（6～10发）。

　　战斗射速：单发射每分钟40发，点射每分钟100发。

　　枪管寿命：10000发。

2.构造

　　95式自动步枪由刺刀枪管、导气装置、瞄准装置、护盖、枪机、复进簧、击发机、枪托、机匣和弹匣十一大部件组成。另有一套附品。

扫一扫，涨知识：

国产步枪精度大PK！81式和95式谁才是"狙击之王"？

（二）轻武器的保养方法

保养方法是否得当，对延长武器使用寿命关系很大，必须正确对枪械各部位进行擦拭和保养。

1.正确使用擦拭工具

（1）通条头结合在通条上要拧紧，否则容易使结合部螺纹损坏。通条头缠布不要超过转动部分，以免影响通条头转动。松紧适当，过松膛线内壁不易擦净，过紧来回拉动费力，枪膛两头不易擦到，且容易损坏通条头。

（2）对不可卸枪管擦拭枪膛时，一定要用枪口罩，以避免通条摩擦枪口部；对可卸枪管，则用穿孔弹壳放入弹膛内，从枪膛后端擦拭。

（3）油刷只用于射击后立即对枪膛涂油（以软化火药残渣），不能用以擦拭其他部位。使用时，也不允许将其直接伸入油壶，以免把油弄脏，影响油的质量。

2.各部位的擦拭保养方法

（1）金属未涂漆部分。先用旧布除去旧油，然后用干净布将机件表面擦干净，再涂上新油。凡是孔、沟、槽等难以擦拭的部位，应用擦拭棍缠上布进行擦拭，生锈严重的机件，可用煤油或木炭粉蘸上枪油除去，然后擦拭干净再涂上枪油。

保养擦拭

（2）涂漆部分。不能用煤油洗涤，也不准涂油。其上的尘土可用旧布擦去或用水清洗（注意防止水分侵入机件内部）。脱部位可在擦净后，涂上薄薄的一层油。

（3）木质部分。无须涂油，用布将其表面擦拭干净即可。当其受雨或浸水后，只需用布将水擦干，放在通风干燥处晾干，严禁火烤和曝晒。如受雨淋或浸水过久，水会浸内部，使得木质部分膨胀，应及时将水分擦干，金属部件涂上油，然后结合起来晾干，以防止木质变形。

（4）胶质部分。用湿布擦拭，或用净水冲洗掉其上的泥土即可。严禁日晒和火烤。

（5）皮革部分。用干净布将泥土、灰尘擦净即可。若有生霉现象，可先用湿布擦去霉点，然后用干净布擦干，再涂上保革油。严禁日晒和火烤，以防变硬、变脆。

（6）射击后枪械的擦拭。对射击后枪械的擦拭，重点应擦拭枪膛、导气装置以及其他受火药气体熏染过的机件。

（7）对枪膛的擦拭。首先将枪分解，并结合好通条，然后用麻（或代用品）蘸上擦拭剂，插入枪膛，来回拉动数次，直至用干净布检查时，白布上没有火药烟垢为止。之后，在通条头上缠上干净的布将擦拭剂擦干净。最后在通条头上缠上干净的布蘸油，在膛壁上涂油。

（8）对导气装置的擦拭。在擦拭棍上缠上白布蘸擦拭剂进行擦拭。若导气孔被烟垢堵塞可先灌上擦拭剂，待烟垢软化后，再用相应的铣杆除去烟垢，待烟垢擦拭净后，再用布擦净擦拭剂，最后用干净的布蘸油涂在导气装置的表面。若零件上结有硬固烟垢，一时难以擦除掉，应将其放在擦拭剂内浸泡一段时间，以软化烟垢，严禁用砂布擦或在地上打磨。

（9）对其他受火药气体熏染过的机件的擦拭。先用旧布蘸上擦拭剂，将烟垢除去，再用布擦干，最后涂油。

二、简易射击学理

（一）发射

火药气体将弹头推送出膛口外的过程叫发射。自动步枪发射的过程包括扣动枪的扳机，击针撞击子弹底火，使起爆药发火，火焰通过导火孔引燃发射药，产生大量的火药气体，在膛内形成很大压力，迫使弹头脱离弹壳，沿膛线旋转加速前进，直至推出枪口。

（二）后坐

发射时武器向后运动的现象，叫后坐。发射药燃烧时，产生的气体同时作用于各个方向，作用于膛壁周围的压力为膛壁所抵消；向前作用于弹头后部的压力推送弹头前进；向后作用于弹壳底部的压力经过枪机传给整个武器，使武器向后运动，形成后坐。后坐对单发（连发首发）射击的命中影响极小。对连发射击的命中有一定影响。因为连发射击时，第一发子弹发射后，由于枪的后坐变动了原来的瞄准线，所以对第二发以后的射击命中有一定的影响。但只要射手据枪要领正确，适应连发武器射击时的后坐规律，就能减小后坐对连发命中的影响，提高射击精度。

扫一扫，涨知识：
子弹发射过程

（三）弹道

弹头运动中，其重心所经过的路线叫弹道。弹头脱离枪口后，如果没有重力和空气阻力的作用，它将保持其获得的速度，沿着发射线无止境地匀速飞行。实际上，弹头脱离枪口在空气中飞行时，同时受到重力和空气阻力的作用，使弹道不能成为一条直线。由于上述两个原因，弹头在空气中飞行时一方面受到重力的作用，逐渐下降；另一方面受到空气阻力的作用，越飞越慢，因此形成一条不均等的弧线，升弧较长较直，降弧较短较曲。

（四）危险界、遮蔽界和死角

（1）危险界。危险界分为表尺危险界和实地危险界。

表尺危险界：瞄准线上弹道高没有超过目标高的部分，称为表尺危险界。

实地危险界：在实际地形上弹道高没有超过目标高的部分，称为实地危险界，决定其大小的条件有以下 3 个方面。

①弹道低伸程度：对同一地形上的同一目标射击时，弹道越低伸，实地危险界就越大；反之就越小。

②目标高低：用同一武器对同一地形上的不同目标射击，目标越高，实地危险界就越大；反之越小。

③目标所在位置的地貌：目标所在位置的地貌与弹道形状越相一致，实地危险界就越大；反之就越小。

（2）遮蔽界和死角。从弹头不能射穿的遮蔽物顶端到弹着点的一段距离，叫遮蔽界。目标在遮蔽界不能被杀伤的一段距离叫死角。决定遮蔽界和死角大小的条件有以下三个方面。

①遮蔽物的高低：同一目标，同一弹道，遮蔽物越高，遮蔽界和死角就越大；反之就越小。

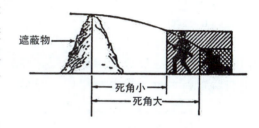

目标高低与死角的关系

②落角的大小：同一遮蔽物，同一目标，落角越小，遮蔽界和死角就越大；反之就越小。

③目标高低：同一遮蔽物，同一弹道，目标越高死角越小；反之就越大。

（3）危险界、遮蔽界和死角的实用意义。懂得了危险界、遮蔽界和死角，在战斗中就能更好地隐蔽身体，发挥火力，灵活地运用地形地物，隐蔽地运动、集结和转移，以避开或尽量减少敌军火力的伤害。在组织火力配系时就能正确地选择射击位置和组织火力，力求增大危险界和减少射击地带内的遮蔽界和死角，并善于运用弯曲弹道和各种武器的侧射、斜射火力消灭隐蔽在遮蔽界和死角内的敌人。

（五）选定表尺分划和瞄准点

1. 瞄准角

由于重力和空气阻力的作用，如果用枪管瞄向目标射击，射击就会打低或打近。为了命中目标，必须将枪口抬高，使火身轴线和瞄准线之间形成一定的夹角，即瞄准角。

瞄准角的大小是根据射击在不同距离上的降落量来确定的。距离越远，所需要的瞄准角就越大；距离越近，降落量越小，所需要的瞄准角也就越小。瞄准具就是根据这一原理设计而成的。

可见，瞄准具的作用就是在对一定距离上的目标射击时，赋予武器相应的瞄准角和射向。射击时，只要按照目标的距离装定表尺分划，瞄准射击，就能命中目标。

 国防科普

准星觇孔式瞄准具

95 式自动步枪采用的机械瞄准具是准星与觇孔，瞄准时眼睛通视觇孔和准星，使准星尖位于觇孔的圆心（中央），同时准星尖指向瞄准点，这就是采用准星、觇孔瞄准的基本方法。

2. 选定表尺分划与瞄准点

为了使射击更准确地命中目标，射击时，射手应根据目标距离、大小和武器的弹道高，正确地选定表尺分划和瞄准点。

（1）定实距离表尺分划，瞄目标中央。目标距离为百米整数时，可根据目标的距离装定相应的表尺分划，瞄准点选在目标中央。例如，自动步枪在对 100 米距离的人进行胸靶射击时，定表尺"1"，瞄准目标中央，即可命中目标中央。

（2）定大于或小于实距离表尺分划，适当降低或提高瞄准点。目标距离不是百米整数时，通常选定大于实距离表尺分划，根据武器和该距离上的弹道高，相应降低瞄准点射击。例如冲锋枪在 250 米距离上对人胸目标射击时，定表尺"3"，在 250 米处的弹道高为 19 厘米，这时，瞄准目标下沿中央射击，即可命中目标中央。也可选定小于实距离的表尺分划，根据武器在该距离上的负弹道高，相应提高瞄准点射击。

（3）定常用表尺分划，小目标瞄下沿，大目标瞄中央。战斗中，对 300 米距离以内的目标射击时，通常定常用表尺（表尺"3"）分划，小目标瞄下沿，大目标瞄中央射击，即可命中。例如，自动步枪常用表尺在对 300 米以内人胸目标（高 50 厘米）射击时，瞄目标下沿，则整个瞄准线上最大弹道高为 33 厘米，没有超过目标高，那么只要目标在 300 米距离内，都会被杀伤。

在战场上，目标出现突然，大小暴露不一且距离不断变化，用此种方法，对 300 米以内的目标不需要变更表尺分划即可实施射击。这样可以争取时间，提高战斗射速，增大射击效果。因此，此种方法在实战中有着重要的实用意义，是战斗中常用的一种方法。

（六）外界条件对射击的影响及修正

武器弹道基本诸元的计算，都是在标准条件下进行的。射击时，若外界条件不符合标准条件，就会改变弹道的形状，影响射击精度。要使射击准确地命中目标，就要了解外界条件对射击的影响，学会修正和克服的方法。

1. 风对射击的影响及修正

风是一种具有速度和方向的气流，它能改变射击的飞行方向和距离。在射击过程中，只有准确地判定风向和风力，根据风对射击的影响进行修正，才能保证射击命中目标。

（1）风向和风力的判定。

①判定风向。按风吹的方向和射击方向所形成的角度可分为横风、纵风和斜风。

横风：从左或右与射向成 90 度角的风。

斜风：与射向成小于 90 度角的风。射击时，通常当作与射向约成 45 度角的风计算。

纵风：与射向平行的风，可分为顺风和逆风。

②判定风力。风力按其大小分为强风、和风和弱风。风力的大小，可用测风仪等器材精确测量；也可根据人的感觉和常见物体被风吹动的景况来估测。判定风向和风力，应以射击时的风向和力为准，并注意射击位置与目标附近差别及变化。

风力判定表

风力				常见物体现象				
区分	级别	速度	人的感觉	草	树	旗帜	烟	海面渔船
弱风	二级	2～3米/秒	面部和手稍感到有风	微动	灌木丛、细树枝、树叶微动，沙沙作响	微动并稍离开旗杆	微被吹动	有小波，船身摇动
和风	三级至四级	4～7米/秒	明显感到有风，吹过耳边时呜呜作响，面对风时可睁开眼睛	被吹弯	灌木摆动，树上的细枝被吹弯，树叶剧烈摆动	展开飘动	被吹斜成45度	有清浪，船身摇动明显，船帆斜向一侧
强风	五级至六级	8～12米/秒	迎风站立或行走，明显感到有阻力，尘土飞扬，面对风时睁眼困难	倒在地面	树干摆动，粗枝被吹弯	飘成水平状态，并哗哗作响	被吹斜，呈水平状态，并被吹散	有大浪，浪顶的白色泡沫很多，船身常被风吹离浪顶

（2）风对射击的影响及修正方法。横（斜）风能对弹头的侧面施以压力，使射击偏向一侧，产生方向偏差（斜风还能使射击产生距离偏差，因偏差很小，故不考虑），风力越大，距离越远，偏差就越大。风从左吹来，射击偏右；风从右吹来，射击偏左。纵风能影响射击的飞行距离。顺风时，空气阻力减小，使射击打远（高）；逆风时，空气阻力增大，使射击打近（低）。在近距离内，风速为 10 米/秒以下时，纵风对射击影响很小。因此，在 400 米（重机枪 600 米）内，风速小于 10 米/秒，可不

修正。如对远距离目标射击时，应适当降低或提高瞄准点。

2. 阳光对瞄准的影响及克服方法

（1）阳光对瞄准的影响。在阳光下瞄准时，由于阳光照射作用，缺口部分会产生虚光，形成三层缺口：虚光部分、真实缺口、黑实部分。为了避免射击偏差，需要格外注意辨清真实缺口的位置。若用虚光瞄准，射击会偏向阳光照来的方向。若用黑实部分瞄准，射击会偏向阳光照来的相反方向。在阳光照射下，缺口和准星尖同时产生虚光时，若用虚光部分瞄准，则射击偏低；若用黑实部分瞄准，则射击偏高。

（2）克服的方法。一是在不同方向的阳光照射下练习瞄准，采取遮光瞄准、不遮光检查的方法，或不遮光瞄准、遮光检查的方法，反复练习，辨清真实缺口的位置和正确瞄准的景况。二是阳光下瞄准的时间不宜过长，以免眼花而产生误差。三是平时要注意保护好瞄准具，避免其磨亮而反光。

采用准星与觇孔或瞄准镜瞄准时，因受阳光影响较小，可忽略不计。

3. 气温对射击的影响及修正

（1）气温对射击的影响。气温变化时，空气密度也会随之改变，对射击的阻力也就不同，因而影响射击的飞行速度，使弹道形状发生变化。

气温升高时，空气密度减小（稀薄），射击飞行中受到的空气阻力就小，射击就打得远（高）；气温降低时，空气密度增大（稠密），射击在飞行中受到的空气阻力就大，射击就打得近（低）。

（2）修正方法。由于各地区和各季节的气温不同，很难与标准气温（+15 摄氏度）条件相符。因此，应在当时当地的气温条件下矫正武器的射效，并以矫正射效时的气温条件为准。射击时，若气温差别不大，在 400 米内对射击命中的影响较小，不必修正。若气温差别很大或对远距离目标射击时，应根据武器修正量表适当提高或降低瞄准点射击。气温降低时，提高瞄准点或增加表尺分划；气温升高时，降低瞄准点或减小表尺分划。

三、武器操作

武器操作主要包括验枪、装退子弹及定复表尺、据枪、瞄准、击发。

（一）验枪

验枪是保证安全的一项重要措施，在使用武器前后及必要时，均要认真检查弹膛、弹匣中有无实弹。验枪时，严禁枪口对人。自动步枪验枪通常在肩枪立正姿势上进行。其口令为："验枪""验枪完毕"。

听到"验枪"的口令后，右手放开枪背带，枪自然下落，右手移握大握把，而后以右脚掌为轴，身体半面向右转，左脚顺势向前迈出一步（两脚分开约与肩同宽，重心落于两脚之间），同时右手将枪向前送出左手接握下护盖，枪托夹于右胁与大臂之间，枪口约与肩同高。左手大拇指打开保险，移握弹匣，大拇指按压弹匣卡棒，卸下弹匣，弹匣口向上交给右手握于大握把左侧左手食指或中指向前扣住机柄。当指挥员逐个检查时，或逐个下达"拉"及其他约定的口令时，拉枪机向后验过后，自行送回枪机，装上弹匣，扣扳机，关保险，左手移握下护盖。

验枪

听到"验枪"完毕的口令，左手反握上护盖，右手移握右肩前枪背带，身体半面向左转，在右脚靠拢左脚的同时，两手协力恢复肩枪姿势。

（二）卧姿装退子弹及定复表尺

卧姿射击是基本的射击姿势，在卧倒的基础上，完成向枪膛内送入实弹，并根据自标大概出现的距离装定相应的表尺分划，是做好射击准备的一项重要工作。通常在肩枪或持枪立正姿势上进行。其口令为："卧姿——装子弹"。射击完毕或战斗结束后，须按动作程序退出枪内剩余子弹，确保武器使用的安全，其口令为："退子弹——起立"。

听到"卧姿——装子弹"的口令后，右手移握提把，使枪口向前，枪背带从肩上脱下，成持枪姿势，左脚向右脚尖前迈出一大步，左臂伸出，掌心向下，手指稍向右，按照手、膝、肘的顺序顺势卧倒，以身体左侧、左肘支持全身。右手将枪向目标方向送出，左手接握下护盖，枪面稍向左，枪托着地，右手卸下空弹匣（弹匣口朝后，弯曲部凹部朝上）交给左手握于护盖右侧，解开弹袋扣取出并换上实弹匣，将空弹匣装入弹袋内并扣好，右手掌心向上，虎口向前，食指或中指打开保险，拉枪机向后送子弹上膛，关上保险。右手拇指和食指转动表尺转轮，使所需分划位于表尺座上方。而后右手移握握把，全身伏地，两脚分开约与肩同宽，身体右侧与枪身略成一线，目视前方，准备射击。

听到"退子弹——起立"的口令后，稍向左侧身（两手顺势将枪回收回），右手卸下实弹匣交给左手，打开保险，慢拉枪机向后，从膛内退出实弹，送回枪机，将退出的子弹压弹匣内，解开弹袋扣，取出并换上空弹匣，将实弹匣装入弹袋内并扣好。扣扳机，关保险，恢复表尺转轮分划为常用表尺"3"。右手移握提把，将枪收回，同时左小臂向里合（掌心向下着地），屈左腿于右腿下。以左手和两脚撑起身体，右脚向前一大步，左脚再向前一步（抬头挺胸），左手反握上盖，两手协力将枪倒置于胸前，右手挑起枪背带，身体重心大部分落于左脚，在右脚靠拢左脚的同时，两手协力将枪送上右肩，恢复肩枪立正姿势。

（三）据枪、瞄准、击发

据枪、瞄准、击发是射击动作的三个主要环节，稳固持久的据枪是基础，正确一致的瞄准是前提，均匀正直的击发是关键。三者相辅相成，统一于整个射击过程。

1. 据枪

自动步枪卧姿有依托据枪时，下护盖前端放在依托物上，身体右侧与枪身略成一线，两脚分开略宽于肩。右手虎口向前紧握握把，食指第一节贴在扳机上，右大臂与地面略垂直，右肘着地外撑（肘关节控制在内前侧），左手握下护盖后端或小握把，也可掌心向后虎口向上托握枪托的弧形部，左肘在适当位置着地外撑（肘关节控制在内后侧）。两肘保持稳固。胸部挺起，身体稍前倾（右肘不离地），上体自然下塌，两手用力保持不变，使枪托确实抵于肩窝。头稍前倾，自然贴腮。

扫一扫，涨知识：

步枪据枪标准示范

2. 瞄准

瞄准击发

右眼通视觇孔至准星，觇孔圆心位置至准星上沿中央形成直线，其延长线指向瞄准点。瞄准景况是：觇孔与准星的关系清晰，瞄准点模糊。

瞄准时首先使瞄准线自然指向目标，若未指向目标，不可迁就而强扭枪身，必须调整姿势。需要修正左右方向时，可左右移动身体或两肘；需要修正高低时，可调整依托物高低或枪支放置；敌情紧急时，也可两肘适当里合、外张（连发射击时，右肘不宜外张）。

3. 击发

右手食指第一节贴在板机上，均匀正直地向后扣压扳机（食指内侧与枪应有不大的空隙），余指力量不变。当瞄准线接近瞄准点时，开始预压扳机，并减缓呼吸。当瞄准线临近瞄准点时，应屏住呼吸，继续增加对扳机的压力，直至击发。击发瞬间应保持正确一致的瞄准，若瞄准线偏离瞄准点或不能继续屏住呼吸时，应既不增加也不放松对扳机的压力，待修正或换气后，再继续扣压扳机。

操作点射时，应稳扣快松，将扳机扣到底快速松开，一般为 2～3 发，在扣扳机的过程中，应始终保持姿势稳固，据枪力量不变，以提高连发射击命中精度。

四、实弹射击

实弹射击是检验射手射击技能水平的基本方式，是射击训练的重要组成部分，它包括实弹射击的有关要求与规则、实弹射击前的准备工作、实弹射击的组织与实施。实弹射击的组织与实施一般按照射击准备、射击实施、射击结束三个阶段组织，必须明确各阶段内容，统一组织方法，规范实施程序，做好射击结束后相关工作，确保实弹射击安全顺利。

（一）射击准备

分队到达射击场后，指挥员应做好下列工作：

（1）清点人数，检查着装、武器弹药和各种器材的携带情况。

（2）宣布作业提要，提出有关要求。

（3）必要时，还应进一步明确射击有关规定、注意事项、射击场有关人员的职责、报靶的方法和规定各种信（记）号等。

（4）宣布射击编组名单，明确射击组序。

（5）派出警戒人员，必要时组织搜索警戒区域，警戒人员到位并确定安全后，向指挥员发出安全信号。

（6）组织示靶员准备射击用靶（也可在分队到达之前组织人员设好靶场）。

（7）令发弹员、修械员、记录员、医务员等勤务人员就位，做好各项准备。

（8）准备完毕令信号员竖起红旗或发出可以射击信号。

（二）射击实施

射击指挥员须与地段指挥员、靶壕指挥员搞好配合，并要灵活、果断处置各种情况。其基本指挥过程是：

（1）当靶壕发出可以射击的信号后，指挥员应令信号员发出"开始射击"的信号（通常3发红色信号弹表示开始射击），竖起红旗，指挥第一组射手（副射手）进入出发地线。

（2）令发弹员按照规定弹数发给每名射手子弹。其口令为："发弹员，发给每名射手×发子弹"。射手领到子弹后，认真检查并装入弹匣（盒），放进弹袋（盒）并扣好（有副射手的，由副射手领弹、检查）。

（3）当需要明确射手与目标的对应关系时，在出发地线下达"第××名，进至××位置，射击××号目标"的口令。

（4）指挥员下达"向射击地线前进"的口令，射手（副射手）前进到射击地线后，对正自己的射击位置，自行立定。

（5）下达"卧（跪、立）姿装子弹"的口令，射手（副射手）按口令和要领装子弹、定表尺，自行开始射击。

（6）规定的射击时间已到或目标隐蔽，指挥员即下达"停止射击""退子弹起立"

的口令，射手听到口令应立即停止射击，按要领退出膛内子弹并起立。

（7）指挥员下达"验枪""验枪完毕"的口令，地段指挥员应严格检查，逐个验枪，并收缴剩余子弹。

（8）验枪后，下达"以××名射手为准，靠拢"的口令，射手应迅速靠拢，然后令组长按规定路线将射击组带到指定地点。

（9）指挥员发出报靶信号，信号员竖起白旗，并通知靶壕验靶；靶壕指挥员令竖起白旗后，再组织示靶员验靶、报靶和补（换）靶使用报靶杆报靶时，应在射击过程中及时报靶。

 国防科普

自动报靶系统

自动报靶系统是专为射击训练量身定做的高精度报靶设备，完全替代了人工报靶，解决了人工报靶的弊端，提高了安全性和准确性。报靶设备和器材具有防晒、防雨淋等性能。自动报靶系统采用计算机、图像显示、声光器件和网络通信等先进技术，实现了主控站与若干靶位的联网联信工作，射击的基本情况（弹着点、环数、累计环数和累计击发数）以图形声音或者数字方式在射击位的显示器上显示，并可在主控中心的大屏上集中显示，可同步打印输出各靶位成绩报告单。

其余各组按上述方法依次进行，直到射击完毕未轮到射击的各组，由射击场指挥员指定负责人在预习场地组织预习或在指定地点原地待命。

（三）射击结束

射击结束后，应做好以下工作：

（1）组织射手验枪，收缴剩余子弹。

（2）发出射击结束的信（记）号，召回警戒人员。

（3）清理现场，收拢器材，检查清点武器、装备和器材。

（4）收拢人员，宣布成绩，讲评射击过程，提出改进意见和擦拭武器的要求。

（5）及时向上级报告实弹射击情况。

乐学好思 ▶▶▶▶▶▶

为什么在射击前后都要进行验枪？

第二节　战术

战术是进行战斗的方法。主要内容包括战斗原则战斗部署、战斗指挥、战斗协同、战斗行动的方法以及各种保障措施等。战术从属于战略、战役，并对战略和战役产生一定的影响。

一、单兵战术基础动作

单兵战术基础动作是军人必须掌握的共同军事训练内容，是基本战术技能，对于培养战术素养具有基础性作用。

（一）持枪

持枪是士兵在战斗中为了便于运动、便于观察、便于射击而采用的一种携带武器方法。在不同的地形和距离条件下，士兵应根据敌情和任务采用不同的持枪动作。主要在运动当中采用。

1. 单手持枪

单手持枪通常是在受敌直接威胁，需要快速机动、迅速占领或转移位置等时采用的持枪方式，具有携枪方便、机动快速等优点。

口令："单手持枪——停"。

动作要领：右手握提把卡槽，使枪身与地面略呈水平，右大臂轻贴身体。左臂自然下垂，运动时自然摆动（大步前进）。持班用轻机枪和40毫米火箭筒时，右手握提把，右大臂轻贴身体，运动时随身体自然运动。

2. 双手持枪

双手持枪通常是指与敌近距离接触，需要迅速、准确抢占有利位置，快速出枪射击和沿堑壕搜索等时采用的持枪方式，具有机动迅速、射击及时准确等优点。

口令："双手持枪——停"。

动作要领：左手托握小握把，右手握住握把，食指微接扳击，将枪身置于胸前，枪口向前，枪身略成水平，背带自然下垂或挂在后颈上。

3. 单手擎枪

单手擎枪通常是在搜索树（丛）林地、建筑物等复杂地形或攀爬较低的崖（墙）壁时采用的持枪方式，具有携带方便、灵活机动的特点。

口令："单手擎枪"。

动作要领：右手正握握把，食指微接扳击，将枪置于身体的右侧，枪口向上，机匣盖末端抵于肩窝，枪身微向前倾，枪面向后，右大臂里合，枪托贴于右胁（枪托折叠时除外），背带自然下垂，目视前方，左手自然下垂或攀扶，运动时自然摆动。

4. 双手擎枪

双手擎枪通常是在城市街区与敌进行巷战时采用的一种持枪方法，特点是能利用建筑物的拐角充分隐蔽自己，突然迅速地出枪射击消灭敌人。

口令："双手擎枪"。

动作要领：在单手擎枪基础上，左手托握下护木或握匣弯曲部，枪身略低，枪口对向前上方，背带自然下垂或压于左手下，身体与射向略成30度。

（二）卧倒、起立

1.卧倒

口令："卧倒"。

在实战中，士兵如突遭违法犯罪嫌疑人射击，应当迅速卧倒，依据持枪方法的不同分为徒手卧倒、单手持枪卧倒、双手持枪卧倒。卧倒动作是练好其他运动姿势的基本动作。

（1）徒手卧倒。左脚向右脚尖前迈出一大步，左腿弯曲，上体前倾，两眼注视前方，左手顺左脚方向伸出，两手掌心向下，手指稍向右，以左膝、左手、左肘着地，迅速卧倒，左小臂横贴于地面上，右手腕压在左手腕上两手握拢，手心向下，两腿自然伸直，两脚分开与肩同宽，脚尖向外。卧倒时，也可右脚向前一大步，左手撑地迅速卧倒。

单手持枪卧倒

（2）单手持枪卧倒。左脚（也可右脚）向前一大步，同时身体前倾，按手、膝、肘的顺序侧卧，右手同时将枪向目标方向送出，左手接握小握把，全身伏地据枪射击。也可采用先迈右脚向前面卧倒的方法，即右脚向前迈出一大步，右腿弯曲，左腿伸直，身体前倾下塌；左手在右脚前撑地，右脚向后撤，迅速卧倒，成卧姿有依托射击姿势。卧倒时，左（右）脚向前迈出一大步通常为80～90厘米，不宜过大或过小，讲究舒展。

不需要射击卧倒时，左小臂收回贴于地面，掌心向下，手指向右；右手握枪掌心向上，枪面向右，枪向前，成卧姿隐蔽姿势。也可身体左侧和左小臂着地，左大臂向前倾斜支撑身体，左腿弯曲，右手持枪置于右胸前，成侧身匍匐或跃起的准备姿势。

（3）双手持枪卧倒。左脚（也可右脚）向前迈出一大步，左腿弯曲，上体前倾两眼注视前方，重心向前并下移，按左膝、左肘、左小臂的顺序着地卧倒，然后转体；在全身伏地的同时，两手协力将枪向目标方向送出，据枪射击。地面松软时也可按双膝、双肘、腹部的顺序扑地卧倒。

2.起立

口令："起立"。

动作要领：单手持枪起立时，迅速收枪，同时屈回左脚，收回左小臂；右手持枪，以左臂和两腿的支撑力将身体支起，右脚向前迈出一大步，左脚再向前迈出大半步，出右脚继续携枪前进。

双手持枪起立时，应首先观察前方情况，尔后两手小臂撑地，迅速收腹，同时收回左脚，左膝跪地，利用两小臂、左膝将身体撑起，右脚向前一步，同时双手持枪迅速前进。如跪姿、立姿时，应迅速利用两脚的蹬力跃起前进。徒手起立时，按单手持枪的动作进行。也可双手撑起身体，同时左（右）脚向前迈步起立，尔后继续前进。动作标准与要求：起立时，要求"三收"到位，即收枪、收腿、收手到位，关键是收腿。

（三）屈身前进

屈身前进是士兵在战场上接敌时最常用的一种运动动作，可分为屈身慢进和屈身快进两种姿势。

（1）屈身慢进。通常是在距敌较远有超过人身高或超过人大部分身高的遮蔽物，以及敌情不明或敌火力威胁不大的情况下采用。运动时，通常是双手持枪（也可单手持枪），上体前倾，两腿弯曲，以降低身体重心屈身程度视遮蔽物的遮蔽程度而定，头部一般不可高出遮蔽物。前进时，注意观察敌情，保持正常速度前进。

（2）屈身快进，亦称跃进。通常是在距敌较近，通过开阔地或敌火力控制区时采用前进前，应先观察敌情和地形，选择好路线和暂停位置，尔后起立快速前进。运动中，通常是双持枪（也可单手持枪），并注意继续观察敌情。前进的距离掌握在15～30米为宜。当行进至暂停位置或运动中遇敌火力威胁时，应迅速就地隐蔽或卧倒，做好射击或继续前进的准备。

（四）匍匐前进

士兵在敌火力威胁较大、自身处于卧倒状态下如发现近处（10米以内）有地形可利用时，可采用匍匐前进的运动姿势向其靠近。根据遮蔽物的高低和行进速度，匍匐前进又分为低姿匍匐、侧身匍匐、高姿匍匐和高姿侧身匍匐四种姿势。

（1）低姿匍匐。在遮蔽物高约40厘米时采用。要领：腹部贴于地面，屈回右腿，伸出左手，用右脚内侧的蹬力和左手的扒力使身体前移。在移动的同时，屈回左腿，伸出右手，用左脚内侧的蹬力和右手的扒力使身体继续前移，依次交替前进携步（冲锋）枪时，右手掌心向上，枪面向右，虎口卡住机柄，握住背带，枪身紧靠右臂内侧，也可右手虎口向上，握枪的上背带环处，食指卡住枪管，将枪置于右小臂上。前进速度不小于每秒0.8米。

（2）侧身匍匐。在遮蔽物高约60厘米时采用。其特点是运动速度较快，但姿势偏高。要领：身体左侧，使左大腿外侧及左小臂着地，左大臂向前倾斜支撑上体，左腿弯曲，右腿收回，右脚靠近臀部着地，右手握枪，以左小臂的扒力和右脚跟的蹬力使身体前移，火箭筒副射手可将背具夹于右胁或右手拉背具前进前进速度不小于每秒1.2米。

侧身匍匐

（3）高姿匍匐。在遮蔽物高约60厘米时采用。要领将枪横托于胸前，枪口离地，用两肘和两膝支撑身体，然后，依次前移左肘和右膝、右肘和左膝，如此交替前移。前进速度不小于每秒1米。携枪（筒），方法同低姿匍匐，有时可将枪托（筒尾）向右，两手托枪（筒），火箭筒副射手可背背具或以两小臂托背具的方法前进。

（4）高姿侧身匍匐。通常在遮蔽物高80～100厘米时采用。要领：左手和左小腿外侧着地，右手提枪（筒），以左手的支撑力和右脚掌的蹬力使身体前移。前进速度不小于每秒2米。

扫一扫，涨知识：

单兵战术动作示范

（五）跃进、滚进

跃进是在敌火下迅速通过开阔地时采用的运动方法。滚进是在卧姿时，为避开敌人观察、射击而左右移动或通过地形棱线时采用的运动方法。

1. 跃进

跃进时要做到跃起快、前进快、卧倒快。跃进前，应先观察前方地形、敌情，选择好前进路线和暂停位置，然后迅速突然地前进。

（1）单手持枪跃进。单手持枪跃进，通常在距敌人较远，地形平坦时采用。

口令："向××——跃进"。

动作要领：卧姿跃起时，可先向左（右）移（滚）动，以迷惑敌人。自动步枪手应迅速收枪，同时屈左腿于右腿下，右手提枪，以左手、左膝、左脚的撑力将身体支起，右脚向前一大步，左脚再向前一大步的同时，左手挑起背带，压于右手拇指内侧，出右脚迅速前进。跪姿、立姿时，应迅速利用两脚的蹬力跃起前进。前进时，右手持枪，目视前方，屈身快跑。跃进距离和速度应根据敌火威胁程度、地形特点而定。敌火越猛烈，地形越开阔，跃进距离应越短，速度应越快。每次跃进的距离通常为15～30米。当进到暂停位置或遭敌猛烈射击时，应迅速隐蔽或卧倒，并准备射击。

快速持枪跃进

（2）双手持枪跃进。双手持枪跃进，通常在距敌人较近或通过复杂地段时采用。

口令："向××——跃进"。

动作要领：卧姿时，可先向左（右）移（滚）动，以迷惑敌人。自动步枪手两小臂撑地，迅速收腹，同时收回左腿，左膝跪地，利用两小臂、左膝将身体撑起，右脚向前一步，同时端枪迅速前进。跪姿、立姿时应迅速利用两脚的蹬力跃起前进。前进时，左肘稍离开身体，左小臂略平，左手虎口正对枪面。右手握握把，枪托轻贴右胯，并与身体后侧取齐，枪身与地面约成45度，枪面稍向左，两腿弯曲，上体前倾，收腹含胸，曲身快跑。

2.滚进

口令："向××——滚进"。

动作要领：将枪关上保险，左手握枪表尺上方，右手握枪颈附近或两手握护木，枪面向右，顺置于胸、腹前抱紧，两臂尽量向里合，两脚腕交叉或紧紧并拢，全身用力向移动方向滚进。

运动中，也可在卧倒同时向移动方向滚进。其要领是：左（右）脚向前一大步，左手在左（右）脚前着地，身体尽量下塌，右手将枪挽于小臂内，枪面向右。身体向右（左）侧，在右（左）肩、臂着地同时，向右（左）滚进。滚进时右（左）腿伸直，左（右）腿微曲，滚进距离长时可两腿夹紧。

（六）对一般地形地物的利用

利用地形地物是士兵必须掌握的基本技能。战场上只有灵活巧妙地利用地形地物，才能有效地保存自己，消灭敌人。利用地形地物要做到"三便于、两不要、一避开"，即便于观察射击和隐蔽身体，便于接近和离开，便于防敌地面和空中火力的杀伤；不要妨碍班（组）长的指挥及邻兵的行动，不要相互拥挤；避开独立、明显、易燃、易倒塌的物体和难以通行的地段。利用地形地物的目的在于隐蔽身体，发扬火力。利用地形地物时，应根据遮蔽物的高低、大小、距敌远近、是否被敌发现及敌火力威胁程度等情况，采取适当的姿势，迅速隐蔽地接近，由下而上地占领，周密细致地观察，不失时机地出枪（筒）。

1.对堤坎、田埂的利用

堤坎、田埂有纵向、横向之分。横向的可利用背敌斜面或残缺部位，火箭筒（机枪）手通常将脚架支在背敌斜面上，筒口距地面不得小于20厘米；纵向的通常利用弯曲部或顶端一侧，依其高度取适当姿势。堤坎高于人体时，应挖踏脚孔或阶梯。如利用堤坎对空射击时，通常利用其顶部，并根据其高度取不同姿势。

对堤坎的利用

2.对土（弹）坑的利用

通常利用其前沿，根据敌情以及坑的大小、深度，以跳、滚、等方法进入，并取适当姿势。对空射击时，以坑沿作依托或背靠坑壁进行射击。火箭筒手应利用坑的右前沿作依托，以防射击时喷火自伤。

3.对土堆（坟包）的利用

通常利用独立上堆（坟包）的右侧。如视界、射界受限制或右侧有敌火力威胁时，也可利用其左侧或顶端。双土堆（坟包）利用其鞍部。对空射击时，通常利用其后侧或顶端。

4. 对堑壕、交通壕（沟渠）的利用

对壕、交通壕的利用在防御战斗中较多。通常利用其掩体、壕壁或拐弯处隐蔽身体，依其上沿或拐角作射击依托。

5. 对树木（线杆）的利用

通常利用其右后侧，根据树木的大小取适当姿势。大树（直径 50 厘米以上）可取多种姿势，较小的树通常采取卧姿。机枪手通常采取卧姿，根据树的粗细和地形情况，脚架可超过树木。火箭筒手卧姿射击时，应将筒前伸超过树木或离开树木 20 厘米，以使火箭弹脱离筒口时尾翼能张开。

6. 对墙壁、墙角、门窗的利用

（1）墙壁：按其高度取适当姿势，矮墙可利用顶端或残缺部，墙高于人体时，可挖射孔或将脚垫高。机枪手利用墙壁射击时，可将脚架折回。

（2）墙角：通常利用右侧，左小臂紧靠墙角，取适当姿势。火箭筒手利用墙角射击时，筒口距墙角不小于 20 厘米。

（3）门窗：门通常利用左侧，窗可利用左（右）下角。

二、分队战术

分队战术是班、排、连、营建制进行战斗的方法，是班、排、连、营战术的统称。根据普通高等学校军事课程特点，本书主要介绍步兵班组的战术基本知识。班是分队战术的最小单位。步兵班通常由 9 ～ 12 名士兵组成，在步兵排的编成内行动，可担负进攻行动、防御行动和警戒等任务。步兵班在战斗中，既要善于利用地形和火力掩护效果，又要灵活运用各种队形和采取不同的运动方法，并注重火力与运动的结合，减少敌火杀伤，保证按时到位。

（一）分队战术原则

战术原则，是组织和实施战斗必须遵循的基本准则。正确的战术原则是战斗行动基本规律和指导规律的反映。分队战斗通常要遵循以下原则：知彼知己，正确指挥；消灭敌人，保存自己；集中力量，各个击破；迅速准备，快速反应；隐蔽突然，出敌不意；灵活机动，力争主动；注重近战，善于夜战密切协同，主动配合；勇敢顽强，积极战斗；加强保障，及时补充。

扫一扫，涨知识：

轻步兵巅峰战术——三三制

（二）班攻防战斗的基本行动

1. 步兵班进攻战斗的基本行动

步兵班进攻战斗通常按照进攻准备、接敌运动、冲击准备、冲击、在敌阵地内战斗的程序展开。

（1）进攻准备。步兵班通常在进攻展开地区或运动中受领任务。受领任务后，班长应了解上级的意图、班的任务，分析判断敌情、地形及班完成任务的有利条件和不利因素，在上级规定的时间内迅速、充分、周密地做好战斗准备。其主要动作包括：占领进攻出发阵地，派出观察员，指定值班火器；传达与规定任务；完成进攻准备等。

（2）接敌运动。步兵班在接敌运动中，应善于利用地形和我方火力掩护，灵活运用战斗队形和运动方法，注重火力与运动的紧密结合，正确处置各种情况，减少敌火杀伤，快速逼近敌人，迅速占领冲击出发阵地。

（3）冲击准备。冲击准备是在发起冲击前的短暂时间内进行的各项准备工作。步兵班在冲击准备时，要求周密、细致、迅速、隐蔽，尽量缩短在敌火力威胁下停留的时间。其主要动作包括：占领冲击出发阵地，派出观察警戒人员；补充规定任务；排障扫残；完成冲击准备等。

（4）冲击。冲击是进攻战斗中最紧张、最激烈、最困难的时节，也是近战歼敌，夺取战斗胜利的关键。因此，冲击时应具有不怕牺牲、前赴后继的精神，充分利用我火力突击和烟幕迷盲的效果，突然勇猛地突入敌阵地，发挥近战威力，坚决歼灭敌人。其主要动作包括通过通路，向敌前沿冲击等。

（5）在敌阵地内战斗。班突敌阵地后，班长要果断地实施指挥，灵活地处置各种情况，全班密切协同，主动支援，在我方火力或烟幕的掩护下，充分发挥战斗小组的作用，独立作战，近战歼敌，迅速扩大战果，以各种手段摧毁敌方装甲目标和火力点，抗击敌反冲击，搜索并清剿壕内（掩体）之敌，彻底夺占敌阵地。

2. 步兵班防御战斗的基本行动

步兵班防御战斗通常按照防御准备、防敌侦察和各种火力袭击、抗敌冲击、阵内歼敌、完成任务后的行动的程序展开。

（1）防御准备。班长受领任务后，应根据敌情、地形和上级命令（信号），及时带领全班，按上级规定的时间，占领防御阵地，做好防御准备。其主要内容包括：派出观察员，指定值班火器；传达任务，组织现地勘察，规定任务；确定战斗队形，组织火力；组织构工设障和伪装；完成防御准备等。

（2）防敌侦察和各种火力袭击。敌火力突击的特点是：参与火力突击的兵种多，火力突击强度大，持续时间长，反应速度快，命中精度高。因此，步兵班在抗敌火力突击时，要根据上级通报的情况和敌人的活动迹象，及时发现敌实施火力突击的征候，充分利用工事、地形和"三防"器材严密组织防护，以防为主，防打结合，最大限度地减少敌火毁伤。

（3）抗敌冲击。依托阵地，抗击敌步兵、坦克连续冲击，是防御战斗中最重要的阶段，也是大量杀伤、消耗敌人有生力量，守住阵地的关键。因此，当敌人冲击时，班长应指挥全班充分利用地形，依托工事，结合障碍，在上级火力支援下，充分发挥火器和爆破器材的威力，以"打、炸、阻、迷、反"相结合的战术手段，粉碎敌步兵、装甲目标、步兵和装甲目标协同的冲击行动。

（4）阵内歼敌。敌军突入防御阵地后，班长应坚定沉着，灵活指挥。针对突入之敌目标性质，果断处置各种情况，不断与上级取得联系。全班应发扬英勇顽强、独立坚守和不怕牺牲的精神，坚决消灭突入之敌。

班在表面阵地失守的情况下，根据命令可转入坑道战斗。转入坑道时要相互协同，组织有序，忙而不乱；退守坑道后，及时做好战斗动员，鼓舞士气，做好长期坚守准备；同时，要重点组织好对坑道口的防护，积极打击向坑道口攻击之敌；把握好出击时机，机智灵活地打击敌人。当班击退敌冲击后，班长应迅速查明战斗情况，并调整部署，抢修工事，补设障碍物；抢救伤员，补充弹药；及时恢复和加强观察，严防敌方火力袭击；进一步进行战斗动员，鼓舞士气，做好抗击敌再次冲击的准备，并及时向上级报告战斗情况和结果。

（5）完成任务后的行动。班在防御战斗中，可能因伤亡较大、武器装备损失严重或遂行新的战斗任务进行换班。换班时，班长应首先组织好观察、警戒，严密监视当面之敌的活动情况，然后向接班分队介绍有关情况。换班中，如敌方对我方实施火力袭击或攻击时，应立即停止换班，待班长组织防护或打退敌人攻击后再进行换班。换班完毕后，应及时向排长报告。当班接到由防御转入进攻的命令时，班长应及时了解任务，判断情况，查明当面之敌部署情况，迅速给全班下达战斗命令，调整部署，补充弹药和武器器材，进行战斗动员，充分利用地形和工事，在烟幕的掩护下或利用不良天候，迅速将兵力、兵器集中于攻击方向，组织全班加强防护，做好进攻准备，按上级统一口令或信号，指挥全班转入进攻，向预定目标实施攻击。

当班完成防御任务或接到上级撤离阵地的命令时，班长应迅速组织全班撤离防御阵地。撤离前，班长应首先组织清查人员和武器装备，并向全班明确撤离阵地的时间、路线、到达的位置、伤员运送的方法及撤离的要求。如在与敌直接接触的情况下撤离阵地时，班长应首先组织兵力、火力消灭或击退胶着之敌，然后指挥全班交替掩护或在上级火力的掩护下迅速撤离，并视情况或根据上级命令破坏道路和桥梁，设置障碍物，迟滞敌人行动，阻敌尾追。撤到指定位置后，班长应组织清查人员、武器、弹药和器材，及时向上级报告情况。

乐学好思 ▶▶▶▶▶▶

战术动作对实战有什么效果？

第八章　攻防有法，能进能退
——防卫技能与战时防护训练

 导语

　　尽管现代战争是高技术信息化战争，但事实证明，任何高、新、尖武器装备仍然取代不了士兵的技能、智能、体能等个人综合素质在战场上所发挥的作用。掌握必要的防卫和防护技能，不管在战时还是平时，都可以发挥自卫制敌和自救互救的重要作用。同时，练习格斗对培养军人坚韧不拔的心理素质和勇敢顽强的战斗作风具有重要意义。另外，随着大学生走出课堂、走出校园、走向社会，各种意外事故，包括次生核生化事故时有发生，如不及时进行防护救护，就随时有可能危及生命。这时如果具备一些简单实用的自救互救知识和防护技能就可以挽救生命、减轻伤害。

学习目标

　　1. 了解格斗、防护的基本知识；
　　2. 熟悉卫生、救护基本要领，掌握战场自救互救的技能；
　　3. 提高大学生安全防护能力。

第一节 格斗基础

格斗是以踢、打、摔、拿、击、刺等技击动作为主要内容，按攻防进退等规律进行的以克敌制胜为目的的实用性技能。它是把掌握的技击方法和体内积蓄的力量一同迸发出来，在短兵相接中战胜敌人。它具有悠久的历史传统和广泛的群众基础，是一项实用的并受广大部队官兵喜爱的军事体育项目。

一、格斗常识

学习格斗常识是搞好格斗训练的基础。了解和熟悉人体关节与要害部位、手形、步形和致伤方法，有利于在格斗中准确打击敌易伤部位，达到一招制敌和保护自己的目的。

（一）人体关节与要害部位

人体关节在受到超过生理限度的压迫、打击或扭转时，就会失去正常的功能，使局部丧失战斗力。了解人体关节的生理特点，能够更好地在格斗中控制敌方，从而达到制敌的目的，保护自己。

要害部位是指在人体受到外力打击或挤压后，最容易造成昏迷、伤残、死亡的部位。在了解要害部位的同时，还需掌握正确的击打方法，既能克敌于瞬间，又能避免因打击过度而产生遗憾。

1.人体关节

人体中，四肢承担着全部的进攻、防守和移动的任务。四肢共有80多个关节，关节的活动形式可分为5种，即屈伸、伸展、外展内收、回旋和环转。主要包括指关节、腕关节、肘关节、肩关节、膝关节、踝关节等。在格斗中，对敌关节施以正确的击打可导致脱臼、骨折和韧带撕裂，使敌部分肢体丧失正常功能，从而削弱或解除敌人的战斗力。

2.要害部位

人体要害部位可分为头颈部要害部位和躯干要害部位。了解并学会攻击这些要害部位，有利于迅速将敌制服和防护自己。

（1）头颈部要害部位。头颈部的要害部位，以点状目标为主，分布集中，暴露明显，防护较弱，击打效果明显。主要包括如下部位：太阳穴、耳朵、眼睛、鼻子、上唇、下颌、咽喉、颈外侧、颈椎等。

（2）躯干部要害部位。躯干部要害部位既有点状目标，又有面状目标，呈区域分布，有一定的遮蔽和防护，目标大，移动慢。主要包括如下部位：锁骨、腋窝、太阳神经丛、腹部、裆部、肋部、腰部、脊椎等。

扫一扫，涨知识：

人体要害部位解析

（二）手型和步型

1. 手型

（1）拳：四指并拢握紧，拇指扣在食指的第二节上。通常分为立拳、反拳、平拳三种。

（2）掌：四指并伸直，拇指弯曲紧扣于虎口处。分立掌、横掌、插掌、八字掌四种。

（3）勾：五指第一节捏在一起，屈腕。

（4）爪：五指的第一、第二关节向掌心方向弯曲并用力张开。分鹰爪、虎爪两种。

2. 步型

（1）马步：两脚平行拉开（约本人脚长的三倍），脚尖正对前方，屈膝半蹲，膝部不超过脚尖，大腿接近水平，全脚掌着地，身体重心落于两腿之间，挺胸、塌腰，两拳握于腰间，拳心向上。

（2）弓步：两拳抱于腰间，拳心向上，左（右）脚向前上步，左（右）腿屈半蹲，右（左）腿在后挺直，脚尖向里扣。

（3）虚步：两脚前后分开（约本人脚长的 2.5 倍），前脚掌着地，腿微屈后腿屈半蹲，脚尖外撇 45 度，全脚掌着地，体重大部分落于后脚左脚在前为左虚步，右脚在前为右虚步。

（4）盖步：两脚前后开立（约本人脚长的三倍），右（左）脚尖向右（左）前，两腿交叉屈膝半蹲，左（右）脚后跟抬起，两拳拳心向上收于腰际，挺胸抬头，目视正前方。

（5）跪步：两脚前后开立（约本人脚长的三倍），两腿屈膝下蹲，右（左）膝屈膝下跪并稍向外展，右（左）脚后跟抬起，两拳拳心向上于腰际，挺胸抬头，目视正前方。

二、格斗基本功

（一）格斗势

格斗势是实施攻防动作的准备姿势。正确的格斗姿势是进行有效攻击和严密防守的基础，是完成进攻和防守的最佳预备姿势。它的特点是身体暴露面积小，便于步法移动，便于进攻和防守，可以全身自如保持平衡，又可以在瞬间作出反应。

以左式为例，在立正的基础上，右

格斗势

脚后一步，身体稍向右转，膝微屈，脚尖外斜 45 度，脚跟稍提起；左脚尖稍向里扣，膝微屈，重心落于两脚之间；两手握拳前后拉开，拳眼向上，左臂弯曲，肘关节夹角在 90～110 度之间，肘尖下垂，左拳与鼻同高；右臂弯曲，肘关节夹角小于 90 度，大臂贴于右侧肋部；身体侧立，下颌微收，闭口合齿，收腹含胸，目视前方。

（二）步法

步法是格斗中身体向前、后、左、右移动的方法。灵活而敏捷的步法，不仅是调整重心和维持身体平衡的关键，也是进攻和防守中占据有利位置和发挥最优攻势的基础。因此，对步法的训练应特别注重在活、疾、稳、准上下功夫。

1. 进退步

进退步主要用于向前、向后及斜向移动。急进急退主要用于突然进步攻击和急退防守。

在格斗势的基础上，进步时，右脚前脚掌用力蹬地，通过腰部的牵引推动左脚向前滑动，左脚前移后，右脚随即前滑跟进一步，前移时，身体重心要平稳前移，两脚应贴地而行，膝关节切勿僵硬，两脚进步距离相同，着地后仍保持格斗势的基本姿势；退步时，左脚前脚掌用力向后蹬地，右脚先后退一步，左脚随即后退一步，向后退步的步幅同前进步的步幅相同。急进急退时，动作要领与进退步相同，但脚步启动更突然，进、退更迅速。进、退时，左、右脚移动的距离基本相等。

2. 横移步

横移步主要用于横向闪躲对方直线攻击的拳或腿。

在格斗势的基础上，左横移步时，右脚前脚掌蹬地，左脚先向左前侧移动，右脚随即向左移动，右脚移动距离大于左脚；右横移步时，左脚前脚掌蹬地，右脚先向右后侧移动，左脚随即向右移动，右脚移动距离大于左脚。移动中保持基本姿势不变。

3. 垫步

垫步主要用于急进出拳或出腿攻击和急退防守及反击。

在格斗势的基础上，前垫步时，右脚前脚掌蹬地并先向左脚后进一步，左脚随即向前进一步；后垫步时，左脚蹬地并先向右脚前后退一步，右脚随即后退一步。

扫一扫，涨知识：

格斗式基本步法

（三）拳法

拳法是格斗中主要的攻击方法。要求出拳迅速有力、准确。可原地击打，也可配合步法、身法使用。主要有直拳、摆拳、勾拳等。

1. 直拳

（1）左直拳：在格斗势的基础上，右脚蹬地，使身体重心稍前移，左拳向前用力内旋击出，力达拳面，上体微向右转，目视前方，然后迅速收回，成预备姿势。

（2）右直拳：在格斗势的基础上，右脚蹬地，上体稍向左转，转腰送肩，用力出右拳，使拳直线向前击出，力达拳面，目视前方。

拳法训练

2. 摆拳

（1）左摆拳：在格斗势的基础上，左脚蹬地使身体稍向右转，左拳向左前方伸出转向右下横击，左拳内旋，拳心向左稍向下力达拳面，右拳收于右腮。

（2）右摆拳：在格斗势的基础上，右脚蹬地，上体稍向左转，右拳向外、向前、向里横击，右拳内旋，力达拳面，目视前方。

3. 勾拳

（1）平勾拳：分为左平勾拳和右平勾拳。

①左平勾拳：在格斗势的基础上，上体稍向右转，左关节外展抬起，大臂和小臂约成90度角，左拳经左向右击出，拳心向下，左脚跟外转，出拳后左臂迅速向胸靠拢，成预备姿势。

②右平勾拳的动作同左平勾拳，方向相反。

（2）上勾拳：分为左上勾拳和右上勾拳。

①左上勾拳：在格斗势的基础上，身体稍向左转，微沉肘，重心略下沉，左脚蹬地，腰突然向右转，以蹬地、扭腰、送胯的合力，左拳由下向前上猛力击出，力达拳面目视前方。出拳后迅速恢复成预备姿势。

②右上勾拳：在格斗势的基础上，身体稍向右转微向前倾，右脚蹬地、扭腰、送胯，右拳向内，由下向前上猛击，力达拳面，并迅速收回成预备姿势。

（四）腿法

腿法具有打击力量大、范围广、隐蔽性强，能进行有效进攻与反击等特点。基本腿法通常有蹬腿、勾踢腿、弹腿等。

1. 蹬腿

（1）左蹬腿：在格斗势的基础上，右腿直立或稍弯曲，左腿屈膝抬起，勾脚尖，由屈到伸以脚跟领先，向前猛力蹬出，力达脚跟；也可送髋，脚掌下压，力达前脚掌。左臂自然下摆助力，右拳护面，目视前方。做左蹬腿时可配合垫步前蹬。

（2）右蹬腿：在格斗势的基础上，右脚蹬地，重心前移，左腿直立或稍弯曲，有腿屈膝抬起，勾脚尖，以脚跟为力点，由屈到伸向前猛力蹬出；也可送髋，脚掌下压，力达脚掌。右臂自然下摆助力，左拳收回到头部左侧，目视前方

（3）正蹬腿：分为左正蹬腿和右正蹬腿。

①左正蹬腿：在格斗势的基础上，重心后移，左脚屈膝抬起，勾脚尖，由屈到伸，向前猛力蹬出，力达脚跟，左臂自然下摆于体侧，右拳护面，目视前方。动作完成后迅速收回成预备姿势。做左正腿时可配合垫步前蹬。

②右正蹬腿：在格斗势的基础上右脚蹬地，重心前移，右脚屈膝抬起，勾脚尖，以脚为着力点，由屈到伸，向前猛力蹬出，右臂自然下摆于体侧，左拳收回到头部左侧，目视前方。

2. 勾踢腿

（1）左勾踢：在格斗势的基础上，右脚微屈膝支撑身体，左脚向后抬起（一般大小腿夹角不超过90度），上体稍右转，收腹合胯带动左腿，脚尖向前向右以弧线擦地勾踢，力达脚弓内侧。

（2）右勾踢：在格斗势的基础上，左腿弯曲，身体向左转180度，收腹合胯，右腿勾脚尖，由后向左前以弧线擦地勾腿，力达脚弓内侧。

3. 弹腿

腿法训练

（1）左弹腿：在格斗势的基础上，重心移至右腿，右腿微屈支撑身体，左腿提膝上抬，大腿带动小腿向前上方弹击，脚背绷直，着力点在脚，目视前方。

（2）右弹腿：在格斗势的基础上，重心移至左腿，左腿微屈支撑身体，右腿提膝上抬，大腿带动小腿向前上方弹击，脚背绷直，着力点在脚背，目视前方。

4. 踹腿

（1）左踹腿：在格斗势的基础上，右腿稍弯曲保持弹性，左腿屈膝抬起靠近胸前，大小腿夹紧，勾脚尖，小腿外摆，脚掌正对攻击目标，展髋、挺胸向前猛力出腿，力达脚掌，身体适当侧仰。

（2）右踹腿：在格斗势的基础上，左腿稍屈支撑，身体向左转180度，同时右腿屈膝高抬靠近胸前，大小腿夹紧，勾脚尖，小腿外提，脚掌对正攻击目标，展髋、挺胸向前猛力踹出，力达脚掌，身体适当侧仰。

5. 鞭腿

（1）左鞭腿：在格斗势的基础上，上体稍向右转侧倾，同时左腿屈膝抬起，大小腿折叠，脚尖绷直，右腿支撑身体，左脚向右上方猛力弹踢，力达脚背或小腿下端，左臂自然下摆助力，右拳收于下颌处，目视前方。左脚迅速收回，落地成预备姿势。

（2）右鞭腿：在格斗势的基础上，上体稍左转，同时右腿屈膝抬起，脚面绷直膝关节弯曲大于90度，右脚向左前方猛力弹踢，右臂自然下摆助力，左拳收于下颌处，目视前方。右脚迅速收回，落地成预备姿势。

（五）肘法

1. 横击

在格斗势的基础上，右（左）脚蹬地向左（右）转体时，身体重心移至左腿同时，右（左）抬平，由右（左）成弧形击肘，力达肘尖，肘稍高于肩，眼看右（左）肘，击中目标后向右（左）转体，回到原来位置，恢复成预备姿势。

2. 顶肘

在格斗势的基础上，右脚向后撤一大步，身体后转成右弓步，同时左手抱推右拳，右向右水平顶击，肘与肩平，眼看右肘。

3. 砸肘

在格斗势的基础上，右（左）脚蹬地向左（右）转体时，右肘抬起，由上向下砸击，力达肘尖，肘稍低于肩，眼看右（左）肘，击中目标后向右（左）转体，回到原来位置，恢复成预备姿势。

4. 挑肘

在格斗势的基础上，右臂屈肘握拳，随即以蹬腿、拧腰、送胯之合力，由下向上猛力挑击，力达肘尖或肘前部。左挑动作相同，方向相反。

（六）膝法

1. 正顶膝

在格斗势的基础上，身体重心移至前腿，收腹含胸的同时，两手成拳向后下回拉，右膝向前上方冲顶，力达膝部两手与膝同高，眼看右膝击中目标后右脚向后落地，恢复成准备格斗势。

2. 侧顶膝

在格斗势的基础上，身体重心移至前腿，收腹含胸的同时，两手成拳向右后下斜拉，右膝由向左前上方冲顶，力达膝部，两手与膝同高，眼看右膝。击中目标后右脚向后落地，恢复成预备姿势。

扫一扫，涨知识：

泰拳最厉害的人体武器——膝击！

（七）倒法

合理的倒地可以避免摔伤，增强防护能力，也可用于摆脱困境，变被动为主动，同时还可借跌扑技能攻击对方。

1. 预备姿势

在立正的基础上，右脚向右分开约与肩同宽，屈膝半蹲，两臂后摆，掌心相对，上体前倾。

2. 前倒

在立正的基础上，身体挺直自然前倒至约 45 度时，挥臂上举，尔后屈肘于胸前，两掌成杯状，掌心向前，在身体接触地面的同时手掌扣拍地面，与小臂同时着地，两腿挺直，以手、小臂、脚尖将身体撑起。

3. 前扑

在预备姿势基础上，两脚蹬地，向前上方跃起，同时挥臂上举展腹，两腿挺直后摆，倒地的同时，两掌成杯状，扣拍地面，以两掌、小臂及两脚前脚掌内侧将身体撑起。

4. 侧倒

在预备姿势基础上，左脚向前半步，右脚上前一步，同时向右拧腰、挥臂（左臂在前上，右臂在后下），左脚顺势前扫上摆，两臂向左上挥摆，身体向左后猛转，右脚经体前向左摆动，以右脚掌、左手臂和体侧着地，右臂上架护头，两腿成剪刀状。主要用于绊中侧倒时的自我保护，也是跌扑击敌的主要技能，倒地后还可用脚勾、绊跤。

5. 侧扑

在预备姿势基础上，两脚蹬地向前跃起，同时两臂前摆，侧身屈肘，团身收腿，以两手掌、两小臂、身体右侧着地，倒地后，双腿屈膝分开。用于受到猛力打击向侧前摔倒时的自我保护，倒地后，也可用双脚勾踹。

6. 后倒

在预备姿势基础上，两臂前摆击掌，上体微向前倾，随即上体后仰、髋部前送，两臂同时外展仰身，猛向后挥臂，左（右）脚蹬地，使手臂、双肩后侧同时着地，右（左）脚前上摆。多用于向后失去重心倒地时的自我保护，要求倒地时勾头、挺腹、憋气。

三、捕俘拳

捕俘拳招式简洁，出拳动作干脆，没有装饰性。它包括多种步伐，以拳、步、挡、削进攻敌人要害，猛烈攻击以致敌人瞬间丧失战斗力。

（一）预备姿势

在听到"捕俘拳——预备"的口令后，在立正的基础上，两脚迅速并拢，同时两手握拳，两臂微弯，拳眼向里，距胯约 10 厘米，头向左甩，目视左方。

军营中的捕俘拳

（二）挡击冲拳

起右脚原地猛力下踏，左脚向左侧跨出一步，在左转身的同时，左臂上挡，拳心向前，右拳从腰际旋转冲出，拳心向下，成左弓步。

要求：踏脚时要全脚掌着地，有爆发力。

（三）拧臂绊腿

左拳变掌向前击右拳背，右拳收回腰际，右脚前扫；左手挡抓、拧、拉于腰际，同时右脚后绊，右拳猛力旋转冲出。

要求：前扫、后绊要协调有力，重心要稳。

（四）叉掌踢裆

上右脚步成右弓步，同时两拳变掌，沿小腹向上叉掌护头；两拳变钩猛力向后击，同时起左脚，大腿抬平，脚尖绷直，猛力向前弹踢，迅速收回。

要求：两大臂夹紧，猛力后钩击，猛踢快收，重心要稳。

（五）下砸上挑

两手变拳，左拳由上猛力下砸，与膝同高，同时左脚向前跨步，成左弓步；右拳由前上挑护头，拳心向前，起右脚大腿抬平，脚绷直，头向左甩。

要求：起身要快，重心要稳。

（六）下蹲侧踹

上体正直下蹲，右脚猛力下踏，两小臂上下置于胸前，左臂在上拳心向下，右臂在下拳心向上；迅速起身，两拳交错外格，起左脚大腿抬平，脚尖里勾，向左猛踹，迅速收回。

要求：踏脚要有爆发力，下蹲起身要快。

（七）顺手牵羊

左脚向前落地屈膝，两拳变掌起在左前方，成抓拉姿势；两手向右后猛拉，同时右脚前扫。

要求：后拉前扫要协调有力，重心要稳。

（八）上步抱膝

右脚向前落地同时，左手变拳，小臂上挡；左转身屈膝下蹲，两手合力后抱，两掌相对，掌心向内，略低于膝，右肩前顶成右弓步。

要求：转体合抱要协调一致。

（九）插裆扛摔

左手向上挡抓，右手插前裆，掌心向上；左手向右下拧拉，大臂贴肋，小臂略平，拳心向上同时右臂上挑，右肩上扛，身体大部分落于右脚，成右弓步。

要求：下拉、上挑、转体要协调一致。

（十）下拨勾拳

左拳下拨后摆，左转身同时，右拳由后向前猛力上击，拳心向内，与下颌同高，同时右脚向右自然移动，成左弓步。

要求：转身要快，勾拳要猛。

（十一）卡脖掼耳

向左跐步，在左脚落地同时，右脚上步，左拳变掌，置于胸前，右拳后摆；向左转体，左手下按，右拳向下猛力横击，成左弓步。

要求：跐步有力，转体、卡脖、拳击要协调一致。

（十二）内外挂腿

在起身的同时，左脚向右跐步，右脚前扫，两手合掌于右肩前；两手猛力向左肩前拧拉，上体稍向左转，同时右脚后绊，成左弓步。

要求：跐步、合掌、前扫要协调一致，重心要稳。

（十三）踹腿锁喉

右脚向右前方跐步，左脚向右跃步，然后起右脚，大腿抬平，脚尖里勾，两臂弯曲，置于胸前，掌心向下；右脚侧踹，在落地同时，右手前插，左手抓握右手腕，右手变拳，猛力后拉下压，成右弓步。

要求：踹、锁要协调一致，重心要稳。

（十四）内拨冲拳

上左脚右转身成右弓步，左臂顺势内拨护于胸前，右拳收于腰际，拳心向上；左拳向左后，右拳向前以蹬腿、扭腰送胯之合力同时冲出，成左弓步。

要求：双拳冲出要有爆发力。

（十五）抓手缠腕

两手变掌，左手抓握右手腕；右掌上挑外拨，身体稍向右转，两臂用力后拉，猛扣压于腰际，成右弓步。

要求：抓握要快而有力。

（十六）卡脖提裆

左手抬起，臂弯曲，掌心向前，右手下插，后拉上提，置于肋前，屈指、掌心向上，同时左手猛力向前下推压与膝同高，掌心向下，成左弓步。

要求：上提、推压要协调一致。

（十七）别臂下压

右转身成右弓步，同时两手变拳，右小臂上挡；上左脚成弓步，左手立掌插向前上方，臂稍屈，右手抓握左手腕；左手变拳，向右转体，两手下拉别压，成右弓步。

要求：拉、压、转体要协调一致。

（十八）结束姿势

左脚靠拢右脚，恢复立正姿势。

乐学好思 ▶▶▶▶▶▶

除了捕俘拳，还有什么军用格斗技能？

◀◀◀◀◀

第二节　战场医疗救护

战场医疗救护，是指战时条件下对伤员的急救和护理。当在战时或自然灾害、意外事故发生时，正确开展对各种危急伤病的紧急救护，能够减少伤病员的痛苦和防止并发症的进一步恶化，最大限度地减少致残率、死亡率，为后送救援创造良好条件。

一、救护基本知识

战场医疗救护具有随机性强、时间紧急、环境条件差等特点。实施救护时，必须从这些特点出发，遵循救护的原则与要求，采取及时有效的救治动作。

（一）战场救护的原则

战场救护必须遵守以下六条原则。

1. 先复苏后固定

遇有心搏、呼吸骤停又有骨折的伤员，应首先用口对口呼吸和胸外按压等技术使心肺复苏，直至心跳、呼吸恢复后，再进行固定。

2. 先止血后包扎

遇有大出血又有创口的伤员，首先立即用指压、止血带或药物等方法止血，再进行创口消毒、包扎。

3. 先重伤后轻伤

遇有垂危的和较轻的伤员时，应优先抢救危重伤员，后抢救较轻的伤员。

4. 先救治后运送

遇到各类伤员，要按战伤救治原则分类处理，待伤情稳定后才能后送。

5. 急救与呼救并重

在遇有成批伤员又有多人在现场的情况下，要紧张而镇定地分工合作，急救和呼救同时进行，以较快地争取到急救外援。

6. 搬运与医护同步

搬运与医护应协调配合，做到任务要求一致，协调步调一致，完成任务的指标一致。运送途中，减少颠簸，注意保暖，最大限度地减少伤员痛苦，减少死亡率，安全到达目的地。

（二）救护的基本要求

救护伤员时，不准用手和脏物触摸伤口，不准用水冲洗伤口（化学伤除外），不准轻易取出伤口内异物，不准送回脱出体腔的内脏，不准用消毒剂或消炎粉敷伤。

1. 头面部伤

头面部受伤时，应保证呼吸道畅通，清除口内异物，将伤员衣领解开，采取侧卧或俯卧姿势，防止吸入呕吐物，并妥善包扎和止血。

2. 胸（背）部伤

胸（背）部伤往往伴有多根肋骨骨折，除用敷料包扎外还应用绷带绕胸（背）部包扎固定。

3. 腹（腰）部伤

腹壁伤要立即用大块敷料和三角巾包扎。伴有内脏伤时，不能喝水、吃东西、吃药，应尽快后送。

4. 四肢伤

除了手指或脚趾伤必须包扎外，包扎其他四肢伤时要把手指或脚趾露出，以便随时观察血液循环情况，采取相应措施。

二、个人卫生

个人卫生是集体卫生的基础。讲究个人卫生可以防止疾病传播，提高士兵的健康水平。为圆满完成战备训练、施工生产等各项任务，适应未来复杂、艰苦的战争环境，要求军人必须注重健康，养成良好的卫生习惯。

（一）个人卫生的总要求

军人这一特殊职业要求士兵必须有强健的体魄。为此，我军《内务条令》对个人卫生提出了总的要求，应做到：饭前便后要洗手，不吃不清洁的食物，不喝生水，不暴饮暴食，防止病从口入；实行分餐制，行军或外出时要自带饮食用具，不用公用脸盆和毛巾，防止疾病传播；不随地吐痰，不随地大小便，不乱扔果皮、纸屑和其他废物，保持室内和环境卫生清洁；勤洗澡、勤理发、勤剪指甲、勤洗晒衣服被褥，不在禁烟场所吸烟，保持军人良好风貌。

（二）个人卫生的内容

1. 皮肤的卫生

清洁健康的皮肤对全身各器官都有保护作用，因此要保持皮肤清洁，经常洗澡，提倡淋浴和冷水擦澡。

2. 头发的卫生

头发过长，既不卫生，又不利于战场行动，受伤后容易感染。因此要保持头发整洁，定期理发，不蓄胡子。梳子和刮胡刀不与他人共用。

3. 手和脚的卫生

养成饭前便后洗手的习惯，经常修剪指甲和保持干净。不要用牙咬指甲，保持脚的清洁和干燥，尽可能每天洗脚换袜子。要穿大小合适的鞋子。

4. 口腔和脸部的卫生

经常刷牙、漱口，保持口腔卫生：要养成经常洗脸的习惯，以保持脸部卫生。洗漱用具不与他人共用，冬天提倡用冷水洗脸，干毛巾擦脸，以提高御寒能力。

口腔和面部清洁

5. 眼、耳、鼻的卫生

擦眼、鼻时要用干净的手帕，不要用手抠鼻子。擤鼻涕时要左右鼻孔交替进行，并注意不要用力过猛。清洁外耳道时不要用树枝和火柴等尖、硬物，可用手帕的一角捻起来清理。不要在光线不足或强光的地方看书，防止近视。执行任务遇有风沙时，可戴风镜。

6.饮食的卫生

搞好饮食卫生是防止病从口入的关键。平时要养成饭前洗手的习惯，不喝生水，不吃变质食物；就餐时，不暴饮暴食，要保持食量的基本平衡，减少胃肠负担；各类瓜果要洗净后再食用，积极预防各种消化疾病和传染疾病发生；搞好饮水消毒，需要饮用地表水（江水、河水、溪水等）时，应首先进行净化处理后再饮用。

7.衣服和卧具的清洁

衣服和卧具脏了要换洗。若不能换洗，则应定期打开抖一抖，并在阳光下曝晒，这样可以大大减少衣服和卧具上的细菌。

三、意外伤的救护

意外伤是指人员在军事训练中发生的意外损伤。掌握军事训练意外损伤的原理及应急处理办法，不但能防止损伤的发生，缓解伤情恶化，减轻痛苦，还可为进一步就医提供方便。

（一）挫伤

挫伤是外力直接作用于身体所致的闭合性损伤。其症状特征是皮肤无裂隙，局部青紫、皮下瘀血、肿胀、压痛，以四肢多见。轻度挫伤一般不做特殊处理，伤后早期予以冷敷，两天后可做热敷。重度挫伤应作冰敷处理并注意休息。

（二）扭伤

扭伤是由于外力使关节活动超过正常范围，造成的关节附近韧带部分纤维断裂，多发生于踝、腕、腰、膝等部位。受伤部位常呈现肿胀、瘀斑、功能障碍、压痛等症状。早期应冷敷治疗，局部可做理疗或热敷。

（三）擦伤

擦伤是指皮肤的表皮擦伤。轻者只涂少量红药水即可。如果伤口出现流黄水，可涂紫药水。擦伤创面较重时，应由医生处理。

（四）刺伤

刺伤是指长而尖的器物刺入人体引起的损伤。伤多为小而深。损伤器物较小、刺伤不靠近主要器官，当时可拔出异物，用碘酒或酒精消毒后，用纱布包扎好伤口；如果当时无把握判断是否刺伤主要器官，或刺入物较大，一般不要立即拔除，应到医院处理，以免发生危险。锈蚀钉子的刺伤，处理伤后，应注射破伤风抗菌素。

（五）肌肉拉伤

肌肉拉伤通常是由于肌肉过度拉紧导致肌纤维撕裂而引起。伤后局部肿胀、疼痛、肌肉紧张或痉挛、活动受限。损伤早期可用冷敷、抬高伤肢等方法处置，疼痛较重者可进行理疗、按摩。四天后可进行适当的功能锻炼。

（六）脱臼

脱臼是指关节脱位。伤后会出现关节周围肿胀、剧烈疼痛、关节变形、功能障碍。不论何处关节脱臼，均应保持固定，不可活动和揉搓，并急送医疗单位处理。

（七）骨折

骨折有两种，一种叫闭合性骨折，特点是皮肤没有伤，断骨不与外界相通；另一种是骨头的断端穿出皮肤，有伤，因此叫开放性骨折，骨折后要进行包扎和固定，并及时送医治疗。

 扫一扫，涨知识：

什么是训练伤？应该怎么处理训练伤？

四、战场自救互救

战场医疗救护包括自救和互救两个方面，是保存战斗力的重要工作。救护技术主要包括心肺复苏、止血、包扎、固定、搬运五项。

（一）心肺复苏

心肺复苏是指针对呼吸、心跳停止所采取的抢救措施，即以人工呼吸替代自主呼吸，以心脏按压形成暂时人工循环并诱发心脏自主搏动。

1. 判断心搏骤停

心搏骤停一旦发生，时间就是生命，抢救越早，复苏成功率越高。判断心搏骤停，首先应轻摇或轻轻拍打伤病员，同时呼叫其名字或大声呼喊，若无反应可判断为意识丧失。然后马上以手指触摸其双颈动脉，若意识丧失同时伴颈动脉搏动消失，即可判定为心搏骤停。应立即开始现场抢救，并紧急呼救以取得他人帮助。

2. 安置复苏体位

复苏体位是仰卧位，应在呼救的同时小心放置伤病员仰卧在坚硬的平地上。安置时，应一手托住伤病员颈部，另一手扶着伤病员肩部，使伤病员沿其躯体纵轴整体翻转到仰卧位。

3. 开放气道

心搏骤停后，全身肌肉松弛，可发

一手置于患者前额使其头部后仰，另一手食指与中指置于下颌骨近下颌或下颌角处，抬起下颌（颌），以开放气道。

开放气道

生舌根后坠，使气道受阻。为了保持呼吸道通畅，可采用仰头抬颌法，也可采用仰头举颈法或双手托颌法开放伤病员气道。

注意：在开放气道的同时，应用手指挖出伤病员口中异物或呕吐物，有假牙者应取出假牙。

4. 判断自主呼吸

判断伤病员有无自主呼吸，可以通过"一看二听三感觉"的方法，即看伤病员胸部有无起伏，用耳及面部贴近伤病员口鼻，分别听和感觉有无气体呼出，如没有应立即进行口对口人工呼吸。

5. 重建呼吸

帮助伤病员重建呼吸最为有效的方法就是人工呼吸。人工呼吸时，抢救者以右手拇指和食指捏紧伤病员的鼻孔，深吸一口气后，用自己的双唇将伤病员的口完全包绕，然后用力吹气使伤病员胸廓扩张。吹气完毕，抢救者松开捏鼻孔的手，让伤病员的胸廓及肺依靠其弹性自主回缩呼气。

6. 重建循环

进行闭胸心脏按压能使伤病员重建循环。进行时，抢救者可采用踏脚凳或跪式等不同体位，将双手掌根部重叠于胸骨中下1/3交界处。按压时双肘伸直，垂直向下用力按压，下压深度4～5厘米，按压频率80次/分以上，按压时间与放松时间各占50%，放松时掌根不能离开胸壁，以免按压点移位。

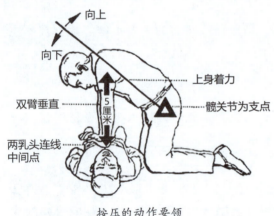

按压的动作要领

双人同时进行人工呼吸及闭胸心脏按压时，一人先做口对口人工呼吸2次，另一人做心脏按压30次，以后人工呼吸数与心脏按压数按2∶30反复进行。

（二）止血

血液通过心脏的不断收缩，循环于身体的各个部位，当失血量达到20%～30%时就会危及伤员的生命。

1. 出血种类

判定出血种类是正确实施止血的首要工作，方法是根据出血的特征加以判断。如果是动脉出血，则颜色鲜红，呈喷射状，有搏动，出血速度快且量多；如果是静脉出血，则颜色暗红，呈涌出或徐徐外流，出血速度不如动脉出血快；如果是毛细血管出血，则血色鲜红，从伤口向外渗出，出血点不容易判明。

2.止血方法

止血是一种医疗技术，有许多简便的方法，运用起来十分奏效。

（1）加压包扎止血法。静脉、毛细血管或小动脉出血时，先将敷料盖在伤口上，然后用三角巾或绷带用力包扎。

（2）指压止血法。较大的动脉出血，要临时用手指或手掌压迫伤口近端的动脉，将动脉压向深处的骨头上，阻断血液的流通，可达到临时止血的目的。

①头顶部出血：一侧头顶部出血，可用食指或拇指压迫同侧耳前方（颞浅动脉）搏动点。

②颜面部出血：一侧颜面部出血，可用食指或拇指压迫同侧下颌骨下缘、下颌角前方约3厘米处的凹陷处，可摸到明显的搏动点的面动脉，压迫此点可以止血。

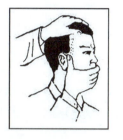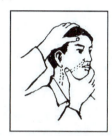

头顶部、颜面部压迫止血法

③头面部出血：一侧头面部大出血，可用拇指或其他四指压迫同侧气管外侧与胸锁乳突肌前缘中点之间，此处可摸到一个强烈的搏动点（颈总动脉），将血管压向颈椎止血。

④肩腋部出血：可用拇指压迫同侧锁骨上窝中部的搏动点（锁骨下动脉），将动脉压向深处的肋骨上止血。

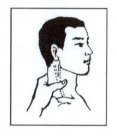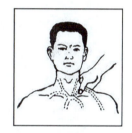

头面部、肩腋部压迫止血法

⑤前臂出血：可用拇指或其他四指压迫上臂内侧肱二头肌与肱骨之间的搏动点，将肱动脉压向肱骨上即可止血。

⑥手部出血：互救时可用两手拇指分别压迫手腕横纹稍上处内外侧搏动点（尺动脉、桡动脉）止血。自救时用健康手拇指、食指分别压迫上述两点。

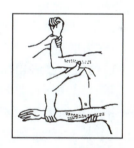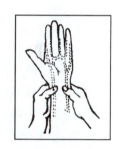

前臂、手部压迫止血法

⑦大腿以下出血：大腿及其以下动脉出血。自救时可用双手拇指重叠用力压迫大腿上端腹股沟中点稍下方的强大的搏动点（股动脉）止血。互救时，可用手指或手掌用力将股动脉压在股骨上。

⑧足部出血：可用两手食指或拇指分别压迫足背中部近脚腕处的胫前动脉和足跟内侧与内踝之间的后动脉止血。

（3）止血带止血法。止血带是一种制止肢体出血的急救用品。常用的止血带是约1米长的橡皮管。一般在四肢大动脉出血用其他方法止血无效时，采用止血带。方法要诀是：橡皮带左手拿，后头五寸要留下，右手拉紧环体扎，前头交左手，中食二指夹，顺着肢体向下拉，前头环中插，保证不松垮。

注意：使用止血带时，血带与皮肤之间要加垫料（敷料、衣服等），不能直接扎在皮肤上；扎止血带的伤员必须做标记，注明扎止血带的时间；止血带每隔1小时（冬季半小时）松开一次，每次放开2～3分钟，以暂时改善血液循环。松开时要逐渐放松，如有出血，应再扎上止血带；如不再出血，可改用三角巾压迫包扎伤口。

 国防科普

卡式止血带止血法

卡式止血带是一种新型、便于携带、松紧可调的塑料卡锁止血带，目前已全面装配部队。通常适用于四肢静脉、毛细血管和小动脉出血。其操作方法是：在出血处加上敷料垫，打开活动锁紧开关，用一手拿住活动锁紧开关压住敷料，另一手从肢体下方拉过涤纶松紧带头端，绕肢体一圈，将插入式自动锁卡插进活动锁紧开关内，用一手按住活动锁紧开关，另一手用力拉紧涤纶松紧带，直到不出血为止。放松时，用手向后扳放松板；解开时，用手指向下按压开关即可。

（三）包扎

包扎通常使用配发的急救包，使用时把急救包沿箭头方向撕开，将敷料盖在伤口上，然后进行包扎。不同部位有不同的包扎方法。

1.头面部伤的包扎

（1）帽式包扎法：适用于颅顶部的损伤。其方法是将三角巾底边的中点放在伤员眉间上部，顶角经头顶垂向枕后，再将底边经左右耳上向后拉紧，在枕部交叉，并压住垂下的顶角，再将顶角随一底边角拉紧在前额部打结固定。

（2）风帽式包扎法：适用于颅顶部、面部、下颌和伤肢残端的包扎。将三角巾顶角和底边中央各打一结，形似风帽。然后将顶角结放于前额正中，底边结置于枕外隆突下方，两手垂直向下拉紧两底角，分别在下颌处反折交叉后绕至枕后结上打结固定。

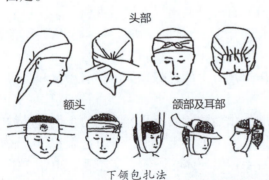

（3）下颌包扎法：适用于下颌部伤口和下颌骨折固定包扎。将三角折叠成约四横指宽条带状，取1/3处抵住下颌，长端经耳前绕过头顶至对侧耳前上方，与另一端交叉，然后分别绕过前额及枕后，于对侧相遇打结固定。

（4）面部包扎法：三角巾顶角打一结，兜住下颌，盖住面部，然后拉紧两底角，在头后交叉，绕至额前打结。包好后，在眼、口、鼻的地方剪洞，露出眼、口、鼻。

2. 四肢伤的包扎

（1）三角巾包扎上肢：将三角巾一底角打结后套在伤侧手上，打结的余头留长些备用；另一底角沿手臂后侧拉至对侧肩上，顶角包裹伤肢，前臂弯曲至胸部，拉紧两底角打结。

（2）三角巾包扎手（脚）：将手（脚）放在三角巾中央，手（脚）指朝向顶角；拉顶角盖住手（脚）背，两底角左右交叉压住顶角绕手（脚）腕打结。

（3）三角巾包扎小腿和脚：将三角巾铺平顶角在前，将伤脚放于三角中央适当位置，反折顶角于足背，再将两底角提起包裹顶角，绕踝关节部位的肢体后固定打结。

（4）三角巾包扎肘、膝：将三角巾折成适当宽度的带形，将带的中部斜放于伤部，取带两端分别压住上下两边，包绕肢体一周后在伤口背侧打结。

3. 胸（背）部伤的包扎

将三角巾的顶角放在伤侧胸部上，把左右两底角拉到背后打结，然后和顶角打结。本方法也适用于背部包扎。

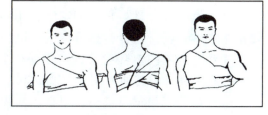

胸背部包扎法

4. 腹部伤的包扎

腹部损伤或伴随脏器脱出通常采取腹部兜式包扎法。三角巾顶角朝下，底边横放于腹部，两底角向后拉紧于腰背部打结，然后把顶角经会阴拉至臀部上方，与腰部余结头打结。腹部脏器脱出时，可用饭碗或武装带围成圈后放在敷料上进行保护性包扎。

（四）固定

固定是使受伤的肢体制动，让受伤肢体得到休息，避免增加损伤，也可减少伤员痛苦，便于运送。凡骨或关节损伤都要进行固定。

1. 判断骨折的方法

（1）用手指轻轻按摸受伤部位时疼痛加剧，有时可以摸到骨折断端。

（2）受伤部位变形。

（3）受伤部位明显肿胀或受伤部位不能活动。

（4）骨折断端有时可用手摸到"嘎吱""嘎吱"的骨摩擦感。

2. 骨折临时固定的方法

目前对骨折临时固定所采用的制式材料为卷式夹板，紧急情况下，也可使用三角巾、枪支、树枝等就便器材代替。

（1）锁骨骨折三角巾临时固定法：在伤员的腋窝处加好棉垫，用两条三角巾分别折成五横指宽的条带，环绕腋窝一周，在腋后打结，然后把左右打结的三角巾拉紧，在背后打结，使左、右肩关节后伸外展。也可用一条三角巾折成条带或用夹板进行临时固定。

（2）上臂肱骨骨折三角巾临时固定法：将三角巾折叠成与上臂长度相等的宽带，将肱骨固定在躯干上，然后屈肘90度，再用三角巾将前臂悬吊于胸前。也可用夹板或简便器材进行临时固定。

（3）前臂尺桡骨骨折临时固定法：用卷式夹板的头端从手背腕部推向肘关节，再将卷式夹板回返推向手心处，然后用两条三角条带分别在骨折两端绕肢体两圈固定，再用一条三角巾将骨折肢体悬吊于胸前。此骨折也可用其他方法进行临时固定。

（4）小腿胫骨骨折临时固定法：用四条三角巾条带，分别在骨折的上端、下端将伤肢绕两圈临时固定在健肢上，然后用一条带状固定带在踝关节处用"8"字形固定，再用一条三角巾折成五指宽将两膝关节固定。此处骨折也可用其他方法进行临时固定。

（5）大腿股骨骨折临时固定法：用卷式夹板两块，一块放于大腿内侧，一块放于大腿外侧，一块长度不够时可接上一块，在骨突出处加垫，用条带固定骨折上端和下端，然后用条带固定膝关节，再用条带成"8"字形固定踝关节，最后在大腿根部将夹板固定。也可用其他方法进行临时固定。

注意：骨折固定一旦伤口出血，应先止血包扎后再固定；大腿和脊柱骨折时应就地固定；固定要牢固，松紧要适当；夹板与皮肤之间应垫棉花、衣服等。

扫一扫，涨知识：

红十字救护员培训课程——骨折固定

（五）搬运

在战场上对伤员进行止血、包扎、固定处理后，应安全迅速地将伤员搬运到较隐蔽地点，及时送救护所救治，根据战场时机和伤员伤情应采取不同的搬运方法。

1. 侧身匍匐搬运法

救护者侧身在伤员背侧，将伤员腰部垫在大腿上，伤员两手放于胸前，救护者右手穿过伤员腋下抱肩，使伤员上体脱离地面并贴紧救助者，左前臂撑于地面，两眼目视前方，按照侧身匍匐的方法要领蹬足向前移动。其动作要领概括为"垫腰、抱肩、撑肘、蹬足"。注意伤员受伤部位朝上，伤员头部和上肢不要着地。

2. 单人肩、单人背、单人抱法

当伤员周围无敌人火力威胁，伤员伤势较轻时，可采用单人肩、单人背或单人抱法进行搬运。

3. 双人徒手搬运法

此方法适用于头、胸、腹部受伤的重伤员搬运。

单人肩、背、抱法

4. 担架搬运法

担架搬运法最适用，只要战况和条件许可，应尽量用此法。首先迅速展开担架，放于伤员伤侧，将其装备解除，坚硬物品要从口袋中取出。一人托住伤员头部和肩背部，另一人托住伤员腰臀部和下肢，协力将伤员平稳地轻放在担架上，根据伤情取合适体位，系好担架扣带以固定伤员，两人合力抬起担架前进。行进过程中要保持伤员头朝后脚朝前，便于后边担架人员密切观察伤员伤情变化。如果遇到陡坡路段，要及时调整头部朝向前方。在没有制式担架时，可利用就便器材如木棒、绳索、大衣、步枪等制作简易担架。

乐学好思 ▶▶▶▶▶

战场救护需要掌握哪些救护技能？

◀◀◀◀◀

第三节　核生化防护

核武器、生物武器、化学武器（简称核生化武器）具有巨大的杀伤破坏威力，属于大规模杀伤性武器。未来的战争将很有可能是核生化威胁下的现代战争，对核生化武器的防护属于军民需要共同掌握的军事常识。

一、防护基本知识和技能

对核生化武器的防护，是指对敌人核、生物、化学武器袭击而采取的防护措施。目的是最大限度地减少损伤，保持部队的战斗力和重要目标的生存能力。士兵必须掌握其防护方法，才能避免杀伤，有效保存自己。

（一）对核武器的防护

核武器是禁用的，但随着战争的升级，敌人也有使用的可能性。在战场上，敌人一旦使用核武器，士兵应充分利用地形和防护器材进行防护，尽量减免其伤害。

对核武器的防护主要包括两个方面：一是对核爆炸瞬时效应的防护；二是对放射性沾染（污染）的防护。

1. 对核爆炸瞬时效应的防护

核爆炸瞬时效应的防护是指对核爆炸产生的冲击波光辐射、早期核辐射等瞬时杀伤效应采取的防护措施，是核防护的重要内容。采取有效的防护措施，可以减少人员伤亡和装备物资的损失。

（1）开阔地上的防护。当在开阔地上发现核闪光时，应立即背向爆心卧倒。卧倒时两手交叉压于胸下，两肘前伸，头自然下压夹于两臂之间，闭眼闭嘴（有条件时堵耳），憋气（当感到热空气时），两腿伸直。正在行驶的车辆，突然遇到闪光时，驾驶员应立即停车，将身体弯伏或卧伏在驾驶室内，乘车人员应尽量卧倒。

（2）利用地形防护。利用土丘、土坎、坟包等高于地平面的地形防护，可以有效地减少核武器的杀伤。当士兵发现核爆炸闪光时应就近利用地形背向爆心的一面迅速卧倒（动作要领同开阔地）。如利用较大的土丘坟包、土坎时，可背向爆心卧倒，重点防护头部。利用土坑、沟渠等低于地面的地形防护时，首先应快速跃（滚）入坑内，身体蜷缩，跪或坐于坑内，两肘置于两腿上，两手掩耳，闭眼闭嘴，暂停呼吸。若坑大底宽，也可横向或对向爆心卧倒。利用沟渠时，宜用横向爆心的沟渠卧倒防护，若沟渠的走向对向爆心时，只能利用拐弯处防护。

（3）利用建筑物防护。若在室外应尽量利用墙的拐弯处或紧靠墙根卧倒；若在室内应在屋角或床、桌下卧倒或蹲下，但注意不要利用不坚固或易倒塌的建筑物，避开门窗处和易燃易爆物，以免受到间接伤害。

（4）利用服装装具防护。利用雨衣、防毒斗篷和其他衣物、手套、毛巾等防护，在一定距离上，可减轻或避免热、核辐射的伤害。衣物的防护效果，一般是厚的比薄的好、浅色的比深色的好、密实的比稀疏的好。冲击波在一定范围内能损伤耳膜，可利用炮兵防震耳塞、棉花或其他细软物堵塞耳孔防护，冬天放下帽耳也有一定的防护作用。

2. 对放射性沾染（污染）的防护

对放射性沾染（污染）的防护是指对核爆炸形成的放射性沾染（污染）采取的防护措施。其目的是避免或减轻放射性物质通过体外照射、体内沾染和皮肤沾染的方式对人体造成伤害。当发现核爆炸造成的放射性烟云飘近时，最好的防护方法是有组织地脱离即将受染区（或正在受染区）。凡人体受染者，应脱去受染服装并进行人员淋浴和服装洗涤，污染水要使其流向远离人员处。

（1）对放射性烟云沉降的防护。处于爆心下风方向的人员在放射性烟云到达以前要做好防护准备。当发现放射性灰尘落下时，迅速穿戴防护器材；若无制式器材，应利用就便器材进行防护，如戴口罩，披雨衣（篷），扣紧袖口、领口和裤腿，脖子上围毛巾等，进行全身防护，将身体遮盖起来。当沉降完毕，如风速不大，无大量灰尘扬起时，可脱掉雨衣或斗篷（注意风向），但不要摘口罩。

（2）在沾染区内的防护。①利用有防护设施的工事进行防护，尽量减少在工事外活动，以减轻外照射和沾染。②暴露人员应穿戴防护器材，扎紧"三口"（领口、袖口、裤口），穿（披）雨衣或斗篷，戴手套等。③在沾染区内，尽量不喝水、不吸烟、不进食，不接触受染物体。情况允许时，应在有防护设施的工事或帐篷内饮食。④如人员沾染较严重时，可根据情况及时进行局部消除。

（二）对生物武器的防护

对生物武器的防护，主要包括对生物战剂气溶胶的防护和对敌投带菌昆虫的防护。

1. 对生物战剂气溶胶的防护

生物战剂气溶胶只有通过呼吸道、消化道、黏膜和皮肤，特别是受伤的皮肤进入人体后，才能发挥其杀伤作用。防护的基本目的就是防止生物战剂气溶胶从这些部位进入人体。能对毒剂气溶胶和放射性气溶胶进行有效防护的措施均适用于防护生物战剂气溶胶。如各种防毒面具、防疫口罩、防尘口罩，甚至用布片、手帕等捂住口鼻，也有一定的防护效果。防毒服、防疫服、简易皮肤防护器材等可对身体表面起到较好的防护作用。有防毒设施的掩蔽部集体防护效果更好。缺乏条件时，也可利用地形及气象条件避免和减轻危害。如运动到生物战剂气溶胶云团或污染区的上风方向；黄昏、夜晚、黎明和阴天时，在高处隐蔽；不停留在易滞留生物战剂气溶胶的植被区域等。

2. 对敌投带菌昆虫的防护

要保护暴露皮肤，防止昆虫叮咬。主要方法：一是利用工事、房屋、帐篷防护。将门窗或出入口安装纱窗、纱门，挂上用防虫药物浸泡过的门帘或关闭孔口、密闭门。二是利用器材防护。可利用防蚊服、防蚊帽等进行防护。为防止敌投带菌昆虫钻入衣服可将袖口、裤脚扎紧，上衣塞入裤腰（或扎腰带，颈部围毛巾）。对于（蜘蛛一类小动物）的防护，应经常检查，将爬在衣服上的蝉虫及时除去。三是涂驱避剂。为保护人员不受昆虫的叮咬，可使用驱避剂加以防护。常用的驱避剂有避蚊胺、驱蚊灵等。使用时，将药涂在暴露皮肤上，每次用量 3 ～ 5 毫升，避蚊胺涂抹后可维持4 ～ 6 小时。或将药涂在衣服的裤脚、袖口和领口处。使用驱避剂，切忌全身涂抹，尤其不得抹入眼内，以免引起皮肤中毒。

（三）对化学武器的防护

为了避免或减少敌化学武器的杀伤，战斗中士兵应充分做好防护准备，使个人防护器材处于良好状态，便于使用和不影响战斗行动。一旦遭化学袭击，应根据不同情况灵活利用器材、工事等进行有效防护。

1. 遭化学袭击时的防护

（1）呼吸道和眼睛防护：遭敌化学袭击时，要迅速戴好防毒面具。

（2）全身防护：敌机布洒毒剂、毒剂炮（炸）弹爆炸后有飞溅的液滴或飘移的气雾时，除进行呼吸道和眼睛防护外，还要迅速披上防毒斗篷或雨衣、塑料布等。同时，应防止毒剂液滴溅落在随身携带的装具和武器上。

2.直接通过染毒地域时的防护

在徒步通过染毒地域前，应充分做好防护准备，到达染毒地域前先利用地形迅速穿戴防护器材，并进行认真检查。其顺序是：戴好防毒面具，穿好防毒靴套（或利用就便器材包腿脚或扎好裤口），穿好防毒斗篷或雨衣，戴好防毒手套，整理和相互检查防护是否严密确实和便于行动。直接通过染毒地域时，应选择地质坚硬，植物层低、少的道路，尽量避开坑道、泥泞、松软、高草和有明显液滴的地点。情况允许时，可拉开距离，大步快速通过。

通过后，应检查染毒情况，对人员、服装、武器的染毒部位进行消毒，脱去防护器材。其顺序是：背风而立，将武器装备放置下风2～3步处，脱去斗篷或雨衣，将染毒面向内折叠好放在武器一侧，先脱去一只手套，取出皮肤消毒液，戴好手套，按次序进行消毒。消毒后的武器、器材放在上风（或侧风）处，处理消毒物，对手套消毒，脱去防毒靴套（或解除包裹腿脚器材）、防毒手套，最后脱去防毒面具。

3.在染毒地域停留时的防护

在染毒地域停留时，必须按照规定穿戴防护器材，尽量避免与染毒物体接触。利用战斗间隙对接触物体和活动地域进行消毒，严禁在染毒地域随便进食、喝水、大小便。

扫一扫，涨知识：
防化兵战场演练

二、防护装备使用

防护装备是用于防止核生化有毒有害物质对人员造成伤害的防护装备。可区分为呼吸道防护器材、皮肤防护器材、个人急救器材等。

（一）呼吸道防护器材

呼吸道防护器材是指用于保护人员的呼吸器官、眼睛及面部皮肤免受毒剂、细菌及放射性灰尘直接伤害的个人防护器材。这里重点介绍过滤式防毒面具的种类、性能和使用方法。

过滤式防毒面具主要类型有 FMJ03 型、FMJ04 型、FMJ05 型。对沙林、氢氰酸、VX 雾等毒气有很好的防毒效果，且兼顾良好通话能力和视野。

戴脱面具的要领。FMJ03 型和 FMJ04 型立姿戴面具的要领：当听（看）到"化学警报"信号或"戴面具"的口令时，立即停止呼吸，闭嘴闭眼，迅速将面具袋移至右前方，打开袋盖，右手握住面具袋底，左手迅速取出面具，两手分别握住面具两侧的

FMJ05 型防毒面具

中、下头带，拇指在内撑开面罩；身体微向前倾，下颌微伸出，将面罩套住下颌，用拇指和食指夹住军帽帽檐，两手稍用力向上后方拉头带，迅速戴上面具；两手对称地调整头带，使面具与脸部密合；然后深呼一口气，睁开眼睛，戴好军帽。脱面具要领：当听（看）到"解除化学警报信号"或"脱面具"的口令后，左手脱下军帽，右手握住面具下部，向下向前脱下面具，戴上军帽，然后将过滤器朝外装入面具袋内。

（二）皮肤防护器材

皮肤防护器材是指保护人员免受毒剂、生物战剂和放射性灰尘等通过皮肤引起伤害的防护器材。目前，皮肤防护器材主要包括防毒斗篷、防毒手套、防毒靴套和防毒服等。使用皮肤防护器材时，穿脱通常按照斗篷、靴套手套的顺序进行。脱下的器材经清洗、消毒、保养后包装备用，或统一销毁。

军用－NBC 核生化
防护服

（1）穿着防毒靴套的要领：将靴带对折，折头穿入前带孔，将两带尾穿入折头环并拉紧。分开靴带分别从下而上穿进侧带孔，然后从下而上穿进后带孔；使两带在脚后交叉，绕至脚腕部扣一个结，向后上打一叉，再向前上打一叉，最后将带勒紧在膝盖下系为活结。

脱防毒靴套的要领：背风而立，解开靴带，交替用一只脚的脚尖踏住另一只脚的靴套后跟带，将靴套脱下。

（2）穿着防毒斗篷的要领：首先戴好面具而后迎风而立，取出斗篷，手持帽罩部分使斗篷自然下垂，身体微向前倾，用双手撑开斗篷，穿在身上，转向背风而立，扣好上身五对扣，背好面具袋；叉开双腿，将后下摆正中提起，先左后右连接裤腿，分别把对应的四个衣扣扣好（需呈防毒衣状态时，应选穿靴套，系好下摆紧带，最后戴手套），系好袖口，呈非防毒衣状态。

脱防毒斗篷的要领：迎风而立，解开帽带扣子、袖紧带与下摆带，脱下斗篷甩到身后并使染毒面着地。

（3）穿着防毒衣要领：当听到"成战斗状态穿防毒衣"或"全身防护"的口令后，应迅速卸下武器、装备与装具，解下腰带置于身体左侧，下蹲的同时左、右手分别握住防毒衣袋和面具袋的背带，卸下两袋置于身体的两侧；左手扶防衣袋，右手打开袋盖并取出防毒衣，顺势向前展开防毒衣；两手撑开胸襟，按先左后右的顺序将腿伸入裤管；上提防毒衣的同时稍下蹲，将两臂手心向外插入袖筒，借助两臂向上的翻力把防毒衣穿上（此时，为了使防毒衣穿得平整，及方便携带各种装具，可暂时将头罩罩在头上）。上体稍向前倾，披平贴好胸襟布，稍向后挺身由下上对齐抹平胸前尼龙搭扣；系好腰带，蹲下系好鞋带；整理脱下的鞋帽等物并放入防毒衣袋，盖好袋盖；面具袋在上，防毒衣袋在下，一起右肩左胁背好，并将面具袋腰带系好。最后，按戴面具要领戴好面具与衬帽，扣好头罩，仔细披好下颌垫布，系好颈带。从面具袋中取出手套，挂好拇指套环，按先左后右的顺序将手套置于内外袖之间戴好。整个穿着过程的要领可用"卸、展、穿、翻、整、系、背、戴"八个字来概括。

当听到"脱防毒衣"的口令后，迅速卸下武器及所背带的装具；尔后自上而下依次解开颈带、腰带和鞋带（为使解颈带与脱上身衣物相连续，也可先不解颈带）；右手掀下头罩抓住下颌垫布，左手握住颈带（若原来未解，应在此时先解颈带），用手向后下方翻脱上衣，蜕出双肩。两手缩回到外袖内，逐段交替地抓住外袖与手套蜕出双手。双手从里面推防毒衣，露出小腿后先左后右抬腿后退一步（原来脱鞋者此时穿上鞋），脱去衬帽后用左手拇指抠面具的头带垫，向前脱下面具放到面具袋上。

（三）个人急救器材

个人急救器材主要有个人急救包和个人防护盒两种。

1. 个人急救包

个人急救包是个人战场上的急救器材。包内装有 85 号预防片、85 号神经毒剂急救针、抗氰胶囊、抗氰急救自动注射针、二巯基丙醇软膏、军用毒剂消毒手套等。

2. 个人防护盒

个人防护盒也是一种战场个人急救器材。盒内装有神经性毒剂预防片复方 70 号防磷片，11 号注射针或 80 型急救针、粉剂，个人消毒手套，抗氰急救针（4-DMAP 注射液）和 85 抗氰预防片。

乐学好思 ▶▶▶▶▶▶

核生化武器袭击的防护有什么异同？

◀◀◀◀◀◀

第九章　备之以常，战则有序
——战备基础与应用训练

★ ★ ★ ★ ★

名人名言

用兵之法，无恃其不来，恃吾有以待也；无恃其不攻，恃吾有所不可攻也。

——《孙子兵法》

迅速判断地形的一切利弊，根据地形特点迅速地配置自己的军队，成了对指挥官的主要要求之一。同时这种才干以及独立指挥的一般能力不仅为总司令所必需，而且为下级军官所必需。

——[德国]恩格斯

不打无准备之仗，不打无把握之仗，每战都应力求有准备，力求在敌我条件对比下有胜利的把握。

——毛泽东

★ 导语

平时多流汗，战时才能少流血。虽然现代信息化条件下的战争，武器装备的作用越来越大，但是决定战争胜负的根本因素是人而不是物的真理没有变。在和平年代，通过战备基础训练，可以磨砺同学们的意志品质；同时在信息化时代，识图用图和电磁频谱管控也是同学们需要掌握的基本技能。

✎ 学习目标

1. 了解战备规定、紧急集合、徒步行军、野外生存的基本要求、方法和注意事项；
2. 学会识图用图、电磁频谱监测的基本技能；
3. 培养大学生分析判断和应急处置能力，全面提升综合军事素质。

第一节 战备规定

战备是武装力量为及时应对可能发生的战争或突发事件而在平时进行准备的活动。大学生军训是加强国防后备力量建设、培养后备兵员的重要手段，必须让参训学生牢固树立战备观念，了解战备常识，搞好战备基础与应用训练。

战备规定的内容主要有日常战备、等级战备、战场建设等。大学生应重点掌握日常战备和等级战备中的相关内容。

一、日常战备

日常战备主要包括战备教育、节日战备和"三分四定"等内容。

（一）战备教育

通常要结合形势和任务对所属人员进行经常性的战备教育。战备教育由政治机关组织，通常每季度进行一次。在节日、特殊时期和部队执行任务前一般也要进行有针对性的战备教育。

战备教育通常包括以下三项内容：

（1）进行马克思主义战争观、军队根本职能和新时代军队使命任务教育。大力培育当代革命军人核心价值观，使全体人员树立时刻准备打仗、时刻准备执行非战争军事行动任务的思想。

（2）进行形势、任务教育和反渗透、反心战、反策反、反窃密教育及战备工作法规制度教育，克服麻痹思想，增强战备意识，保持常备不懈。

（3）进行爱国主义、革命英雄主义教育。强化战斗精神，培养英勇顽强的战斗意志和战斗作风，坚定敢打必胜的信心。

（二）节日战备

在元旦、春节、国庆节等节日要组织节日战备。

在节日战备前，通常要组织战备教育和战备检查，制订战备计划，调整、加强值班兵力，完善应急行动方案，及时上报战备安排。

在节日战备期间，要按规定保持人员在位率和装备完好率，加强战备值班、执勤、巡逻警戒和对重要目标的防卫。当担负战备值班任务时，要做好随时出动执行任务的准备。

在节日战备结束后，要及时向上级上报节日战备情况。

扫一扫，涨知识：

节日不忘战备！官兵们时刻准备着

（三）"三分四定"

"三分四定"是对储备物资存放与管理的基本要求，按照便于储备和使用的要求进行存放与管理。

"三分"指战备物资按规定分为携行、运行和后留三类。携行物资是在紧急情况下自己随身携带的必备物资；运行物资是指那些个人很需要，但自己携带不了需要上级单位帮助运走的物资；后留物资是不需要带走的个人物资，将其留在营房里，由上级统一保管。

日常战备——物资保障

"四定"指战备物资在存放、保管和运输中要做到定人、定物、定车、定位。定人，就是将携行、运行、后留物资明确到具体的个人并以标签进行标识；定物就是将个人储备物资按照携行、运行和后留进行区分，明确各自的种类和数量；定车和定位，就是将个人携行物资和运行物资放置在车辆上，将后留物资放置在库室内，并明确具体位置。

"三分四定"是战备工作的重要内容，个人在平时要严格按规定做好各项工作，保证一旦有紧急情况可立即出动。

二、战备等级规定

战备等级是部队战备程度的区分，我军战备等级分为四级战备、三级战备、二级战备、一级战备。

（一）四级战备

四级战备，即国外发生重大突发事件或者我国周边地区出现重大异常，有可能对我国安全和稳定带来较大影响时部队所处的战备状态。部队的主要工作：进行战备教育和战备检查；调整值班、执勤力量；加强战备值班和情况研究，严密掌握情况；保持通信顺畅；严格边境管理；加强巡逻警戒。

（二）三级战备

三级战备，即局势紧张。周边地区出现重大异常，有可能对我国构成直接军事威胁时，部队所处的战备状态。部队的主要工作：进行战备动员；加强战备值班和通信保障，值班部队（分队）能随时执行作战任务；密切注视敌人动向，及时掌握情况；停止休假、疗养、探亲、转业和退伍。控制人员外出，做好收拢部队的准备，召回外出人员；启封、检修、补充武器装备器材和战备物资；必要时启封一线阵地工事；修订战备方案；进行临战训练，开展后勤、装备等各级保障工作。

（三）二级战备

二级战备，即局势恶化，对我国已构成直接军事威胁时，部队所处的战备状态。部队的主要工作：深入进行战备动员；战备值班人员严守岗位，指挥通信顺畅，严密掌握敌人动向，查明敌人企图；收拢部队；发放战备物资，抓紧落实后勤、装备等各种保障；抢修武器装备；完成应急扩编各项准备，重要方向的边防部队，按战时编制齐装满员；抢修工事、设置障碍；做好疏散部队人员、兵器、装备的准备；调整修订作战方案；抓紧临战训练；留守机构展开工作。

（四）一级战备

一级战备，即局势极度紧张，针对我国的战争征候十分明显时，部队所处的战备状态。部队的主要工作：进入临战战备动员；战备值班人员昼夜坐班，无线电指挥网全时收听，保障不间断指挥；运用各种侦察手段，严密监视敌人动向，进行应急扩编，战备预备队和军区战备值班部队，按战时编制满员，所需装备作补充能力优先保障；完成阵地配系；落实各项保障；部队人员、兵器、装备疏散隐蔽伪装；留守机构组织人员向预定地区疏散；完善行动方案，完成一切临战准备，部队处于待命状态。

士兵按命令进入等级战备后，应按照规定保持装备完好率和人员在位率，保证随时遂行各种任务。部队一旦进入战备等级状态，要求每一名士兵必须做到：

（1）严格遵守保密规定，不泄露部队行动的秘密。

（2）外出探亲人员，接到上级的通知后要迅速归队。

（3）服从命令、听从指挥，按上级的命令完成各项工作。

（4）提高警惕，坚持在岗在位，保持良好的战备状态。

（5）进一步落实战备计划，随时做好出动准备。

乐学好思 ▶▶▶▶▶▶

当国家进入战备状态，普通百姓应该怎么做？

第二节 紧急集合

紧急集合是部队或分队在紧急情况下，迅速聚集人员并按规定携带装备物资的应急行动。如发现和遭到敌人的突然袭击时；受到火灾、水灾、地震、台风等自然灾害威胁时；上级赋予紧急任务或发生重大意外情况时等。参训学生需掌握紧急集合的相关要领，并积极参加紧急集合训练。

士兵一般是根据上级的紧急战备号令实施紧急集合，一旦接到紧急集合的信号或命令，应立即按规定着装，带齐武器装备和器材迅速到达规定地点集合。

一、紧急集合要领

紧急集合的程序分四步：着装、整理携行生活器材、装具携带和集合。

（一）着装

通常着作训服。昼间进行紧急集合时，一般按当时的训练着装进行。如果上级重新规定着装，士兵应立即换装。夜间实施紧急集合时，士兵应迅速起床，按照帽子（冬季戴皮、棉帽时，披装后再戴）、上衣、裤子、袜子、鞋子（双层床上层的士兵打完背包再穿鞋子）的顺序进行穿戴。

（二）整理携行生活器材

没有装备生活携行具时，应打背包。背包宽 30～35 厘米，竖捆两道，横压三道米袋捆于背包上端或两侧；雨衣、大衣通常捆于背包上端，大衣袖子捆于背包两侧；鞋子横插在背包背面中央或竖插两侧；锹（镐）竖插在背包背面中央，头朝上。

装备有生活携行具时，应按以下顺序进行：①迅速结合背架；②按规定分别将物品装入主囊、侧囊和睡袋携行袋；③组合背架和军需装备携行具。

整理携行生活器材

（三）装具携带（以步兵为例）

1. 没有装备战斗携行具的携带装具方法

（1）全副武装：背手榴弹袋，左肩右胁；背挎包，右肩左胁；扎腰带（机枪手先背弹盒）；披弹袋；背防毒面具，左肩右胁；背水壶右肩左胁；背背包（火箭筒副射手背背具）；取枪（筒）和爆破器材。

（2）轻装：其他装具的披带同全副武装，只是不背背包，将锹（镐）头朝下背于右肩，系绳绕腰间与背绳系紧；米袋右肩左胁；雨衣（冬季带大衣时，将大衣袖子留在外面卷紧捆好，再将袖口对接扎紧）左肩右胁。

2. 装备有战斗携行具时的携带装具方法

应首先按要求将各功能模块组装好，尔后将战斗携行具挂于身上，取手中武器。其他兵种专业结合自己的实际情况可另行规定装具携行的方法。

（四）集合

士兵披装完毕后，迅速跑步到班集合地点，向班长报告。全班到齐后，班长带领全班迅速赶到排集合场，并向排长报告。

士兵在紧急集合时要做到：迅速、肃静、确实、完整安全、便于行动。这就要求每名士兵在平时应按规定放置武器、弹药装具和衣物，这样在紧急集合时便于拿取和穿着，行动时才不会慌乱。

扫一扫，涨知识：

武警官兵紧急集合

二、紧急集合训练

在大学生军训过程中进行紧急集合训练，能够有效提高大学生战备意识和紧急情况应急处置能力，全面提升综合军事素质。大学生军训过程中紧急集合训练可结合紧急避险训练进行。接到紧急集合的信号或命令后，应按有关规定迅速指挥专业班（按宿舍编成）完成紧急集合行动。

（一）紧急集合的准备工作

1. 训练准备

军训期间，要进行必要的战备知识教育，在大学生中树立基本的战备观念，让大学生充分认识紧急集合训练的目的和意义。由易到难、循序渐进地组织紧急集合训练。

2. 物资准备

应根据学校实际情况，明确好紧急集合应携带的物品，在军训期间做好物资准备。军训骨干要结合内务卫生检查，掌握本班人员携行物资的数量、质量、储备、保管等情况，并按照有关要求明确摆放位置和携行方法。

夜间紧急集合

3. 制定紧急集合预案

应根据学校实际，结合紧急避险、军训任务等需求，制定紧急集合方案。主要内容包括：①紧急集合的警报信号和通知方法；②武器装备、装具和战备物资的位置；③对本班携带的武器装备、装具、物资进行合理分工，责任落实到人；④紧急集合场的位置、进出道路及区分等情况。

（二）紧急集合的组织实施

接到紧急集合的号令后，教官（军训骨干）应完成以下主要工作：①接受并立即传达上级命令、指示。②对所属人员进行简单的思想发动，提高其思想觉悟和安全意识。③明确有关注意事项，如夜间紧急集合应注意灯火管制；人员禁止大声喧哗；动用枪支装备避免磕、碰、砸伤；上下楼梯、上下床铺注意动作，避免摔伤等。④组织并督促所属人员做好个人携行物资准备和携带武器装备；检查携行物资的数量、质量和武器装备的状况，组织验枪、验弹。⑤督促所属人员迅速集合，检查清点人数、武器装备和携（运）行物资，并向上级领导报告情况。⑥指挥所属人员准时到达指定位置，按规定完成战斗或机动准备。

> **乐学好思** ▶▶▶▶▶▶
>
> 夜间紧急集合可以开灯吗？
>
> ◀◀◀◀◀◀

第三节 行军拉练

行军是军队沿指定路线进行的有组织的移动。徒步行军是以步行方式实施的行军。通常在行军距离较近、输送工具不足或没有输送工具，以及地形不便于实施摩托化行军时采用。徒步行军对士兵的意志和体能是一个考验。无论是刮风下雨、山地沼泽，还是酷暑严寒，只要作战需要，均要实施徒步行军。徒步行军的优势在于目标小、分散快、易指挥，组织简便、利于隐蔽，受地形限制小；不足之处是速度慢，体力消耗大。

一、行军拉练的基本要领、方法

士兵在行拉练过程中应按照正确的行军要领，坚决服从班（组）长的指挥，灵活处置各种情况，确保按时迅速到达目的地。

（1）士兵徒步行军应按照全副武装或轻装的规定携行有关装具。

（2）行军前，士兵应检查所带装具是否齐全，佩戴是否牢固，尤其是要仔细检查鞋袜是否合适，以避免行军中脚打泡。

（3）行军过程中，应均匀呼吸，全脚掌着地，调整好步幅，保持正常的行军速度。

（4）行军掉队时，应大步跟上，尽量不要跑动，以节省体力，体力好的士兵要主动帮助体力差的战友，搞好体力互助。

（5）小休息时，士兵应就地休息，及时调整体力，不要乱走动，并按要求处理脚上打起的血泡。

（6）行军中，士兵要以灯光、旗语、音响、手势等简易信号通信、运动通信等手段传递口令，保持通信联络。

（7）遇敌空中火力袭击时，士兵应就近利用地形进行防护；接到敌核、化学武器袭击警报时，人员应迅速穿戴防毒面具和防护衣罩，就地隐蔽防护。警报解除后，应迅速抢救伤员，检查武器装备，恢复行军序列。

（8）当道路、桥梁遭敌破坏或者遇到难以通行的地段时，应按命令绕行，无法绕行时，应及时报告上级。

（9）在夜间、雨天、山地、水网稻田地、沙漠、雪地等一些特殊环境和地形条件下徒步行军时，士兵要根据特殊环境和地形的特点及当时的具体情况，按命令进行必要的物资器材准备，特别是一些辅助器材，如照明器材、绳索、木棍等。

（10）行军途中要注意紧跟队伍，不要掉队；无论遇到什么样的情况都要及时报告；要发扬不怕苦、不怕累的精神，坚决走到目的地。

二、徒步行军实践

（一）徒步行军的准备工作

1.思想准备

徒步行军前，应做好参训学生的思想工作，使其了解徒步行军的目的和意义，克服畏难情绪，以饱满的精神状态主动接受锻炼。

2.物资准备

组训教官（学生骨干）要督促、检查本班人员按规定做好生活物资和武器、装具的准备工作。首先，按照规定携带充足的生活物资，根据季节做好防寒、防雨雪、防蚊虫的准备；其次，按照规定着装落实，出发应扎紧腰带、弹袋，扣紧裤脚，系紧鞋带，穿大衣或雨衣时，将衣襟下角扎于腰带上；最后，携行的武器、装具、器材要做好充分的检查、清点，装具、器材固定紧。

3.体能准备

在徒步行军实施之前一段时间，应强化参训学生体能训练，加强学生的身体素质。训练内容主要包括3000米、5000米跑，俯卧撑，组合练习等体能项目。

（二）徒步行军的组织实施

1.行军

班通常在连的行军序列内成一路或二路纵队行进。人员前后距离一般为80～100厘米行军途中，应检查、督促所属人员保持行军队形，跟上行军队列，以免掉队；提醒全班注意调整呼吸和体力，保持匀速前进；随时观察道路及周围情况，确保行军安全。行军中，发现脚底起泡、身体不适或体力不支的学生，应及时向上级报告，视情况服用药物、挑破水泡，并安排其他人员帮助其继续前进。长途行军时，途中应组织休息、野炊和露营。徒步行军，常行军乡村路为每小时4～5千米；山地为每小时3～4千米。急行军时，乡

行军

村路时速可达 8 ～ 10 千米。

2.休息

休息分为小休息和大休息。徒步行军的首次小休息，通常在行军 30 分钟后进行，时间为 15 ～ 20 分钟。尔后每行军 50 分钟休息一次，每次 10 分钟。大休息通常在日行程过半时实施，时间约 2 小时。小休息应采取集中组织的方式，通常在路的右侧，人员应在规定区域内活动，不准无故穿越道路。小休息时，应检查所属人员的着装和携带的武器、装具，及时做好调整；检查所属人员的身体状况及时向上级报告，并做妥善处置。冬季，还应提醒所属人员不要随地坐、卧，以免着凉或冻伤。大休息时，应根据上级命令组织所属人员进行野炊和休息，野炊要结合个人特点进行合理分工，统筹安排，既要保证吃得饱、吃得好，又要遵守时间，保证所属人员休息好，以便恢复体力，继续行军。

扫一扫，涨知识：
新疆"00 后"新兵冬季 20 公里野营拉练

三、宿营

宿营是指军队在行军或战斗后的住宿。其目的是为了使部队得到休息和调整，以便继续行军或做好战斗准备。部队在组织宿营前，要与当地政府武装部门取得联系，认真做好宿营前的准备工作。

（一）宿营地区的选择

宿营地区的选择，应根据敌情、地形、任务和行军编成而定。既要能保证战士安全休息，又要便于迅速投入战斗。选择宿营地区时，通常还要考虑以下因素：一是要符合战术要求，从具体位置到配置方式都应以预想的战术背景为基本前提；二是要着眼于训练课目需要，有利于达到训练目的；三是要方便生活，尽量靠近水源，并有进出道路；四是要选择在群众基础较好或影响群众利益较小的地区。

露营地域，夏季要尽量选在高处，避开低地、洪水道和易于坍塌的地方；冬季应选在避风向阳处。

（二）宿营方式

宿营方式分为舍营、露营及舍营与露营相结合三种。舍营，是军队在房内宿营。露营，是军队在房舍外宿营，通常在不具备舍营条件时采用，是平时部队训练

野外露营

的重点。野外露营的方式分为利用制式器材露营和利用就便器材露营。就便器材露营，通常是指利用车辆、坦克、篷布、雨衣等进行露营。制式器材露营，通常是指利用帐篷或装配式工事等装备的制式器材进行的露营。

（三）宿营的基本要求

指挥员应了解宿营地域情况，到达宿营地后，必须做好以下工作：

（1）派出岗哨和观察员，如单独宿营时，应向重要方向派出班哨和步哨。必要时，派出游动哨。

（2）应立即组织所属指挥员勘察地形，划分各排的隐蔽配置位置，规定紧急集合场和防敌空袭的疏散隐蔽地域。明确遭敌袭击时各分队的行动。

（3）组织分队构筑必要的工事并进行伪装，建立通信联络。侦察水源并要科学划分饮水和洗刷的河流地段。

（4）督促战士用热水洗脚，整理装备，烤晒衣服，抓紧时间休息。

（5）组织各班、排构筑厕所，教育战士不得随地大小便。

（6）炊事员应注意饮食卫生和调剂生活，检查食物是否清洁，防止中毒。

（7）了解当地民情，遵守群众的风俗习惯和三大纪律八项注意；密切军民关系，同驻地民兵协同做好防空及防奸保密工作。

（8）及时向上级报送宿营报告。

乐学好思 ▶▶▶▶▶▶

行军拉练需要注意哪些问题？

第四节　野外生存

野外生存是指在食宿无着的特殊环境中生存与自救的活动。现代战争的残酷性、复杂性和连续性，增加了军人在孤立无援的敌后，或生疏的荒野丛林等特殊环境完成战斗任务的可能性。因此，为了自身生存与安全，军人必须学会野外生存的方法与技能。

一、识别和采集野生食物

食物是为人体提供热能和营养以维持生命的基本物质，因此，受困荒野，要战胜危机、生存下去，重要的是要想办法获取食物。

（一）识别和采集野生植物

植物含有人类生存必需的维生素和矿物质，而且富含蛋白质和碳水化合物。所有植物都含有纤维素，有些植物还含有脂肪。世界各地，无论环境多么恶劣，极少有寸草不生的地区，总会生长有灌木、藤木、蔓生类、草本或苔藓类植物。这些植物大都能食用，并能够为人体提供营养。在野外生存，关键是要学会寻找可以充饥的植物，并掌握辨别这些植物有无毒性的技巧。一般的识别方法有：①根据可食野生植物的图谱进行鉴别；②向有经验的人了解；③观察动物采食的情况（像老鼠、兔子、猴子、熊等吃过的植物一般可以食用，但鸟类可以食用的植物，人不一定能够食用）。具体的鉴别方法如下：

（1）摸。用手仔细触摸，无毒的植物通常不会使手上皮肤产生发痒、发红、起风疹块等刺激症状。

（2）嗅。植物若无毒，折断枝、叶不会有牛奶样汁液流出，闻之亦无腐败及其他使人感到怪异的气味。

（3）尝。将少量食物放入嘴里咀嚼几分钟，无毒植物一般不会有烧灼感，也无辛辣、苦味或滑腻味。

（4）试。将植物割开一个口子，放进一小撮盐，仔细观察口子是否改变原来的颜色，通常变色的植物不能食用。

经过以上鉴别后，可以将此类植物采集少量食用。如果食用 8 小时后没有特殊感觉，就可适当加大食用量。

（二）识别和采集野生动物

捕捉一切能够食用的小动物，是野外求生时解决食物来源的有效方法。比较容易捕捉的小动物主要有蛇、蛙、龟、蜥蜴、鱼、虾等。另外，昆虫也是野外求生者较易获取的动物性食物资源，最有利用价值的是白蚁、炸蜢、蝗虫、蟋蟀、蜜蜂等。特别是蜜蜂，不但幼虫和成年蜂都可以作为食物，而且通常可以在蜂房里找到蜂蜜。蜂蜜有营养，易被人体吸收，是求生者理想的食物。昆虫最好烧熟之后再食用，这样既美味又安全。

二、寻找水源和鉴别水质

水是野外生存的重要条件。俗话说："饥能挡，渴难挨。"水在某种程度上比食物更重要。因此，觅水是野外生存的重要内容之一，个人或集体到达某一地域后，在情况许可下应尽快寻找水源。

（一）寻找水源

（1）寻找地下水源。通常采取观察草木的生长位置和动物的活动范围的方法来判定。在干旱的沙漠、戈壁地区，生长着怪柳、铃铛刺等灌木丛的地表下 6 ~ 7 米深就有地下水；有胡杨生长的地方，地下水位距地表不超过 5 ~ 10 米；芨芨草生长的地方，地下水位只有 2 米左右；芦苇生长茂盛的地方，地下水只有 1 米左右；如果发现金戴戴、马兰花等植物，便可判定下挖 50 厘米或 1 米左右就能找到地下水。

装取水源

在南方，叶茂的竹丛不仅生长在河流岸边，也常生长在与地下河有关的岸溶大裂隙、落水洞口的地方。在广西许多岩溶谷地、洼地，成串的或独立的竹丛地，常常就是有大落水洞的标志。这些落水洞有的在洞口能直接看到水，有的在洞口看不到水，但只要深入下去，往往就能找到地下水。

在地下水埋藏浅的地方，泥土潮湿，蚂蚁、蜗牛、蟹等喜欢在此做窝聚居；冬天，青蛙、蛇类动物喜欢在此冬眠；夏天的傍晚，因其潮湿凉爽，蚊虫通常在此成柱状盘旋飞绕。

另外，还可以从特殊植物的生长地点，来判定地下水的水质情况，如见到马兰花、拂子茅等植物群，就可断定那里不太深的地方有淡水。

（2）寻找植物中的储水。山野中有许多植物可用来解渴，如北方的黑桦、白桦的树汁，山葡萄的嫩汁，酸浆子的根茎；南方的芭蕉茎、扁担藤等。

（3）采集地表水和雨水。在找不到其他可饮用水的情况下，可在清晨采集植物枝叶上的露珠。方法是将塑料布或雨布铺在草丛下面，摇晃草叶使露水滴滴落下，积少成多，可解干渴之急。下雨时，可用雨布、塑料布大量收集雨水；也可用空罐头盒、杯子、钢盔等容器收接雨水。冬季可以化冰、雪为水，沉淀后即可饮用。

国防科普

蒸馏采水法

所需材料：一大块方形／圆形塑料膜，杯子一个。

步骤：①选一块开阔的、相对潮湿的地面，尽量大的挖一个圆形土坑（深度约是直径的一半）。②把杯子固定在土坑底部的中央，如果有条件的话，可以在周围铺上一层绿色的植物叶子增加湿润度，有利于收集到更多的水。③把塑料膜铺在土坑上（注意：塑料膜不可以接触到下面的杯子或地面），膜的四周用沙土埋好，压牢踩实，以防塑料膜被风吹走或掉进土坑。④最后，在塑料膜的最中间、杯子的正上方，放一颗重量适当的石头。

（二）鉴别水质

由于水在自然界的广泛分布和流动，特别是地面水流经地域很广，一般情况下难以保证水源不受污染。在野外没有检验设备时，可以根据水的色、味、湿度、水迹概略地鉴别水质的好坏。切记：无论多么口渴，都不要饮用不洁净的水，万不得已时，也要把水煮开再喝。

（1）观察水的颜色。纯净的水在水层浅时无色透明，深时呈浅蓝色。鉴别时可以用玻璃杯或白瓷碗盛水观察，通常水越清水质越好，水越浑则说明水里含杂质多，水色随含污不同而变化，如含有腐殖质呈黄色，含低价铁化合物呈淡绿蓝色，含高价铁或锰呈黄棕色，含硫化氢呈浅蓝色。

（2）嗅闻水的味道。一般清洁的水是无味的，而被污染的水带有一些异味。如含硫化氢的水有臭鸡蛋味，含盐的水则带咸味，含铁较高的水带金属锈味，含硫酸镁的水有苦味，含有机物质的水有腐、臭、霉、腥、药味。为了准确地辨别水的气味，可以用一只干净的瓶，装半瓶水摇荡数下，打开瓶塞后立即用鼻子闻。也可以把盛水的瓶子放在约 60 摄氏度的热水中，闻到水里有怪味，就不能饮用。

（3）触探水的温度。即通过用手触探水温来鉴别水质。地面水（江河、湖泊）的水温，因气温变化而变化，浅层地下水，受气温影响较小，深层地下水，水温低而恒定。如果水温突然升高，多是有机物污染所致。工业废水污染水源后也会使水温升高。

（4）试验水点斑痕。用一张白纸，将水滴在纸上晾干后观察水迹。清洁的水是无斑迹的，有斑迹则说明水中杂质多、水质差。

三、野炊

野炊，是指在野外利用制式炊具或就便器材制作热食和熟食的炊事活动。是野外生存的一个重要方面。野炊基本的操作方法和程序如下。

（一）选择野炊位置

野炊通常应选择在隐蔽条件好、附近有良好水源的位置，如背敌的山坡、沟坎、水渠、森林、居民地等。应注意避开独立明显的物体，卫生状况良好，避开厕所、粪坑和化学沾染地区；有一定的地幅，便于展开和减小敌火杀伤的地区。通常炊事班展开面积不应小于 200 平方米，以战斗班为单位野炊时，班与班之间间隔 15 米以上。

（二）制备炊具

如果有制式的炊具可以直接利用，否则就要就地取材自己制备。制备炊具的方法如下：

（1）脸盆、罐头盒、钢盔的利用。在野外可以用石头做架，或用铁丝吊挂脸盆、铁盒、钢盔等物，用火加热，烹煮食物、烧开水等。

（2）铁丝、木棍的利用。可将食物穿插缠在铁丝或木棍上，放在火边烧烤熟化。

（3）石板或石块的利用。用火将石板烧烫以后，将食物切成薄片放在上面烙熟。将若干拳头大小的石块放在火中烧热，用棍拨到一个 40 厘米深的土坑，石块上铺一层大树叶，放上食物，上面再铺一层树叶，将剩下的热石头块铺在树叶上，然后再铺上厚厚的树叶，三四个小时之后即可取食。

（4）黄泥的利用。用和好的黄泥在地上摊成一个3厘米厚的泥饼，上面铺一层树叶，将野鸡、野兔或鱼等物除去内脏，不脱毛不褪鳞，放在泥饼上，用泥饼将食物包裹成团，放在火中烧两个小时即可食用。食用时兽毛或鱼鳞粘在泥块上，随之脱离。

（5）竹节的利用。选粗壮的竹子砍倒，每2～3节竹砍成段，将竹节的一端打通，将米和水灌入竹节里，米约占三分之二，然后将竹节放在火中烘烤，约40分钟可做成熟饭。

利用竹节煮饭

（三）取火

煮烤食物需要火，露营取暖需要火，发求救信号也需要火。因而，野外生存的能力，在某种程度上说，取决于取火的能力。在特殊条件下取火的方法有以下几种：

（1）枪弹取火法。取一枚子弹，将弹丸拔出，倒出三分之二的发射药，撒在干燥易燃的草或纸上，把弹壳空出的地方塞上纸和干草，然后推弹壳入膛，用枪口贴近撒了发射药的引火物射击，引火物即可燃烧。

（2）透镜取火法。在晴朗的白天可使用这种方法取火，用放大镜，如果没有放大镜，可用望远镜或瞄准镜、照相机上的凸透镜代替，冬季可用透明的冰块磨制；透过阳光聚焦照射易燃的引火物（腐木、布中抽出的线、撕成薄片的干树皮、干木屑等）取火，利用放大镜取火最为迅速的是照射汽油、酒精和枪弹的发射药或导火索，可迅速点燃引火物。

（3）电池取火法。用手电筒内电池和电珠也可做成引火工具，用电珠在细石上小心磨破，注意不能伤及钨丝，然后把火药填入电珠内，通电后即能发火。

（4）击石取火法。取一块坚硬的石头（黄铁矿石最好）做"火石"，用小刀的背或小片钢铁向下敲击"火石"，使火花落到引火物上燃烧。

（5）钻木取火法。用强韧的树枝或竹片绑上鞋带绳子或皮带，做成一个弓子，在弓上缠一根干燥的木棍，用它在一小块硬木上迅速地旋转，最后钻出黑粉末，这些黑粉末冒烟而生出火花，点燃引火物。用一根干的树干，一头劈开，并将裂缝撑开，塞上引火物，用一根藤条穿在引火物后面，迅速抽动藤条，使之摩擦发热而引燃引火物。还可以用两块软质的木头或竹片用力相互摩擦取火，下面垫以桐桐皮或易燃物也可引燃取火。

（四）组织野炊

组织野炊，通常采取炊事班野炊或战斗班野炊两种方式，视情况两种方式也可结合使用。组织野炊时，指挥员应派出警戒，明确野炊的位置、方式、隐蔽伪装措施、时间、要求及注意事项。锅灶设置可采取以下几种方法：

（1）自备野炊灶。使用自备野炊灶，具有展开快、做饭快、撤收快的特点，但容易暴露目标，炊事人员行军负荷大。

（2）就地挖灶。根据不同要求，分为散烟灶和蔽光灶，均由烧火槽、灶门、灶膛和烟道四大部分组成。构筑蔽光灶时应注意：灶门的大小要合理，烧火槽周围应用土加高，使之侧视不易看到火光；烧火槽上方可用就使器材遮盖，防止空中发现火光；烟道可只设置一条，但末端应用松土堵塞，防止火星儿外冒。

（3）就地垒灶。在冻土地等挖灶困难或来不及挖灶的情况下可利用土、石块等就地垒灶。垒灶野炊时，容易暴露目标，因此，应加强观察、警戒，随时做好战斗和转移的准备。

乐学好思 ▶▶▶▶▶▶

野外生存需要掌握哪些生存技能？

◀◀◀◀◀◀

第五节　识图用图

一、地形图的基本知识

（一）地图概述

1. 地图的定义

将地球表面的自然、社会要素和现象的空间分布，按一定的投影方法、比例关系和制图综合原则，用规定的符号、颜色和注记综合绘制的图，称为地图。

2. 地图的分类和用途

地图按其内容可分为普通地图和专门地图；按比例尺可分为大、中、小比例尺地图；按表现形式可分为线划地图、影像地图、数字地图；按色彩可分为单色地图和多色地图等。

普通地图是综合反映地表自然现象和社会经济现象的地图。内容包括自然地理要素，如地貌、水系、土壤、植被等；社会经济要素，如居民地、行政区域、工矿、交通网等。普通地图分为地形图和地理图，是编制专门地图的基础。

地形图是普通地图的一种，其比例尺大于 1：1000000，它是国家经济建设、国防建设和军队作战、训练不可缺少的重要地形资料。在地形图上，可以进行长度（距离）、高度、坡度、水平角度、坐标和面积等的量读与计算。

专门地图也称专题地图或主题地图，是以普通地图为底图，着重表示一个专题内容的地图，如地质图、地貌图、水文图、人口图、交通图、历史图等。

（二）地图比例尺

1.地图比例尺的定义

地图上某两点间直线长度与相应实地水平距离之比，叫地图比例尺。地图比例尺通常以数字比例尺或直线比例尺标注在地图图廓外，是判定地表实地水平长度在地图上的缩小比例和根据图上量测长度计算实地水平距离的依据。

2.地图比例尺的大小

地图比例尺的大小是按比值的大小来衡量的。在幅面大小相等的地形图上，比例尺越大，图中所包括的实地范围越小，显示的内容越详细，精度越高；比例尺越小，图中所包括的实地范围越大，显示的内容越简略，精度越低。

我国地形图的比例尺系列为 1:10000、1:25000、1:50000、1:100000、1:250000、1:500000、1:1000000 等。

3.在图上量算距离

（1）用直尺量算。用直尺量取所求两点的图上长度，然后乘以该图比例尺分母，即得相应的实地水平距离。其换算公式为：实地距离 = 图上长度 × 比例尺分母。

（2）依直线比例尺量读。先用两脚规量出两点间的长度，并保持其张度，再到直线比例尺上比量。比量时，先使两脚规的一脚落在尺身的整千米数上，再使另一脚落在尺头上，就可读出两点间的实地水平距离。

（3）用里程表量读。在地形图上量取弯曲路段或曲线距离时，使用指北针上的里程表比较方便。里程表由表盘、指针及滚轮三部分组成。量读时，先使指针归0，然后手持里程表，将滚轮放在起点上（使指针按顺时针方向转），沿所量线段滚至终点，指针在相应比例尺分划圈上所指的千米数，即为所求实地距离。

（三）地貌判读

1.等高线显示地貌

（1）等高线

在地图上将地面上高程相等的各点连成的闭合曲线称为等高线，亦称水平曲线，用以显示地貌高低起伏、倾斜陡缓形态，量取某一地段的坡度或任一点的绝对高程与相对高程等。

（2）等高线显示地貌的原理

设想将一座山从底到顶按照相等的高度一层一层地水平切开，这样，在山的表面就会出现许多大小不同的截口线，再把这些截口线垂直投影到同一平面上，便呈现出一圈套一圈的等高线图形。地图就是根据这个原理来显示地貌的。

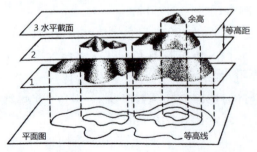

等高线显示地貌的原理

（3）等高线显示地貌的特点

在同一条等高线上各点的高程相等，并各自闭合。

在同一幅地图上，等高线多的山就高；等高线少的山就低；凹地则与此相反。

在同一幅地图上，等高线间隔大的坡度缓，间隔小的坡度陡。

图上等高线的弯曲形状与相应实地地貌的形状相似。

（4）等高距的规定

相邻两条等高线间的实地垂直距离叫等高距。等高距的大小在很大程度上决定着地貌表示的详略。等高距越小，等高线越多，地貌表示就越详细；等高距越大，等高线越少，地貌表示就越简略。等高距地区的地貌特征依据地图比例尺和地图的用途等状况来规定。我国基本比例尺地形图等高距的规定如下表所示。

等高距的规定

比例尺	1∶25000	1∶50000	1∶100000	1∶200000
等高距／米	5	10	20	40

2. 地貌识别

（1）山的各部形态

山顶：山的最高部位叫山顶。表示山顶的等高线是一个小环圈，环圈外通常绘有示坡线。

凹地：比周围地面凹陷，且经常无水的地方，叫凹地。表示凹地的等高线是一个或数个小环圈，并在环圈内侧绘有示坡线。

山背：从山顶到山脚的凸起部分，叫山背。表示山背的等高线是以山顶为准向外凸出的部分。各等高线凸出部分顶点的连线，叫分水线。

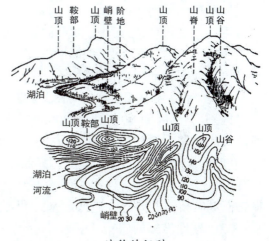

地貌的识别

山谷：两个山背或山脊间的低凹部分，叫山谷。表示山谷的等高线，逐渐向山顶或鞍部方向凹入。各等高线凹入部分顶点的连线，叫合水线。

鞍部：相连两个山顶间形如马鞍状的低凹部分，叫鞍部。是用表示山谷和山背的两组对称的等高线表示的。

山脊：由若干山顶、鞍部相连所形成的凸棱部分，叫山脊。山脊的最高棱线，叫山脊线。山脊是由若干表示山顶和鞍部的等高线连贯起来表示的。

（2）斜面和防界线

斜面：斜面是指从山顶到山脚的倾斜部分，又叫斜坡。朝向敌方的斜面称为正斜面，背向敌方的斜面叫反斜面。按形状可分为以下几种：①等齐斜面。坡度近乎一致，斜面上均能通视。等高线的间隔基本相等。②凸形斜面。坡度上缓下陡，线的间隔上疏下密。③凹形斜面。坡度上陡下缓，斜面上均可通视，便于发扬火力。等高线的间隔上密下疏。④波状斜面。坡度陡缓不一，斜面的若干地段不能通视，形成观察、射击的死角较多，等高线的间隔疏密不一。

防界线：防界线通常是斜面上凸起的倾斜换线。在防界线上，能展望其下方的部分或全部面，利于构筑射击阵地和观察所。防界是等高线由疏变密的地方。

（3）地貌符号

地貌符号用于表示等高线无法显示的地貌，如变形地、山隘、岩峰、露岩地等。由于这类地貌的形态复杂多变，用等高线无法逼真形象地反映地形的全貌，因此，必须采用特殊的地貌符号。地貌符号主要有以下两种：①微型地貌符号；②变形地貌符号。

（四）坐标

使用坐标便于迅速准确地确定点位，指示目标，实施组织指挥。军事上常用的有地理坐标和平面直角坐标，在这里我们主要介绍地理坐标。

1. 地理坐标

用经纬度数值表示地面某点位置的球面坐标，叫地理坐标。地理坐标通常用度、分、秒表示。在空军、海军和外交事务中，常用地理坐标指示目标位置。

（1）地图上地理坐标的注记

地理坐标网由一组经线和纬线构成。地图比例尺不同，表示地理坐标网的形式也略有区别。在1∶200000、1∶500000、1∶1000000地形图上，绘有地理坐标网。纬度数值注记在东、西内外图廓间；经度数值注记在南、北内外图廓间。在1∶25000、1∶50000、1∶100000地形图上，只绘平面直角坐标网，不绘地理坐标网。图廓四角注有经纬度数值，内、外图廓间绘有经、纬"分度带"，分度带的每个分划表示一分，将它们对应相同的分度线连接起来，即可构成地理坐标网。

（2）地理坐标的应用

用地理坐标指示目标或确定某点在图上的位置时，一般按先纬度后经度的顺序进行。在图上量取目标的地理坐标：在1∶25000、1∶50000、1∶100000地形图上量取某点的地理坐标，可先在南、北图廓和东、西图廓间的分度带上，找出接近该点的经、纬度分划，并连成经纬线；再量取该点至所连经纬线的垂直距离，并按分度带估计或计算出秒数；然后分别与所连经、纬线的度、分数值相加，即可得出该点的地理坐标。

2. 平面直角坐标

用平面上的长度值表示地面点位置的直角坐标，叫平面直角坐标。

二、现地使用地图

（一）方位判定

方位判定，就是在现地辨明站立点的东、西、南、北方向，便于明确周围地形和敌我关系位置，实施正确的指挥和行动。

1. 利用指北针判定

判定方位时，先将指北针放平，待磁针静止后，磁针涂有夜光剂的一端（或黑色尖端）所指的方向，就是北方。如果面向北，则背后是南，右边是东，左边是西。使用指北针前，应检查磁针是否灵敏。使用时应避免靠近高压线和钢铁物体，在磁铁矿区和磁力异常地区不能使用。

2. 利用太阳和时表判定

一般来说，在当地时间 6 时左右，太阳在东方，12 时在正南方，18 时左右在西方。根据这一规律，便可概略地判定方位。如带有手表，可利用太阳和手表判定方位。判定的要领是：时数折半对太阳，"12"指的是北方。如在北京上午 9 时判定方位时，先将手表放平，以时针所指时数（每日以 24 小时计算）折半的位置，即以 4时 30 分对向太阳，"12"所指的方向就是北方。为便于判定，可在时数折半的位置上竖一细针或草棍，使针影通过表盘中心。

北京时间是东经 120 度经线的地方时，在远离东经 120 度的地区判定方位时，应将北京时间换算为当地时间，即以东经 120 度为准，每向东 15 度（经度），将北京时间加上 1 小时，每向西 15 度（经度），减去 1 小时。如在新疆塔城地区（东经 83 度）上午 12 时判定方位时，应减去 2 小时 30 分钟，即当地时间为 9 时 30 分，以 4 时 45分对向太阳，"12"所指的方向就是北方。

在北回归线以南地区，夏季中午时间太阳偏于天顶以北，不宜采用上述方法。

3. 利用北极星判定

北极星是正北方天空的一颗恒星，夜间找到北极星，就找到了北方。北极星的位置可根据大熊星座或仙后星座寻找。北极星位于小熊星座的尾端，它和大熊星座（俗称北斗七星）、仙后星座（又叫 W 星座）的关系位置如图所示。大熊星座主要由 7 颗明亮的星组成，形状像一把勺子。将勺端甲、乙两星（叫指极星）的连线向勺口方向延长，约在两星间隔的 5 倍处，有一颗较亮的星就是北极星。仙后星座主要由 5 颗明亮的星组成，在缺口方向约为缺口宽度的 2 倍处，就可找到北极星。

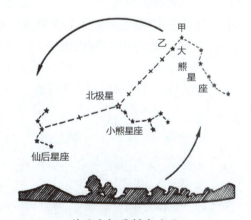

利用北极星判定方位

北极星的高度大约与当地的纬度相等。在北纬40度以北地区，全年可以看到大熊星座和仙后星座，以南地区，有时只能看到其中的一个星座，另一个则移到地平线以下。

（二）地图与现地对照

现地使用地图时，应注意经常与现地地形进行对照，以便了解周围的地形情况，保持正确的方向和位置。

扫一扫，涨知识：

识图用图之确定站立点

（三）利用地图行进

按图行进

利用地图行进就是利用地形图选定的路线，在现地对照地形行进。它是保障部队行动自如，夺取有利战机的一个重要方法。

1. 行进前的准备

行进前必须进行认真仔细的图上作业，切实做到：一标、二量、三熟记。一标就是根据任务、敌情、地形及部队装备等情况，在地形图上研究选定行进路线，并将行进路线、沿途方位物，如岔路口、转弯点、居民地进出口等都标绘在地形图上。二量就是量算行进路线上各段里程，计算行进时间，并注记在图上。量算起伏较大地区的行进路线时，要考虑坡度对行进速度的影响，并应依据季节、天候、土质、植被等对行进可能造成的影响，考虑行进速度。三熟记就是熟记行进路线。一般按行进的顺序，把每段的里程，经过的居民地、两侧方位物和地形特征，特别是道路转弯处、岔路口和居民地进出口附近的方位物及地形特征等都要熟记在脑子里，做到心中有数。如时间和条件允许时，还应调查通行情况，如行进路上的水库、水渠、道路、桥梁、渡口等有无变化，做好保障措施。

2. 行进要领

行进时要做到"三明"，即方向明、路线明、位置明。无论是沿道路行进或越野行进，都要先在出发点上标定地图，对照地形，明确行进的路线和方向，然后计时出发。行进中，要随时标定地图，对照地形，做到"人在地上走，心在图中移"，随时明确站立点的图上位置。当遇有怀疑时，则应精确标定地图，找出站立点在图上的位置，仔细对照周围地形，全面分析地形有无变化，待判明后再继续前进。

夜间行进时，由于视度不良，地图和现地对照困难较多，容易迷失方向。因此，行进前，应认真分析和熟记沿途地形的特征。尽量选择道路近旁的高大地物、透空可见的山顶、鞍部等作为方位物。行进中，可用指北针或北极星标定地图，根据预先对沿途各段经过地形的记忆，多找点，勤对照。采用走近观察，由低处向高处观察，由暗处向明处观察等方法，及时确定站立点的位置，明确行进的方向。还可根据流水声、灯光判断溪流和居民地的位置，及时确定站立点的位置，判明行进的方向。

如果发现走错了路线，应首先回忆走过路线的方向、距离和经过地形的特征，检查走错的原因；然后标定地图，对照现地，判明当时到达点的图上位置，及其与预定路线的关系；然后，可选择就近道路，插到预定路线上来；当没有就近道路，或已查明错误起点位置，也可按原路返回，再继续按预定路线行进。

乐学好思 ▶▶▶▶▶▶

地形图有什么特殊之处？

第六节　电磁频谱监测

电磁频谱，是指按电磁波波长（或频率）连续排列的电磁波族。它是人类共享的有限自然资源，它与水、土地、矿藏、卫星轨道等资源一样，是关系国民经济和社会可持续发展的重要战略资源。在全球信息化的进程中，电磁频谱作为信息载体的一种，其合理利用在国防建设和经济建设中有着举足轻重的地位。因此，必须加强建立军地电磁频谱共管、共建、共用机制，并借助先进的电磁频谱监测技术手段建立起科学、规范、高效的管理监测机制，以满足社会对电磁频谱资源的需求。

一、电磁频谱监测基本知识

电磁频谱监测，是对某地域电磁环境、特定频段或特定电磁信号进行的监视和探测。电磁频谱监测是对电磁频谱实施科学管理的技术手段，是电磁频谱管理中不可缺少的一个重要环节。

（一）电磁频谱监测的内容与任务

电磁频谱监测是掌握特定地域电磁环境及电磁频谱使用情况的基本手段，是运用各种电磁频谱监测设备和技术手段，对空中电磁信号进行分析、识别和参数测量的过程。主要包括对电磁信号的监听、测量、测向和定位，电台的识别和干扰查找等内容。其主要任务是：通过测量和识别空中电磁信号的技术参数和特征，验证和监督合法用频台站的技术参数和操

实时监测地域电磁环境

作特性，识别、验证并查找非法用频台站、设备产生的干扰，确保各类用频装备及其使用符合相关规定；记录有关干扰源、噪声等电磁环境，测量空中电磁频谱的实际使用情况，进行有关发射频率、发射功率、调制类型、占用带宽、占用度、场强的测量与系统分析等；结合频谱工程和电磁兼容分析，为频谱规划、频率分（指）配提供技术依据。

 国防科普

赛博空间

2003 年 2 月，美国布什政府公布《保护赛博空间国家战略》中，将赛博空间定义为"由成千上万的互联的计算机、服务器、路由器、转换器、光纤组成，并使美国的关键基础设施能够工作的网络，其正常运行对美国经济和国家安全至关重要"。2008 年 3 月，《美空军赛博空间战略司令部战略构想》则进一步明确，"赛博空间"主要由"电磁频谱、电子系统以及网络化基础设施"三部分组成。2018 年 1 月，美陆军训练与条令司令部发布了《TP 525-8-6 美陆军赛博空间与电子战作战概念 2025-2040》，描述了美陆军将如何在赛博空间和电磁频谱中作战，以应对未来作战环境的挑战。在现代战争中，赛博空间已被美军列为与陆、海、空、天同等重要，并需维持决定性优势的五大领域之一。

（二）电磁频谱监测的特点

频谱监测是获取被测无线电信号技术信息的重要手段。它依赖被测用频台站辐射的信号获取有关技术信息，而频谱监测设备本身不需要辐射电磁信号。与其他设备工作方式相比，电磁频谱监测具有以下特点：①监测覆盖范围对电波传播等特性依赖性强；②隐蔽性好；③实时性好；④受被监测辐射源的工作条件制约大；⑤监测频段宽；⑥对搜索速度要求高。

 扫一扫，涨知识：
电磁战为何被称为"战争制胜关键"？

二、电磁频谱监测方法训练

无线电测向是电磁频谱监测的一种常见形式。无线电测向技术训练中，通常把全套测向技术分解成多个单元练习，分解训练达到要求后，再统合训练。下面介绍收听电台信号、收测电台方向线、方向跟踪等几个最基本的技术训练实例。

（一）收听电台信号训练

调收电台信号的速度直接影响训练和竞赛成绩，尤其是对于隐蔽电台工作在不同的频率上的短距离测向更为重要。

1. 识别电台呼号训练

目的：建立收测信号必须首先分辨台号的概念。

方法：教练员掌握可拍发 1～5 号电台呼号的信号源，学生准备好测向机、笔、纸，听教练员口令调收信号，分辨出电台台号后记录下来。每个台号的拍发时间可由 15 秒逐步减至 5 秒。此训练可在室内进行。

2. 调收电台信号训练

目的：提高收听电台信号的质量和速度。

方法：教练员操纵多台不同频道工作的信号源（TX80-B 型）。①按事先计划的开机顺序轮换发信，学生依次记录收听的台号。每台工作时间由 5 秒减至 5 秒。②开启 3 部不同台号的电台同时发信，学生自选顺序收听。总发信时间由 40 秒减至 10 秒。③以上训练，可逐步采用缩短天线长度或加大收发距离的方法，使信号由强变弱。最后由教练员宣布结果，并进行评分或学生自己核对打分。

（二）收测电台方向线训练

目的：获取准确的电台方向线。

方法：可视场地、人员、器材等不同实际情况，从下列方法中灵活选用。

①在空旷平坦的场地上，设发射机一部，连续发信，学生在距电台 50～100 米处，原地闭目转圈后测定方向线，然后睁眼检验。②学生蒙目测定方向线后，边测边前进，看谁距电台最近。③学生站在场地中央，周围设 3～5 部不同频率连续发信的隐蔽电台，要求学生在规定时间内，测定各台方向线。④在无干扰的空旷场地一字摆开，同时架设全部 11 部电台，每台间距初级为 10 米，台号分布为随机变化。学生在距电台 100 米处收测和标画方向线，依次标出各个台号的方向线。逐步提高难度，将电台的间距缩小为 1 米，提高学生测向的精确度。

（三）方向跟踪训练

方向跟踪是沿着测向机所指示的电台方向，边跑边测，直接或迂回接近并找到电台的方法。这是最基本、最简单、最实用的方法。

目的：使学生在电台发信时，能按所测方向线快速、准确地跟踪到电台。

方法：视学生水平选一林区训练，设 3 部连发隐蔽电台。学生在距电台 100～150 米处单个出发，每次出发 1 人，要求带信号快速跟踪奔向电台，有效时间约为 3 分钟。找到电台后迅速返回，找不完也应在规定时间内返回，以免影响下一学生出发。可按此方法逐步提高地形和障碍物的难度并把距离延长，平均每分钟必须找到一个隐蔽电台。

乐学好思 ▶▶▶▶▶▶

电磁频谱监测在日常生活中有什么应用？

参考文献

[1] 习近平.高举中国特色社会主义伟大旗帜 为全面建设社会主义现代化国家而团结 奋斗——在中国共产党第二十次全国代表大会上的报告 [M].北京：人民出版社， 2022.

[2] 钧政.在习近平强军思想引领下胜利前进 [J].求是，2023（5）.

[3]《中国人民解放军军史》编写组.中国人民解放军军史 [M].北京：军事科学出版社， 2011.

[4] 中国军事百科全书编审委员会.中国军事百科全书 [M].2 版.北京：中国大百科全 书出版社，2016.

[5] 吴温暖.军事理论教程 [M].5 版.北京：高等教育出版社，2016.

[6] 薛高连，黄晓峰.大学生军事理论 [M].上海：上海财经大学出版社，2017.

[7] 孙光，胡立宏.新时代军事理论基础教程 [M].大连：大连海事大学出版社，2019.

[8] 范双利，刘兵.新时代新大纲——普通高等学校军事课教程 [M].广州：华南理工 大学出版社，2019.

[9] 王海涛，王东晖.大学生军事理论与训练教程 [M].长沙：湖南师范大学出版社， 2019.

[10] 问鸿滨.军事理论教程 [M].5 版.西安：西安交通大学出版社，2019.

[11] 谢罗奇.普通高等学校军事课教程 [M].湘潭：湘潭大学出版社，2019.

[12] 彭扬华，李晨旭，周敏.大学生军事课教程 [M].武汉：华中科技大学出版社， 2019.

[13] 鲁雷，李新柱，曹新军.普通高等学校军事课教程 [M].西安：西安电子科技大学 出版社，2019.